MANUEL

BIBLIOGRAPHIQUE.

MANUEL

BIBLIOGRAPHIQUE;

OU

ESSAI sur les Bibliothèques anciennes et modernes, et sur la connaissance des livres, des formats, des éditions; sur la manière de composer une bibliothèque choisie, classée méthodiquement, et sur les principaux ouvrages à consulter dans chaque partie de l'enseignement des Écoles centrales : le tout suivi de plusieurs notices bibliographiques, instructives et curieuses.

PAR G. P......, Bibliothécaire près l'École centrale du Département de la Haute-Saône.

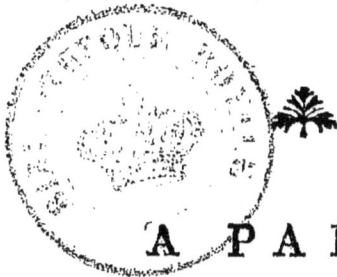

A PARIS.

an IX de la République (1800).

Cet ouvrage se trouve

A Paris, chez
{
VILLIER, libraire, rue des Mathurins, n.º 396, quartier de la Sorbonne.
DÉSESSARTS, homme de loi et libraire, rue du Théâtre français, au coin de la Place de l'Odéon.
DESRAY, libraire, rue Haute-feuille, n.º 36, près celle Saint-André-des-Arcs.
}

A Vesoul, chez LÉPAGNEZ, libraire, Place-Neuve.

AUX BIBLIOTHÉCAIRES

PRÈS LES ÉCOLES CENTRALES.

MES COLLEGUES,

J'AI été obligé de différer la publication du MANUEL DU BIBLIOTHÉCAIRE *dont je vous ai adressé le* Prospectus *en thermidor dernier, parce que mes conditions n'ont point été remplies entièrement; j'aurais cependant livré cet ouvrage à l'impression, avec d'autant plus de confiance que la plupart d'entre vous ont daigné, à la vue de mon plan, m'y engager de la manière la plus flatteuse.*

Encouragé par vos suffrages et en attendant

que je puisse publier le MANUEL, *agréez, je*
vous prie, un petitrecueil bibliographique,
qui n'en est, pour ainsi dire, que l'extrait:
je l'ai composé de tout ce qui m'a paru le
plus propre à donner une idée des biblio-
thèques anciennes et modernes, à faire con-
naître les livres, les formats, les éditions, et
j'ai indiqué la manière de se composer une
petite bibliothèque choisie, à peu près com-
plète, classée méthodiquement et peu dispen-
dieuse; les élèves des écoles centrales y trou-
veront aussi un catalogue exact des ouvrages
sur chaque partie de l'enseignement, et sur
d'autres objets instructifs et curieux.

M'étant apperçu que beaucoup d'auteurs
modernes, qui ont parlé des bibliothèques
anciennes, avaient disséqué le SYNTAGMA DE
BIBLIOTHECIS *de Juste Lipse, sans le citer, je*
me suis décidé à restituer à ce savant critique
ce qui lui est dû, en traduisant en entier cet
opuscule, et en le plaçant en tête de mon
ouvrage. Le fond d'un sujet si intéressant
pour nous m'a fait passer sur le dégoût

qu'inspirent ordinairement un style dur et un latin tout hérissé de pointes et d'ellipses. J'ai ajouté à ce petit traité des notes indicatives des meilleures éditions de tous les auteurs qui y sont cités, ainsi qu'une notice abrégée des bibliothèques modernes les plus célèbres.

Puisse cet essai partager l'accueil dont votre indulgence a honoré le plan de mon MANUEL; ce serait le présage le plus heureux pour d'autres ouvrages sur la bibliographie dont je prépare dans ce moment les matériaux.

Salut et considération,

G. PEIGNOT.

DE LA BIBLIOGRAPHIE.

Le mot *Bibliographie* pris dans l'acception la plus étendue, signifie connaissance ou description de livres ; mais cette connaissance en exige beaucoup d'autres préliminaires qui sont indispensables à celui qui aspire au titre de Bibliographe. La simple connaissance des livres n'est, pour ainsi dire, que la partie technique de la Bibliographie ; c'est celle à laquelle on se borne ordinairement, et cependant elle ne devrait être que la suite ou le résultat d'une étude philosophique, historique et littéraire que nous nommerons BIBLIOLOGIE : de cette étude ou science des productions de l'esprit, on descend naturellement à la description des livres, et cette dernière partie constitue essentiellement la BIBLIOGRAPHIE.

Nous répéterons ce que nous avons déjà dit dans notre Prospectus de l'an VII : il ne suffit pas à un Bibliothécaire d'avoir sous les yeux des Catalogues méthodiques et raisonnés, de savoir quel prix la curiosité de l'amateur ou la cupidité du libraire attachent à tel volume, de connaître les livres rares et singuliers, de deviner à quel siècle appartient tel manuscrit, etc. Ces connaissances, très-utiles d'ailleurs, sont autant et plus du ressort du commerce de la librairie, que du ressort de la Bibliographie ; le

Bibliothécaire doit encore posséder quelques notions au moins historiques et alphabétiques des langues anciennes et modernes ; il doit se pénétrer de l'histoire de la philosophie et des belles-lettres , c'est-à-dire , se former un plan d'histoire littéraire ; il doit connaître les principales bibliothèques qui ont existé avant et au commencement de l'ère vulgaire, et celles qui existent maintenant, sur-tout en Europe : l'histoire de l'imprimerie ne doit point lui être étrangère. Après avoir acquis quelques notions sur les livres des anciens , il doit s'occuper des éditions remarquables qui ont illustré certaines presses depuis le 15.e siècle ; il doit étudier les différens systèmes bibliographiques, et tâcher de les concilier ; s'il est possible , pour en former un moins défectueux que ceux qui ont paru jusqu'à ce jour ; enfin , il doit se familiariser avec quelques idées sur la librairie , tant ancienne que nouvelle.

Tels sont les objets essentiels que l'on a négligé de traiter , ou , pour mieux dire , que l'on a entièrement omis dans la plupart des ouvrages de Bibliographie. Persuadés qu'un livre qui suppléerait à ces omissions pourrait être utile , nous nous en étions occupés , et même nous avions déja présenté le plan de notre travail à nos collègues les Bibliothécaires des départemens ; l'impossibilité où nous avons été de publier notre manuscrit, nous a donné le temps de le revoir ; en y portant nous-mêmes l'œil sévère de la critique , nous avons trouvé que certains articles étaient défectueux par la rédaction, et que d'autres étaient trop concis ; il nous a aussi paru manquer de quelques parties essentielles , telles que celles des manuscrits, des médailles , etc. : nous travaillons à réparer ces omissions. Des Bibliothécaires très-instruits nous ont fait part d'une division un peu différente de celle que nous avions adoptée ; leur méthode nous a paru très-avantageuse , aussi en refondant notre manuel , nous nous rapprochons d'eux autant qu'il nous est possible.

Nous n'avons entrepris cette tâche qu'à l'aide des bons auteurs dont nous nous sommes environnés ; nous avons eu l'attention de puiser dans les sources qui nous ont paru les plus pures , et nous avons adopté le titre de *Manuel du Bibliothécaire* , parce que ce livre peut être d'un usage journalier dans une Bibliothèque.

Voici le nouveau plan de ce Manuel.

L'ouvrage est divisé en deux parties.

LA PREMIÈRE , qui regarde la Bibliologie, c'est-à-dire, qui renferme un essai sur les connaissances philosophiques , historiques et littéraires relatives à la bibliographie , a trois chapitres ; précédés d'une introduction dans laquelle on donne la définition de la bibliologie et de la bibliographie ; la différence qui existe entre ces deux sciences , et les objets qui les constituent.

Le premier chapitre traite des langues anciennes et modernes. On y trouve :

1.º Une notice historique et conjecturale sur l'origine et la différence des langues.

Sur l'écriture chez les peuples anciens.

Sur les douze langues que l'on nomme mères.

Sur la langue chinoise.

2.º Une notice des principales langues générales et particulières, tant mortes que vivantes, dont on se sert maintenant dans les quatre parties monde.

3.º Un catalogue des principaux ouvrages sur les langues.

Le second chapitre comprend l'histoire de la philosophie et des belles-lettres. On y voit :

1.º L'origine de la philosophie, des belles-lettres, des sciences et des arts en Egypte, puis en Grèce.

2.º Les différentes sectes philosophiques de la Grèce, telles que, premièrement, la secte ou école Ionique, sous Thalès, de laquelle sont sorties

L'Ecole de Socrate.

L'Ecole de Platon.

L'Ecole d'Antisthènes ou Cynisme.

L'Ecole de Zénon ou Stoïscisme.

Et enfin l'Ecole d'Aristote ou Péripatétisme.

Secondement, la Secte ou Ecole Samienne, sous Pythagore, qui a donné le jour

A l'Ecole Eléatique sous Xénophanes.

A l'Ecole d'Héraclite ou Héraclitisme.

A celle d'Epicure ou Epicuréisme.

Et à celle de Pyrrhon ou Septicisme.

Ajoutons à ces différentes sectes l'Ecole Eclectique ou Eclectisme.

3.º Un Tableau chronologique des sept Sages, des

Poëtes, des Orateurs , Historiens et Savans de la Grèce , avec une indication des meilleurs éditions de leurs ouvrages.

4.º Une notice sur l'origine des Sciences et des Arts chez les Romains ;

Sur les progrès de la Philosophie vers la fin de la République ; un Tableau chronologique des Orateurs, Historiens , Poëtes et Savans qui se sont distingués parmi les Romains, avec un catalogue de leurs ouvrages.

5.º Une notice sur la renaissance des Sciences et des Arts en Europe ; on y fait voir que les lettres ont été cultivées de temps immémorial chez les Gaulois ; mais que la Philosophie a fait des progrès tardifs.

On expose ensuite les progrès des Belles-Lettres , des Sciences et des Arts , principalement en France. On y parle :

De la Littérature ancienne ;

De la Littérature moderne ;

Et de la Littérature étrangère.

6.º Un Tableau chronologique des Hommes célèbres depuis la renaissance des Lettres.

7.º Enfin , ce chapitre est terminé par un résumé général de l'Histoire de la Philosophie , et un Résumé général de l'Histoire des quatre siècles où les Sciences et les Arts ont fleuri avec le plus d'éclat.

Le chapitre trois est consacré aux Bibliothèques les plus célèbres , tant anciennes que modernes.

On y parle , 1.º des Bibliothèques anciennes chez les Hébreux, chez les Chaldéens : les Egyptiens , les Arabes , les Grecs et les Romains.

2.º Des Bibliothèques modernes ; de celles connues lors de l'affermissement du Christianisme.

Des Bibliothèques d'Asie, de Turquie d'Europe , des Etats du Nord, d'Angleterre, d'Allemagne , d'Italie , d'Espagne et de France.

3.º On y présente une notice abrégée sur les Manuscrits. Une notice sur les Médailles, et un catalogue des principaux ouvrages sur ces deux objets.

4.º De l'origine de l'Imprimerie ;

Des premiers Imprimeurs remarquables, et des Ouvrages qu'ils ont publiés.

Des progrès de l'Imprimerie.

Des célèbres Imprimeurs d'Italie , de France , d'Allemagne , de Cologne, des Pays-Bas, de Hollande , etc. , avec une notice des principaux ouvrages qu'ils ont imprimés.

Des marques , enseignes ou vignettes auxquelles on reconnaît les anciens Imprimeurs qui ont omis de mettre leurs noms en tête ou à la fin des ouvrages sortis de leurs presses.

Des célèbres graveurs en caractères.

Enfin, de la Librairie ancienne et moderne.

LA SECONDE PARTIE DE CE MANUEL , qui regarde la Bibliographie proprement dite, a deux chapitres.

Le premier a pour titre : des livres et des éditions.

On y traite , 1. º desLivres en général; de leur division.

Des Livres sacrés des différens peuples : des Hébreux, des Romains, des Catholiques, des Anglais, de l'Inde, des Musulmans, etc.

Du matériel des Livres.

Du papier et des stiles des anciens.

Du format des livres des anciens.

Des différens formats des livres des modernes et de la manière de les connaître.

Du prix excessif de certains livres, tant chez les anciens que chez les modernes.

2.° Des éditions en général.

Des Editions d'une rareté absolue.

Des Editions d'une rareté relative.

3.° Tenue des livres, et des soins qu'ils exigent pour les préserver de l'humidité, de la poussière et des insectes.

Le chapitre second concerne la classification d. s Livres.

On y voit, 1.° un sommaire des connaissances h. - maines d'après Bacon et Diderot ; et les rapports qu'elles ont entr'elles.

2.° Une notice des différens Systêmes bibliographiques les plus marquans.

3.° Un nouveau Systême calqué sur les trois grandes divisions de l'Encyclopédie avec quelques cha.- gemens.

Enfin, les développemens de ce Système.

Telles sont les divisions et subdivisions de cet ouvrage. Nous ne pouvons assigner le tems où il

paraîtra, ni quel nombre de volumes il aura. Mais
sitôt que nous aurons l'apperçu du recouvrement des
frais d'impression, nous en hasarderons la publication; trop heureux s'il répond au but que nous nous
sommes proposés, celui d'être utile!

LE MANUEL BIBLIOGRAPHIQUE, qui forme ce volume,
est composé de notices extraites et abrégées du
MANUEL DU BIBLIOTHÉCAIRE, à l'excep-
tion du *Syntagma* de Juste-Lipse qui ne se trouve
qu'ici.

Ces notices sont relatives à la connaissance des
Bibliothèques, tant anciennes que modernes, à la
connaissance des livres, à leur classification, à l'origine de l'art typographique, etc. Elles sont suivies
de catalogues raisonnés et de listes d'ouvrages dans
tous les genres; ces objets, réunis dans un si petit
espace, doivent rendre ce Manuel intéressant pour
ceux qui auraient une Bibliothèque à soigner et à
augmenter, ou qui voudraient acquérir quelques
notions bibliographiques.

TRAITÉ

DES

BIBLIOTHÈQUES ANCIENNES

TRADUIT DU LATIN

DE JUSTE LIPSE,

Suivi d'un supplément sur les bibliothèques modernes.

NOTICE PRÉLIMINAIRE

SUR JUSTE LIPSE ET SES OUVRAGES.

La traduction suivante est purement littérale : on n'a point voulu s'écarter du texte , pour éviter des dissertations historiques relatives aux bibliothèques d'Alexandrie , de Pergame , des Romains , etc. , sur lesquelles les Mémoires de l'académie des inscriptions nous auraient donné de longs détails. Ç'eût été de beaucoup excéder les bornes que nous nous sommes prescrites. Par la même raison , nous avons cru devoir supprimer l'épitre dédicatoire , qui ne contient que de fades adulations pour le prince auquel elle s'adresse.

Juste Lipse est né près de Bruxelles le 18 octobre 1547, et est mort à Louvain le 23 mars 1606. Il était contemporain de Scaliger et de Casaubon. On regardait ces trois savans comme le triumvirat de la république des lettres.

Les ouvrages sortis de la plume de Juste Lipse sont:

Justi Lipsi Opera omnia quæ ad criticam propriè spectant : jam noviter ab ipso aucta , correcta et digesta. Antverpiæ , ex officina Plantiniana , apud Joannem Moretum , 1600, 1 vol. in-4.

J. Lipsi de recta pronunciatione latinæ linguæ

dialogus , *editio ultima. Antverpiæ , ex officina Plantiniana, apud J. Moretum,* 1599, 1 *vol. in-*4.

J. Lipsi *Admiranda , sive , de magnitudine romana libri quatuor. Antverpiæ , ex officina Plantiniana, apud J. Moretum ,* 1603, 1 *vol. in-*4.

J. Lipsi *Saturnalium sermonum libri duo , qui de gladiatoribus , editio ultima et castigatissima , cum æneis figuris. Antverpiæ , ex officina Platiniana , apud J. Moretum ,* 1604, 1 *vol. in-*4.

J. Lipsi *de Amphitheatro liber in quo forma ipsa loci expressa , et ratio spectandi , cum æneis figuris. Antverpiæ , ex officina Plantiniana, apud J. Mor.* 1604 , 1 *vol. in-*4.

J. Lipsi *Manductionis ad stoicam philosophiam , libri tres : L. Annæo Senecæ aliisque scriptoribus illustrandis. Antverpiæ , ex officina Plantiniana , apud J. Moretum ,* 1604, 1 *vol. in-*4.

J. Lipsi *Phisiologiæ stoicorum , libri tres : L. Annæo Senecæ aliisque scriptoribus illustrandis. Antverp. ex officina Plantiniana , apud J. Moretum ,* 1604 , 1 *vol. in-*4.

J. Lipsi *Dispunctio notarum mirandulanis codicis ad Cor. Tacitum. Antverpiæ , ex officina Plantin. apud J. Moretum ,* 1602 , 1 *vol. in-*4.

Nota. Cet ouvrage est un des plus estimés de l'auteur : Muret prétend que Juste Lipse a tiré de ses écrits tout ce qu'il y a de bon dans ce livre. Le reproche de Plagiat lui a été aussi fait par Saumaise et par d'autres écrivains ; c'est à ce sujet que l'on disait que ce savant, qui donnait des robes fourées à la *Notre-Dame* de Halle, se permettait de dépouiller les auteurs.

J. Lipsi *de Bibliothecis syntagma. Antverpiæ , ex*

officina Plantiniana, apud J. Moretum, 1602, 1 *vol. in*-4.

J. Lipsi de Vesta et Vestalibus syntagma. Antverp. ex officina Plantiniana, apud J. Moretum, 1603, 1 *vol. in*-4.

J. Lipsi Diva Virgo Hallensis. Beneficia ejus et miracula fide atque ordine descripta. Antverp. ex officina Plantiniana, apud J. Moretum, 1604, 1 *vol. in*-4.

J. Lipsi diva Sichemiensis sive Aspricollis: nova benificia et admiranda. Antverpiæ, ex officina Plantiniana, apud J. Moretum, 1604, 1 *vol. in*-4.

Nota. Cet auteur, catholique à Rome, luthérien à Iene, calviniste a Leyde, et enfin catholique à Louvain, finit par avoir une dévotion d'une ferveur outrée à la Vierge Marie. Les deux ouvrages précédens en sont une preuve: il y rapporte des fables dignes des siècles de la plus crasse ignorance. Il consacra à cette Vierge sa plume d'argent et lui légua par testament sa robe fourée.

J. Lipsi Epistolarum selectarum III centuriæ: e quibus tertia nunc primum in lucem emissa. Antverp. ex officina Plantiniana, apud J. Moretum, 1601, 1 *vol. in*-4.

J. Lipsi Epistolica institutio, excerpta e dictantis ejus ore, anno 1587, *mense junio, adjunctum est Demetrii Phalerii ejusdem argumenti scriptum, editio ultima. Antverp. ex officina Plantiniana, apud J. Moretum,* 1601, 1 *vol. in*-4.

J. Lipsi Epistolarum selectarum centuria singularis ad germanos et gallos. Antverpiæ, ex officina Plantiniana, apud J. Moretum, 1612, 1 *vol. in*-4.

J. Lipsi Epistolarum selectarum centuria prima ad

*Belgas. Antverpiæ, ex officina Plantiniana, apud
J. Moretum,* 1602, 1 *vol. in-*4.

— *Centuria secunda* — 1602, 1 *vol. in-*4.

— *Centuria tertia* — 1602, 1 *vol. in-*4.

*J. Lipsi Épistolarum selectarum centuria miscella-
nea. Antverpiæ, ex officina Plantiniana, apud
J. Moretum,* 1602, 1 *vol. in-*4.

*J. Lipsi de Militia romana libri quinque, commen-
tarius ad Polybium, editio tertia, aucta variè et
castigata. Antverpiæ, ex officina Plantiniana,
apud J. Moretum,* 1602, 1. *vol. in-*4 *, fig.*

Analecta ad militiam — 1602, 1 *vol. in-*4 *, fig.*

*J. Lipsi Poliorceticon sive de machinis, tormentis,
telis, libri quinque, in historiarum lucem editio
altera correcta et aucta. Antverpiæ, ex officina
Plantiniana, apud J. Moretum,* 1569, 1 *vol. in·*4, *fig.*

*Justi Lipsi Dissertatiuncula apud principes : item
C. Plini Panegyricus liber trajano dictus, cum
ejusdem Lipsi perpetuo commentario, editio secunda, aucta et emendata. Antverpiæ, ex officina
Plantiniana, apud J. Moretum,* 1604, 1 *vol. in-*4.

*Justi Lipsi de Constantia libri duo, qui alloquium
præcipuè continent in publicis malis, ultima editio, castigata. Antverpiæ, ex officina Plantiniana,
apud J. Moretum,* 1605, 1 *vol. in-*4.

*J. Lipsi de Cruce libri tres, ad sacram profanam-
que historiam utiles, unâ cum notis, editio quarta,
seriò castigata. Antverpiæ, ex officina Plantiniana,
apud J. Moretum,* 1599, 1 *vol. in-*4, *fig.*

Tels sont les principaux ouvrages de Juste Lipse.
On peut consulter, sur sa vie, qui n'a pas toujours
été un modèle de tolérance et de constance, ainsi que
sur ses ouvrages, TEISSIER, *addition aux Eloges de
M. de Thou*, tome II, pages 381 et 432; BULLARD,
Academie des sciences, tome II, page 193; BAILLET,
Enfans célèbres, page 184; BAYLE, *Dictionnaire
historique*, tome III, page 122; l'ENCYCLOPÉDIE,
édition de Genève, in-4, article *stoicisme*, tome XXXI,
page 771; MORÉRY, tome III, page 137, et *les petits
Dictionnaires historiques* de LADVOCAT, de CHAUDON,
de FELLER, etc.

TRAITÉ
DES BIBLIOTHÈQUES
TRADUIT DU LATIN
DE JUSTE LIPSE.

CHAPITRE PREMIER.

Qu'entend-on par les mots Bibliothèque *et* Librairie ? — *Des premières Bibliothèques connues dans l'antiquité, d'abord en Egypte.*

LE mot *Bibliothèque* signifie trois choses : *lieu, armoire, livres.* Les Latins ont aussi fait usage de ce mot, qui vient du grec, et, quoiqu'ils se servent de celui de *librairie*, ils entendent plutôt, par ce terme la boutique où sont déposés des livres mis en vente. Les bibliothèques datent de la plus haute antiquité, et on peut placer leur origine à côté de celle des lettres ; car aussitôt qu'on a commencé à s'instruire et à raisonner, on a senti le besoin de l'écriture ; et cet art précieux serait devenu inutile si on ne l'eût employé à composer des livres qui pussent servir aux contemporains et à la postérité.

Il est présumable que l'on a d'abord eu des bibliothèques particulières ; ensuite les rois et les gouvernans en ont établi de publiques, autant, et peut-être plus, par ostentation que pour leur usage. Les bibliothèques particulières ne pouvaient être très - considérables, car on employait beaucoup de tems à copier, et les manuscrits étaient excessivement chers avant que l'imprimerie eût rendu les livres plus communs. Osymandias, roi d'Egypte, est le premier dont l'histoire vante le goût pour les livres : il avait une belle collection de bons ouvrages, et Diodore (1) rapporte que ce roi avait établi une bibliothèque magnifique, sur le frontispice de laquelle il avait gravé REMÈDES DE L'AME. Je ne doute pas, malgré l'ancienneté de cette époque, que l'exemple de ce roi n'ait été suivi (peut-être sa bibliothèque a-t-elle été conservée), et que depuis il ne se soit toujours trouvé en Egypte quelques bibliothèques, particulièrement dans les temples, où il y en avait qui étaient confiées aux soins des prêtres. On en a beaucoup de preuves, entr'autres ce trait relatif à Homère (2) : Un certain Naucrates l'accuse d'avoir, lors d'un voyage qu'il fit en Egypte, soustrait à Memphis, dans le temple de Vulcain, l'Iliade et l'Odyssée, qu'une nommée Phantasie avait écrits et y avait déposés, de les avoir ensuite transcrits et publiés sous son nom. Mais ce reproche de plagiat n'a jamais été accrédité et me parait mal fondé.

(1) *Liv. 1.* Diodore, de Sicile, composa à Rome sa Bibliothèque historique en grec : elle comprenait 40 livres, dont il ne reste que 15. La meilleure édition est celle d'Amsterdam, 1745, 2 vol. *in-folio.* Terrasson l'a traduite, Paris, 1737, 7 vol. in-12.

(2) Ce trait se lit dans Eustathe, préface de l'Odyssée. Eustathe, évêque de Thessalonique, vivait au douzième siècle. Il a composé des commentaires sur Homère et sur Denys le géographe. La meilleure édition de ces commentaires sur Homère est celle de Rome 1542, 4 vol. *in-folio.* On lui attribue le roman d'Ismène et d'Isménias.

CHAPITRE SECOND.

De la Bibliothèque d'Alexandrie, dont Phi-
ladelphe est le premier et le principal fon-
dateur; — variété et nombre de livres qui
la composaient; — son incendie, — son
rétablissement.

Sı nous n'avons aucun détail sur les bibliothèques
dont nous venons de parler, nous en sommes dédommagés par tout ce que l'histoire nous rapporte de celle
de Ptolomée Philadelphe, bien digne de notre admiration et de nos éloges. Ce Ptolomée était fils de
Ptolomée Lagus, second du nom et de la race des
rois d'Égypte : il cultivait les sciences et les arts, par
conséquent aimait les livres; c'est pourquoi il fonda
la grande bibliothèque d'Alexandrie, aidé de l'instruction, de l'exemple et des ouvrages du célèbre Aristote.
Car Aristote (1), comme je le dirai bientôt, avait une
bibliothèque remarquable par le nombre et le choix des
ouvrages. Selon Strabon (2), Aristote est le premier

---

(1) Aristote, né 385 ans avant J. C., disciple de Platon, est
suffisamment connu par l'universalité de ses connaissances et par
la quantité de ses ouvrages, dont les plus estimés sont la Dialectique,
la Morale, l'Histoire des animaux, la Poétique et la Réthorique.
La meilleure édition des Œuvres d'Aristote est celle de Duval,
grecque et latine, Paris, 1619, 2 vol. *in-folio.* Cassandre a traduit
sa Réthorique, 1 vol. in-4; Dacier, sa Poétique, 1 vol. in-4, et
Champagne, sa politique, Paris, an V, 2 vol. in-8.

(2) *Liv. I.* Strabon vivait du tems d'Auguste, et est mort sous
Tibère. Il a composé plusieurs ouvrages, dont il ne reste que sa
Géographie, en 17 livres : on la regarde comme le meilleur des
ouvrages que les anciens nous aient laissés sur cette matière. La
meilleure édition est celle d'Amsterdam, 1707, 2 vol. *in-folio.*

qui fit une collection de livres et qui enseigna aux rois d'Egypte à se composer une bibliothèque. Ce passage de Strabon demande à être éclairci, car Aristote, qui vivait avant Philadelphe, n'a pu lui être utile dans la formation de sa bibliothèque, si ce n'est, comme je l'ai dit, en lui servant de modèle. On peut plutôt en croire Athenée (1), qui assure qu'Aristote laissa ses livres à Théophraste, et Théophraste (2) les laissa à Néléus, de qui Ptolomée les acheta pour les faire transporter dans sa belle bibliothèque d'Alexandrie, avec d'autres qu'il s'était procurés à Athènes et à Rhodes. Nous verrons plus bas qu'il y en a qui ne sont point de cet avis. Quoiqu'il en soit, Philadelphe fouilla de tous côtés pour composer sa bibliothèque de toute espèce de livres : il se procura même les livres sacrés des hébreux ; car à peine fut-il instruit de la réputation de ces livres, qu'il envoya des savans pour en demander la com-

---

(1) Athenée, grammairien grec, né en Egypte, vivait dans le deuxième siècle sous Marc Aurèle. Il ne reste de lui qu'un ouvrage en 15 livres, intitulé les *Dypnosophistes*, c'est-à-dire les sophistes à table. Les deux premiers livres, une partie du troisième et la plus grande partie du dernier manquent. La plus belle édition d'Athenée est celle en grec, de Venise, 1514, 1 vol. *in-folio*, et la plus intéressante à cause des notes est celle de Lyon, 1614, grecque et latine, 2 vol. *in-folio*. Marolles en a donné une traduction en 1680, 1 vol. in-4.

(2) Théophraste, disciple d'Aristote, vivait l'an 322 avant J. C. On a de lui 1.° des Caractères, dont la meilleure édition grecque et latine est celle de Cambridge, 1712, 1 vol. in-8, et la meilleure traduction celle de Labruyere, avec les notes de Coste, 1765, 1 vol. in-4.; 2.° un Traité des plantes, dont la meilleure édition grecque et latine est celle d'Amsterdam, 1644, 1 vol. *in-folio*; 3.° une Histoire des pierres, dont Hill a donné une belle édition grecque et anglaise, en 1 vol. in-8.

munication aux docteurs de la loi, et ces savans, qui étaient au nombre de 70, les traduisirent de l'hébreu en grec, afin qu'ils fussent plus répandus : cette traduction se nomme *des septante* ; elle fut faite, selon Epiphane (1), la dix - septième année du règne de Philadelphe, dans la cent vingt-septième olympiade. Démétrius de Phalère (2), célèbre dans les fastes de l'histoire d'Athènes, autant par ses écrits que par ses belles actions, qui ne le mirent point à l'abri de l'exil, présida à l'organisation de cette bibliothèque : il avait toute la confiance du roi, tant pour cet objet que pour d'autres plus intéressans. Il mit à contribution les productions littéraires des caldéens, des égyptiens et des romains ; il les fit traduire en grec. George Cédrène (3) s'en explique ainsi : *Philadelphe fit traduire en grec beaucoup d'ouvrages précieux qui étaient écrits en caldéen, en égyptien, en latin et en d'autres langues.*

---

(1) Epiphane, ami de Cassiodore vivait dans le sixième siècle, du tems de Théodoric, roi des Gots. Il a fait plusieurs traductions du grec en latin, et entre autres celles des historiens ecclésiastiques Socrate, Sozomène et Théodoret. C'est sur cette version que Cassiodore composa son Histoire tripartite, dont la meilleure édition est celle du bénédictin Garuti, Rouen, 1679, 2 tomes *in-folio.*

(2) Démétrius de Phalère, disciple de Théophraste, a fait un grand nombre d'ouvrages qui ne nous sont pas parvenus : on attribue à Denys d'Halicarnasse la réthorique qui porte son nom. La meilleure édition de cette réthorique est celle du Louvre, 1555, 1 vol. in-8.

(3) *liv.* XXII. George Cédrène vivait dans le onzième siècle. Il a fait des Annales depuis le commencement du monde jusqu'au règne d'Isaac Comnène, empereur de Constantinople, qui sont peu estimées : elles font cependant partie de la Bysantine, et ont été imprimées au Louvre en 1647, 2 vol. *in-folio.*

Ces ouvrages pouvaient monter en tout à cent mille volumes : il les fit déposer dans sa bibliothèque d'Alexandrie.

Je ferai deux remarques sur cette citation : la première est que je crois très-utile la traduction des livres étrangers en langue vulgaire, et qu'on ne peut trop se livrer à ce genre de travail. La seconde est que le nombre de livres cités par ce Cédrène, quelque grand qu'il soit, n'est pas suffisant s'il veut parler de tous, et je pense qu'il n'a entendu parler que des traduits, et que le nombre de ceux écrits en grec était beaucoup plus considérable. D'autres écrivains qui ont parlé de cette bibliothèque la font encore plus volumineuse. Sénèque (1) dit que 400000 *volumes, superbe monument de la magnificence royale de Philadelphe, furent la proie des flammes.* Il a bien raison de dire *superbe ;* ce monument était plus précieux que des diamans et des trésors. Et combien n'aurait-il pas été plus beau s'il eût été plus abondant !

Sénèque s'était encore trompé ; on en comptait 700000. Joseph (2) nous apprend que *Démétrius ayant*

---

(1) *Chap. IX, de la Tranq.* Sénèque vivait du tems de Caligula et de Néron : on a de lui beaucoup d'ouvrages, dont la meilleure édition est celle de Leyde, des Elzevirs, 1640, 3 vol. in-12.

(2) *Liv. XII, chap.* ii *des Antiq.* Eusèbe, *de la Préparation, liv. VIII.*

Flavien Joseph, historien juif, vivait du tems de Caligula et de Domitien : on a de lui deux excellens ouvrages, 20 livres des Antiquités judaïques, et 7 livres de la Guerre des juifs, ce qui lui a valu le surnom de Tite Live grec. La meilleure édition de toutes ses œuvres est celle d'Amsterdam grecque et latine, Havercamp, 1726, 2 vol. *in-folio.* Arnaud d'Andilly a donné une traduction estimée de l'Histoire des juifs, dont la meilleure édition est celle d'Amsterdam,

*été interrogé par Philadelphe sur le nombre des vo-
lumes qui composaient sa bibliothèque, il répondit qu'il
y en avait déjà* 200000, *mais qu'il espérait qu'elle irait
bientôt à* 500000. Voyez combien il l'a augmentée lui-
même, et combien ne l'a-t-elle pas été par la suite
sous les successeurs de Philadelphe? Agellius (1) la fait
monter à 700000 mille. *Le grand nombre de volumes,
dit-il, qui ont été acquis (soit originaux, soit copiés)
par ordre des Ptolomées, et qui sont déposés dans
la bibliothèque d'Alexandrie, est à peu près de* 700000.
Ammien (2), que nous citerons bientôt, en rend le
même témoignage. Isidore (3) en parle aussi, mais il

<hr>

Wetstein, 1681, 1 vol. *in-folio*, avec figures : on recherche aussi celle
de Bruxelles, 1701, 5 vol. in-8.

Eusèbe, surnommé Pamphile, évêque de Césarée, vivait dans
le quatrième siècle : il composa beaucoup d'ouvrages estimés. Les
principaux sont 1.° l'Histoire ecclésiastique en 10 livres, dont la
meilleure édition grecque et latine est celle de Cambridge 1720,
3 vol. *in-folio*; le président Cousin l'a traduite en 4 volumes
in-4, ou 5 vol. in-12; 2.° la vie de l'empereur Constantin, qui
est comprise dans l'édition grecque et latine de l'Histoire ecclésiastique; 3.° un Traité contre Hiéroclès; 4.° les livres de la Préparation et de la Démonstration évangélique, dont la meilleure
édition est celle grecque et latine de Paris 1628, 2 vol. *in-folio*;
3.° une Chronique, traduite par saint Jérôme, etc.

(1) *Liv. VI, chap. VI.* Agellius, évêque d'Acerno, est connu
par des Commentaires sur les pseaumes, sur Jérémie, sur Habacuc,
et il a travaillé à la Bible des septante de Rome.

(2) Ammien Marcellin, historien, vivait dans le quatrième siècle :
il a écrit une histoire en 18 livres, en latin assez dur, mais elle
est intéressante : la meilleure édition et la plus ample est celle de
Gronovius, Leyde, 1693, 1 vol. *in-folio*.

(3) Isidore, auteur grec, a composé plusieurs traités historiques
et une description de la Parthie, publiée par David Hœschelius, et

faut rectifier une erreur qui s'est glissée dans ce que nous allons citer de lui. *Du tems de Philadelphe*, dit-il, *il y avait* septuagenta millia, *soixante - dix mille volumes:* il a voulu dire *septingenta*, sept cent mille. O trésor vraiment précieux! hélas! tu ne pouvais pas durer éternellement! Dans la guerre civile de César et Pompée (une bibliothèque devait - elle en être la victime?), tu fus consumé par les flammes! César, entré dans Alexandrie, combattant avec les habitans, fit, pour sa sureté, mettre le feu à ses vaisseaux; le feu gagna les lieux voisins, ainsi que la bibliothèque, et tout fut bientôt réduit en cendres. O malheur irréparable! Tu en es la cause, César, mais la cause innocente. Tu as passé sous silence cet événement dans tes Commentaires (1). Hirtius depuis n'en a point non plus parlé; mais d'autres, comme Plutarque, Dion (2) et

qui se trouve dans un ouvrage intitulé: *Geographiæ veteris scriptores græci minores*, Oxfort, 1703, 4 vol. in-8. Il vivait sous le dernier des Ptolomées, environ 300 ans avant J. C.

(1) Il y a beaucoup de bonnes éditions des Commentaires de César : la plus recherchée est celle de Londres, Tonson 1712, r vol. *in-folio*, grand papier, avec 87 belles gravures. On estime celle des Elzevirs, in-12, 1637; celle de Leyde, in-8, 1713; celle à l'usage du dauphin, in-4, 1678, et enfin celle de Londres, Tonson, in-12, 1716. Louis XIV a traduit une partie du premier livre des Commentaires qui traite de la guerre des Suisses, Paris, imprimerie du Louvre, 1651, r vol. *in-fol.* avec figures.

(2) Plutarque, philosophe, historien et orateur grec, vivait dans le deuxième siècle : les meilleures éditions de ses ouvrages sont celle grecque et latine d'Henry Etienne, 1572, 13 vol. in-8, et l'édition du Louvre de 1624, 2 vol. *in-folio.* Quant aux traductions, celle d'Amyot est encore préférée aujourd'hui à celle de Dacier. On admire, à juste titre, l'édition de Vascosan, en 13 vol.

Livius, en ont fait mention, et on peut aussi s'en convaincre dans Sénèque, qui ajoute à la citation ci-dessus : *Un autre en aura fait l'éloge, comme Livius, qui assure que cette bibliothèque était le plus beau monument que l'on dût à la magnificence des rois.* Ce sont les propres paroles de Livius sur cet incendie, sur cette bibliothèque et sur ses illustres fondateurs. Ammien (1) s'exprime ainsi sur cet accident : *Entre tous les temples qui sont à Alexandrie, on remarque celui de Sérapis, où était jadis la superbe bibliothèque des Ptolomées : on raconte qu'elle était composée de 700000 volumes, qui ont été dévorés par les flammes lors de la prise de la ville par le dictateur César.* Mais cet auteur prétend que c'est dans le sac de la ville que la bibliothèque a été brûlée, et que ce n'est point par un événement fortuit. Agellius (2) est de son avis. *Tous ces volumes,* dit-il, *furent brûlés dans la première guerre d'Alexandrie* (il se trompe, c'était sous Antoine); *l'incendie de la bibliothèque n'était point prémédité, il fut général et eut lieu par l'aveugle fureur du soldat lorsqu'il s'empara*

---

in-8, dont six imprimés en 1567, pour les hommes illustres, auxquels il serait bon d'en joindre un septième, traduit de différens auteurs par Allègre, et imprimé aussi in-8 par Vascosan, la même année, et sept pour les œuvres morales, imprimés en 1574. Cussac en a également donné une belle édition dernièrement, en 22 vol. in-8, avec les notes de Brotier et de Vauvilliers.

Dion Cassius, historien grec, vivait dans le troisième siècle : on a de lui une Histoire romaine écrite en grec, dont il ne reste qu'une partie. La meilleure édition grecque et latine est celle de Hambourg, 1750, 2 vol. *in-folio.* Boisgilbert en a donné une traduction à Paris, en 1674, 2 vol. in-12.

(1) *Liv. XXII.*

(2) *Liv. VI*

de la ville. Il excuse non-seulement César (qui d'ailleurs est connu par son amour pour les lettres), mais même les soldats romains; il rejette toute la faute sur les soldats auxiliaires. En consultant Plutarque et Dion, on verra qu'ils ne pensent point que la bibliothèque fut brûlée dans le sac de la ville. Telle fut la fin de cette magnifique collection, qui, après avoir subsisté 224 ans, fut détruite dans la cent quatre-vingt-troisième olympiade.

Cependant on chercha à réparer cette perte en rétablissant une semblable bibliothèque dans le même endroit où était la précédente, c'est-à-dire, dans le temple de Sérapis. La belle Cléopâtre, fameuse par les amours d'Antoine, forma cette entreprise : elle commença cette nouvelle collection par la bibliothèque *attalique*, ou de Pergame, qui en fut la base : on la lui avait donnée. Elle l'enrichit et l'augmenta beaucoup, de sorte que cette bibliothèque était encore très-renommée du tems des chrétiens, car Tertulien dit (1):

---

(1) *Apologet.*, *chap. XVIII.* Tertulien, prêtre de Carthage, vivait dans le deuxième siècle, et mourut dans le commencement du troisième, sous Antonin Caracalla. Il fut d'abord catholique, et composa les livres de la prière, du baptême, de l'oraison; l'apologétique pour la religion, le Traité de la patience, l'exhortation au martyre, le livre à Scapula, le Témoignage de l'ame ; les Traités des spectacles et de l'idolâtrie, et le livre des Prescriptions. Devenu montaniste, il composa les Traités de l'ame, de la chair de J. C., de la Résurrection de la chair, le Scorpiaque, le livre de la Couronne, celui du Manteau, le Traité contre les Juifs, les 4 livres contre Marcion; les écrits contre Praxée, contre Hermogène et contre les Valentiniens ; les livres de la pudicité, de la fuite dans la persécution; des jeûnes contre les Psychiques; de la monogamie et de l'exhortation à la chasteté. La meilleure édition des œuvres de Tertulien est celle de Nicolas Rigault, Paris 1964, un volume *in-folio.*

Aujourd'hui l'on voit encore dans le temple de Sérapis la bibliothèque de Ptolomée, où l'on trouve des ouvrages en caractères hébreux. Remarquez que cette bibliothèque était dans le temple, c'est-à-dire, dans les galeries du temple, et Strabon, ainsi que plusieurs autres auteurs, nous apprennent que ce temple était près du port et de l'arsenal d'Alexandrie : remarquez encore qu'il est dit *Bibliothèque de Ptolomée*, quoiqu'elle ne soit plus la même, mais une semblable, puisque les textes hébreux et la traduction des septante avaient été la proie du feu. Cependant il parait qu'on pourrait ajouter foi à l'antiquité de cette bibliothèque, puisque Tertulien y convoque les gentils. Pour moi, je crois que le temple, qui était d'une structure étonnante et qui formait une masse énorme, a duré autant que le culte de Sérapis, et qu'enfin les chrétiens l'ont démoli, sous l'empire de Théodose le grand, comme monument de superstition, ainsi que le rapportent plusieurs auteurs ecclésiastiques (1).

CHAPITRE III.

Des Bibliothèques grecques. — De celles de Pisistrate et d'Aristote. — De celle de Constantinople.

Ce que nous venons de dire des bibliothèques d'Égypte est bien peu de chose pour un sujet aussi vaste et aussi riche ; mais il faut s'en prendre aux ténèbres que les siècles ont répandues sur cette matière. Il en est de même des bibliothèques grecques. Athénée (2), en

---

(1) Ruffin, Socrate, Sozomène, etc.

(2) *Livre premier.*

parlant des plus remarquables loue son ami Laurentius qu'il regarde si habile dans l'art de classer des livres, *qu'il le met au-dessus de Policrate le Samien, de Pysistrate le tyran, d'Euclide d'Athènes, de Nicocrate de Chypre, d'Euripide le Poëte (1), et enfin d'Aristote le philosophe.* Je ne dirai rien de ces grands hommes en particulier, si ce n'est de Pysistrate, qu'Agellius regarde comme ayant été le premier qui ait eu l'idée de former une collection de livres. Polycrate avait aussi une bibliothèque à-peu-près dans le même tems : voici ce que dit Agellius (2) de Pysistrate : *On croit que ce tyran a le premier fondé à Athènes une bibliothèque publique composée d'ouvrages relatifs aux beaux-arts.* C'est à ce grand homme (le mot T Y R A N n'avait point alors l'acception odieuse que nous lui donnons), c'est à ce grand homme, dis-je, que nous devons les œuvres d'Homère (3) recueillies, corrigées et mises

---

(1) Euripide, né dans l'île de Salamine, l'an 486 avant Jesus-Christ, a composé 92 tragédies : il ne nous en reste que 19, dont les éditions les plus estimées sont celles d'Alde Manuce, 1503, in-8 ; de Plantin, 1571 in-16; de Commelin, 1597, in-8 ; de Paul Etienne, 1604, in-4, et celle de Josué Barnès, 1694, *in-folio.* Le père Brumoy a traduit une partie de ces tragédies, dans son Théâtre des Grecs, dont la meilleure édition est celle de Cussac, en 13 vol. in-8.

(2) *Liv. VI.*

(3) On place Homère 900 ans avant J. C., et 300 ans après la prise de Troie. Les meilleures éditions d'Homère en grec sont celle de Florence, 1488, 2 vol. *in-folio*; celle de Rome, 1542-1550. avec les commentaires d'Eustathe, 4 vol. *in-folio*, et enfin celle de Glaskow, 1756, 2 vol. *in-folio.* Les meilleures éditions grecques et latines sont celle de Schrevelius, 1656, 2 vol. in-4; celle de Barnès, 1711, 2 vol. in-4, et celle de Clarke, 1729, 2 vol. in-4. Les principales traductions en français sont, pour la prose, celle de madame Dacier, celle de Bitaubé, celle de Gin, et, en vers, celle de Rochefort.

en ordre telles que nous les avons aujourd'hui. Autrefois les princes et même les rois s'occupaient de ce genre de littérature que l'on nomme critique. Cette bibliothèque fut dans la suite augmentée par les Athéniens, jusqu'au tems où Xercès, s'emparant d'Athènes, la spolia et l'enleva. Longtems après (dans la cent dixseptième olimpiade) Séléucus Nicanor, roi de Syrie, la restitua aux Athéniens ; et je crois qu'ils la conservèrent jusqu'au tems où, Sylla saccageant Athènes, elle fut détruite ; mais il est présumable qu'elle fut rétablie ; car comment aurait subsisté la mère des beaux-arts sans une bibliothèque ?

Athenée se borne à dire d'Euclide, qu'il fut Archonte, et le plus instruit de tous les magistrats.

Quant à Aristote, j'ai cité dans le chapitre précédent ce que Strabon dit de son goût pour les livres ; et j'ai ajouté qu'Athenée prétendait que sa bibliothèque avait été réunie à celle des Ptolomées. Mais Strabon et d'autres écrivains ne sont point de cet avis. Les livres d'Aristote, laissés à Néléus, dit Strabon (1), *passèrent à des gens non instruits, qui les tinrent sous clé et n'en firent aucun usage ; ensuite on les cacha dans la terre, où ils furent rongés par les cloportes et par les teignes. C'est dans cet état qu'Appolicon de Téos les acheta à grand prix. Il voulut les copier et rétablir les lacunes qu'y avaient faites la pourriture et les insectes ; mais il le fit avec peu de goût. Après sa mort, Sylla s'étant emparé d'Athènes fit transporter à Rome cette bibliothèque, et c'est là qu'un grammairien nommé Tyrannion, en voulant retoucher et faire de nouvelles copies des ou-*

(1) *Liv. XIII.*

vrages d'Aristote, en intervertit l'ordre et y fit de nou-
velles lacunes. Plutarque, dans la vie de Sylla, se sert
à-peu-près des mêmes expressions. Si cela s'est passé
tel que Strabon et Plutarque le racontent, comment la
bibliothèque d'Aristote a-t-elle pu être transférée par
Néléus dans celle de Philadelphe, ainsi que l'assure
Athénée ? On ne peut concilier ces différens auteurs
qu'en présumant que Néléus aura conservé précieusement
les écrits autographes d'Aristote ; qu'il les aura laissés
comme un trésor inestimable à ses héritiers, et qu'il
aura vendu le surplus de la bibliothèque à Philadelphe.
Je n'ai rien lu de plus remarquable que ce que je viens
d'exposer sur les bibliothèques de la Grèce, dont les
Romains se sont sans doute emparé après avoir fait la
conquête du pays.

Il existait à Constantinople une bibliothèque du tems
des empereurs. Zonare (1) et Cédrène racontent que, sous
l'empereur Bazile, cette bibliothèque, qui était composée de 120,000 volumes, fut dévorée par les flammes :
on y voyait l'Iliade et l'Odyssée écrits en lettres d'or,
sur un boyau de dragon de la longueur de cent vingt
pieds. Cette bibliothèque ne doit point être mise au
nombre de celles de la Grèce, parce qu'elle appartient
à la Thrace.

_____

(1) Zonare, historien grec, vivait dans le douzième siècle; il a
composé des Annales, qui vont jusqu'à la mort d'Alexis Comnène,
en 1118. La meilleure édition de ces Annales est celle du Louvre,
1686 -- 1687, 2 vol. *in-folio*, qui font partie de la Bysantine. Le
président Cousin a traduit de ces Annales ce qui regarde l'histoire
romaine.

CHAPITRE IV.

De la Bibliothèque de Pergame. — Erreur de Pline et de Vitruve au sujet de cette Bibliothèque ; — du nombre de volumes qui la composaient, et jusqu'à quel tems elle a existé.

LA bibliothèque de Pergame, ville située en Asie, le dispute pour la célébrité à celle d'Alexandrie. Les rois de Pergame, d'abord peu puissans par eux-mêmes, s'agrandirent par le moyen de l'alliance et des richesses des romains ; dans la variété des embellissemens qu'ils prodiguèrent à leur capitale, ils n'oublièrent point une bibliothèque. Strabon (1) regarde Eumène, fils d'Attale premier, comme fondateur de cette bibliothèque. *Ce roi*, dit-il, *illustra sa capitale en la décorant de temples et d'une bibliothèque magnifique qui existe encore.* Pline (2) raconte *d'après Varron qu'il*

---

(1) *Liv. XIII.*

(2) *Liv. XIII, chapitre XI.* Pline l'ancien vivait du tems de Vespasien et de Titus ; il est mort près du Vésuve, l'an 79 de Jesus-Christ : nous n'avons de lui que son Histoire naturelle en 37 livres. La meilleure édition de Pline est celle d'Hardouin, 1723, 1 vol. *in-folio*, et la meilleure traduction ; celle de Poinsinet de Sivri, Paris, 1771, 11 vol. in-4 : on ne parle plus de celle de Dupinet.

Pline le jeune a laissé le Panégyrique de Trajan, traduit par Sacy, et 10 livres de lettres, également traduites par Sacy. Les meilleures éditions des œuvres de Pline le jeune sont celle des Elzevirs, 1640, un vol. in-12; celle des *Variorum*, 1669, un volume in-8; celle d'Oxford, 1703, in-8 et celle d'Amsterdam, 1734, 1 vol. in-4.

existait une rivalité entre Ptolomée et Eumène, relativement à leur bibliothèque : Ptolomée défendait l'exportation du papier d'Egypte , et Eumène celle du parchemin. Jerôme (1), dans son épitre à Chromace, et Elien (2) ont rendu le même témoignage, si ce n'est qu'au lieu d'Eumène ils ont nommé Attale. Il est clair que ces auteurs se trompent ; car Attale et Eumène ont régné presque un siècle après Philadelphe. Comment aurait-il existé de la jalousie entre eux ? Sans doute que, en se servant du nom Ptolomée qu'ont porté plusieurs rois d'Egypte, on a voulu parler du cinquième Ptolomée , surnommé Epiphane, qui était contemporain d'Eumène, et il est présumable que cet Epiphane, qui d'ailleurs n'est pas connu pour aussi grand enthousiaste de livres que ses prédécesseurs, il est présumable, dis-je, qu'il aura défendu le commerce du papier d'Egypte, afin que la nouvelle bibliothèque de Pergame ne devienne pas assez considérable pour rivaliser avec la sienne. L'erreur que nous venons de relever , ou plutôt cette espèce d'obscurité est encore plus évidente dans

---

(1) Jerôme vivait dans le quatrième siècle : on a de lui une quantité d'ouvrages dont la principale édition est celle des Bénédictins, Paris , 1693 - 1706, 5 vol. *in-folio* : on a traduit ses lettres en 1713 , 3 vol. in-8.

(2) Elien est un auteur grec qui vécut sous l'empereur Adrien, auquel il dédia son livre *De instruendis aciebus.* Cent ans après, au rapport de Philostrate et de Suidas, vivait un autre Elien. Auquel des deux doit - on attribuer *l'Histoire des animaux* , en 17 livres, et *les Histoires diverses*, en 14 livres ? La meilleure édition du livre des *animaux* est celle grecque et latine, Londres, 1744, 2 vol. in-4; et la meilleure édition des *Histoires diverses* est celle grecque et latine de Strasbourg, 1713 , 1 vol. in-8.

Vitruve (1). *Les rois de Pergame, guidés par leur goût pour les sciences, fondèrent une superbe bibliothèque publique dans leur capitale. Alors Ptolomée, dirigé par le même goût, forma à grands frais un établissement pareil à Alexandrie.* Quoi ! ce sont les rois de Pergame qui auraient montré l'exemple aux Ptolomées, qui auraient excité en eux cette ardeur pour les livres ? Eh ! ils n'existaient pas encore que les Ptolomées étaient déjà célèbres par leur bibliothèque ! On a peut-être voulu parler de quelque Ptolomée qui a existé postérieurement ; au reste, il est reconnu que la bibliothèque de Pergame ne date pas du même tems que celle d'Alexandrie, et qu'elle n'a jamais été aussi considérable. Plutarque (2) l'atteste, en disant que le triumvir Antoine, amant de Cléopâtre, *fit présent à cette princesse de la bibliothèque de Pergame, qui était composée de deux cent mille volumes ;* je dis *volumes*, et non pas *ouvrages* ; car dans un volume il peut se trouver plusieurs *ouvrages*, qui alors ne font pas nombre dans l'énumération des livres qui composent une bibliothèque. Voilà donc la bibliothèque de Pergame détruite sitôt après celle d'Alexandrie ; mais elle se retrouve dans celle d'Alexandrie même ; l'a-t-elle entièrement remplacée ? On serait tenté de le croire en se rappelant la citation précédente de Strabon, *qui existe encore.* Cet *encore* indique sans doute le tems où Strabon

---

(1) *Liv. VII.* Vitruve vivait du tems d'Auguste : il dédia son beau Traité de l'architecture, en 10 livres, à cet empereur. La meilleure édition est celle d'Amsterdam, 1649, 1 vol. *in-folio.* On en a une bonne traduction par Perrault, dont il y a deux éditions *in-folio,* l'une de 1683, et l'autre de 1684.

(2) Vie de Marc Antoine.

écrivait, c'est-à-dire, sous Tibère ; et il y a apparence qu'Auguste, qui a annullé tout ce qu'avait fait Antoine, ou a fait transporter cette bibliothèque à Rome, ou l'a fait transcrire, et ainsi l'a rétablie ; mais on ne peut avoir que des doutes à ce sujet.

CHAPITRE V.

Des Bibliothèques romaines. — Des particulières. — De la première rendue publique par Asinius Pollion.

D es bibliothèques anciennes les plus remarquables en Egypte, en Grèce et en Asie, passons à celles des Romains : elles sont moins anciennes, et nous sommes plus près du lieu où elles ont existé. Les Romains se sont livrés tard à l'étude des belles-lettres, parce que le bruit des armes effarouche les Muses ; mais petit-à-petit le dieu du goût les inspira ; ils sentirent le prix de l'art de bien parler, et ils se laissèrent séduire par les charmes de l'éloquence. Les progrès furent lents, comme c'est l'ordinaire. Isidore rapporte *que Paul Emile, vainqueur de Persée, roi de Macédoine, fut le premier qui forma à Rome une collection de livres qu'il avait enlevés à ce prince. Par la suite, Lucullus en fit de même après sa conquête du Pont ;* mais ni l'un ni l'autre ne rendirent leurs bibliothèques publiques. Voilà tout ce que j'ai découvert sur Paul Emile. Plutarque s'étend davantage sur Lucullus. *On ne peut trop louer,* dit-il, *sa magnificence et son goût pour les livres ; il en avait beaucoup et de très-bien écrits ; il se faisait un plaisir de les communiquer ; sa bibliothèque était ouverte à tout le monde : elle était surtout fréquentée par les Grecs, qui la regardaient comme le temple des Muses : ils venaient y passer agréablement le tems, libres de tout soucis ; lui-même conversait avec eux ; il n'était point déplacé parmi les savans, qui se plaisaient à le fréquenter.* On voit par-là que ces bibliothèques, quoique appartenant à des particuliers, pouvaient être considérées comme publiques, puisque ceux qui désiraient s'instruire y avaient un libre accès. Outre Paul Emile et Lucullus, on compte encore Sylla, depuis, dictateur, qui amena à Rome les livres qu'il avait enlevés d'Athènes, et dont Lucien (1) a parlé, ainsi que Plutarque.

Cependant Rome n'avait point encore de bibliothèque publique ; l'honneur d'en fonder une était réservé à Jules - César, si les destins eussent prolongé sa carrière ; car Suétonne dit *qu'il se proposait de réunir toutes les bibliothèques grecques et latines, pour en composer une publique dont il aurait confié l'organisation et l'administration à M. Varron.* O sublime entreprise, et entreprise d'autant plus heureuse que personne n'était plus propre à ce genre de travail que M. Varron, l'un des plus savans parmi les grecs et les latins ! Mais César ne put exécuter son plan ; Auguste, son fils par adoption,

---

(1) Lucien écrivait dans le deuxième siècle : la meilleure édition grecque de ses ouvrages, est celle des Alde, Venise, 1503, 1 vol. *in-folio.* La meilleure édition grecque et latine est celle *Variorum,* Amsterdam, Westein, 1743, 3 vol. in-4. Perrot d'Ablancourt en a donné une traduction estimée, dont la plus jolie édition est celle d'Amsterdam, Mortier, 1709, 2 vol. in-8, figures.

mit cet objet au nombre des embellissemens et des choses utiles qu'il fit pour le bien de Rome et de l'empire. Il chargea Asinius Pollion, orateur et membre du sénat, *d'elever*, dit Suétone (1), *un temple à la liberté, dans lequel fut établie la bibliothèque*. Isidore raconte aussi *que Pollion fut le premier qui travailla à une bibliothèque publique composée d'ouvrages grecs et latins. Les bustes des auteurs décoraient la salle qui avait été construite avec le produit des dépouilles de l'ennemi* (ces ennemis étaient les habitans de Dalmatie qu'on venait de vaincre). Pline (2) dit aussi *qu'Asinius Pollion, en composant cette bibliothèque, a rendu public le génie des grands hommes*. Le temple de la liberté était sur le Mont Aventin, et il y a apparence qu'il a été plutôt réparé et disposé à recevoir la bibliothèque que construit à cet effet ; car il existait déjà depuis longtems, et plusieurs historiens, entr'autres, Plutarque, s'accordent à en regarder Tiberius Gracchus, père des Gracques, comme le fondateur. On l'a donc seulement préparé pour l'usage auquel on le destinait. Ovide (3) fait dire à ce sujet à son livre : *La liberté m'empêcha d'entrer dans le temple où l'on a établi la*

---

(1) Suétone vivait dans le deuxième siècle, sous l'empereur Adrien. Il a écrit beaucoup d'ouvrages dont il ne reste que l'Histoire des XII Césars et une partie du Traité des illustres réthoriciens et grammairiens. Une des bonnes éditions de Suétone est celle de Leuwarden, Halma, 1714, 2 vol. in-8. On a deux bonnes traductions de Suétone, celle de Laharpe, Paris, 1770, 2 vol. in-8, et celle de Delille de Salle, sous le nom d'Ophellot de la Pause, Paris, 1771, 4 vol. in-8.

(2) *Liv. XXXIV*, *chap. XI*.

(3) *Liv. III des Tristes*, *élégie première*. Ovide, né 43 ans avant J. C., vivait sous Auguste ; on a de lui les Métamorphoses, les

première bibliothèque publique. Je ne suis point de l'avis des savans qui pensent que ces vers ont rapport à une assemblée de poëtes. Le livre d'Ovide se plaint hautement de n'être point reçu dans la bibliothèque d'Asinius Pollion, qui a été la première fondée pour l'utilité publique.

CHAPITRE VI.

De la Bibliothèque d'Auguste, — de l'Octavienne et de la Palatine. — Des Bibliothécaires qui y ont été préposés.

C'EST donc sous Auguste qu'a paru la première bibliothèque publique ; bientôt on en vit deux autres dont on lui est également redevable. La première est l'Octavienne, ainsi nommée parce qu'il la fonda en l'honneur de sa sœur Octavie. Voici ce que Dion Cassius (1) en dit dans ses actes de l'an sept cent vingt-un : *Auguste établit une bibliothèque dite Octavienne, du nom de sa sœur.* Et Plutarque (2) s'exprime à-peu-près de même sur ce sujet. *Octavie, mère de Marcellus*, dit-il, *ayant eu le malheur de le perdre, érigea une bibliothèque en*

Tristes, les 4 livres *de Ponto*, des Héroïdes, les 3 livres des Amours, l'Art d'Aimer et le Remède de l'Amour, un Poëme satyrique contre Ibis, des fragmens d'autres, etc. On estime beaucoup l'édition des Œuvres d'Ovide, *ad usum*, Lyon 1686 et 1689, 4 vol. *in-4*. Duryer et Banier ont traduit les Métamorphoses ; Kervillars a traduit les Fastes, et Martignac a traduit toutes les Œuvres. Ces traductions en faisait désirer une bonne : celle de Lefranc de Pompignan et la plus complette et la plus estimée.

(1) *Liv. XLIX.*

(2) Vie de Marcellus.

mémoire de ce fils, *et César Auguste construisit un théâtre sous le nom de Marcellus*. Je crois que Plutarque se trompe ; car la remarque de Dion a précédé de dix ans la mort de Marcellus : il ajoute que ces monumens ont été construits avec *les dépouilles des Dalmates* ; de sorte que, par un singulier concours de circonstances, la première et la seconde bibliothèque publique sont dues aux barbares. Cette seconde eut, selon Suétone, pour bibliothécaire un nommé Mélessus, grammairien, qu'Auguste affranchit *et chargea de l'arrangement des livres dans une des galeries du palais d'Octavie*. Je dis *galerie*, parce que c'était la partie qui convenait le mieux pour l'emplacement des livres et pour la décoration de la bibliothèque, et le dessous de la galerie était destiné à se promener. Ovide, ou, pour mieux dire, son livre se plaint en ces termes : *Je cherche un autre temple voisin du théâtre, et il ne m'est pas permis d'y entrer*. Cette plainte a rapport au mépris qu'on semblait faire de lui, en ne l'admettant point dans cette bibliothèque. Il désigne le lieu où il a projet d'aller ; ce lieu est un endroit voisin du théâtre de Marcellus ; car ce qu'il appelle ici *temple* n'est rien autre chose qu'un lieu consacré à un usage public ; et quoiqu'il paraisse qu'il y ait eu des bibliothèques établies dans les temples ou près des temples, je ne crois pas qu'il soit question d'une bibliothèque de ce genre.

Il existait encore une autre bibliothèque, fondée par Auguste, appelée *Palatine*, du mot *palais*, parce qu'elle était dans celui de l'empereur. *Il éleva*, dit Suétone (1), *un temple à Apollon dans la partie*

_____

(1) *Chap.* XXIX.

de son palais qui, frappée d'un coup de foudre, fut désignée par les Haruspices pour cet objet. On y ajouta des galeries pour y établir une bibliothèque grecque et latine. Cela arriva l'an de Rome 726, comme le raconte Dion. Ovide a suivi l'ordre des tems dans le dénombrement qu'il fait des bibliothèques, en les plaçant ainsi qu'il suit. Celle dont Asinius était bibliothécaire, celle d'Octavie et la Palatine. *Craintif* (fait-il encore dire à son livre), *je dirige mes pas vers le superbe temple d'Apollon ; on y monte par plusieurs degrés. Là, figurent les statues des Danaïdes et celle de leur barbare père, l'épée nue à la main. On y admire une bibliothèque enrichie de quantité d'ouvrages tant anciens que nouveaux. Je cherchais mes frères, excepté cependant ceux auxquels mon père voudrait n'avoir pas donné le jour ; hélas ! je les cherchai envain, le bibliothécaire m'ordonna de sortir de ce lieu sacré.* Ce bibliothécaire était, selon Suétone, un nommé C. Julius Higinus, célèbre grammairien, qui donnait même *des leçons dans la bibliothèque.* Peu après il y eut deux bibliothécaires, l'un pour les livres grecs, et l'autre pour les latins. On lit sur un ancien marbre : ANTHIOCUS PRÉPOSÉ A LA GARDE DES OUVRAGES LATINS QUI COMPOSENT LA BIBLIOTHÈQUE DE TI.CLAUDE CÉSAR, DÉPOSÉE DANS LE TEMPLE D'APOLLON. Et sur un autre : C. JULIUS FALYX, BIBLIOTHÉCAIRE POUR LA PARTIE GRECQUE, DANS LA BIBLIOTHÈQUE PALATINE. On connaît plusieurs autres inscriptions de ce genre. Pline (1) dit *qu'on voit dans la bibliothèque du temple d'Auguste, l'Apollon toscan de cinquante pieds de haut.* Mais on

_____

(1) *Liv. XXXIV, chap. XXVII.*

pourrait peut-être appliquer cela à la bibliothèque de
Vespasien Auguste, qui était dans le temple de la paix.
Le même Pline s'explique ailleurs (1) plus ouvertement
sur la bibliothèque Palatine. Il dit *que les anciennes lettres
grecques ressemblaient beaucoup à celles dont les latins
se servent, ainsi qu'il est prouvé par une table de bronze
antique tirée du temple de Delphe, dédiée à Minerve,
et déposée dans la bibliothèque du palais.* Il est présumable que cette bibliothèque a très-long-tems subsisté
à Rome, si l'on en croit Jean de Saresburi (2), qui
raconte que Grégoire dit le Grand, non-seulement pros-
crivit l'étude, mais même livra aux flammes les bons
ouvrages qui se trouvaient dans la bibliothèque Palatine.
Parmi ces ouvrages s'en trouvaient de très-précieux, qui,
écrits d'un style divin, semblaient renfermer des oracles.

CHAPITRE VII.

*Des Bibliothèques de Tibère, — de Trajan,
— de Vespasien, — de celle qui était
au Capitole, — et de plusieurs autres
inconnues.*

Nous venons de parler de la bibliothèque Octavienne et de la Palatine, toutes deux fondées par
Auguste, prince connu par son goût pour les sciences
et les arts. Que dirons nous des autres ? Il paraît que les

---

(1) *Liv. VII, chap. LVIII.*

(2) *Liv. II, des Vanités de la Cour.* Jean de Sarisberi, Salisberi
ou Salisburi, anglais, vivait dans le douzième siècle. Il a laissé
plusieurs ouvrages, dont le principal est *Polycraticus, sive de nugis
curialium et vestigiis Philosophorum.* Leyde, 1639, 1 vol. in-8.

empereurs se sont disputé la gloire d'en établir aussi.
Sitôt après la mort d'Auguste, Tibère en édifia une
dans le palais même, du côté de la voie sacrée. Les
curieux de ces sortes d'objets pensent que l'appartement de Tibère était là, et c'est dans cet appartement qu'était la bibliothèque. On en peut juger par
cette citation d'Agellius (1) : *Apollinaire et moi nous
nous reposames dans la bibliothèque de l'appartement de
Tibère.* Et Vopiscus dit aussi *qu'il consulta les livres
de la bibliothèque Ulpienne, et ceux de l'appartement
de Tibère.*

Il parait que Vespasien en a par la suite établi une
aussi, et qu'il l'a placée dans le temple de la paix ;
car on lit dans Agellius (2) : *Nous avons cherché, avec
beaucoup d'application, le Commentaire de L. Ælius,
qui fut le maître de Varron, et nous l'avons trouvé dans
la bibliothèque du temple de la paix.* Galien (3) en
parle aussi dans son Traité de la composition des mé-
dicamens.

Il y en eut encore une autre établie par Trajan.
Car on lit dans Agellius (4): *Nous étant assis dans la*

(1) *Liv. XIII, chap. XVIII.*
(2) *Liv. XVI, chap. VIII.*
(3) *Liv. I.* Galien vivait dans le deuxième siècle. On dit qu'il
avait composé deux cents volumes qui furent brûlés dans l'em-
brâsement du Temple de la Paix. La meilleure édition grecque de
de ses ouvrages est celle de Bâle 1638, 5 tom. *in-folio* ; et la meilleure édition latine est celle des Juntes à Venise, 1625, 6 vol.
in-folio. Mais ces deux éditions ne valent pas celle grecque et
latine qui réunit les ouvrages d'Hypocrate et de Galien, Paris,
1739, 13 tomes qui forment 9 vol.
(4) *Liv. II, chap. XXVII.*

bibliothèque du temple de Trajan, c'est la même que l'on nomme Ulpienne, du nom de famille de Trajan. Et dans Vopiscus (1): *Je tiens ces choses de gens dignes de foi, et je les ai lues et relues dans des ouvrages de la bibliothèque Ulpienne.* Il ajoute : *et si vous ne me croyez pas, consultez les ouvrages grecs, ainsi que ceux qui sont écrits sur toile, vous en trouverez quand vous voudrez dans la bibliothèque Ulpienne.* Je pense que cette bibliothèque était d'abord sur la place Trajane, où sont les autres monumens qu'a fait élever ce prince, et qu'ensuite on l'aura transférée sur le mont Viminal, pour orner les thermes de Dioclétien. Peut-être Dioclétien lui-même a-t-il ordonné cette translation : Vopiscus le croit. *Je me sers volontiers,* dit-il, *des livres de la bibliothèque Ulpienne, qui, de mon tems, est aux bains* de Dioclétien. Ces mots, *de mon tems,* désignent qu'auparavant cette bibliothèque était ailleurs.

Passons à la bibliothèque Capitoline, qui est dans la ville même. Eusèbe en parle dans son Histoire de l'empereur Commode. *Le tonnère,* dit-il, *tomba sur le Capitole, le feu prit à l'instant de tout côté, et la bibliothèque et les maisons voisines furent la proie des flammes.* Orose (2) s'étend davantage sur cet événement. *La ville expie les crimes de l'empereur ; le Capitole est frappé de la foudre ; le feu dévore la bibliothèque qui avait coûté tant de peines et tant de*

---

(1) Sur Aurélien.

(2) *Liv. VII, chap. XVI.* Orose vivait dans le cinquième siècle : il a composé une histoire en 7 Livres, qui prend depuis Adam jusqu'à l'an 416 de J. C. La meilleure édition est celle de 1738, 1 vol. *in-4.*

soins aux savans ; les maisons voisines ne sont bientôt
plus que des monceaux de cendres. Qui a fondé cette
bibliothèque ? On conjecture que c'est Domitien. Car
ce prince ayant été élevé dans le Capitole, et ensuite
devenu empereur, y fit construire un temple ; mais y
fit-il établir cette bibliothèque ? C'est ce que l'on ignore.
Suétone (1) dit seulement et assez vaguement : *Il fit,*
à grands frais, relever les bibliothèques qui avaient été
incendiées, et, à cet effet, il envoya de tout côté des
savans pour chercher des livres, et surtout à Alexan-
drie ; quand on ne put pas se procurer les originaux,
on les copia et on les corrigea. On voit par-là que la
bibliothèque d'Alexandrie était la source où l'on allait
toujours puiser, soit pour fonder des bibliothèques,
soit pour en enrichir, soit pour réparer celles qui
avaient éprouvé quelques accidens, ou renouveler
celles qui avaient été entièrement détruites. S'il en
eût été autrement, comment aurait-il existé tant de
bibliothèques du tems de Constantin ? Victor remarque
que, dans les choses curieuses que l'on voyait alors à
Rome, *on distinguait vingt - neuf bibliothèques pu-*
bliques, dont les deux principales étaient les biblio-
thèques Palatine et Ulpienne. Combien d'autres dont
on n'a point conservé la mémoire ; car, de ces vingt-
neuf, il n'y en a que sept sur lesquelles nous avons
fait quelques découvertes, et dont nous avons tiré
les noms de l'oubli !

_____

(1) *Chap. XX.*

CHAPITRE VIII.

De la Bibliothèque Tiburtine, — et de quel-
ques Bibliothèques particulières considé-
rables établies, soit dans les bains, soit
dans les maisons de campagne.

Je n'ai rien découvert, comme je l'ai dit, sur la
plupart des bibliothèques publiques, pas même sur
celles qui étaient à Rome. Il en existait encore une
à Tivoli, près de Rome. On lit dans Agellius (1):
Nous nous rappelons d'avoir vu cela écrit dans le même
livre de Claudius, qui se trouve à la bibliothèque de
Tivoli. Et plus loin: *Cela vient de la bibliothèque de*
Tivoli, qui était alors placée assez avantageusement
dans le temple d'Hercule (2). Remarquez que nous
avons déjà vu et que nous voyons ici que les bibliothèques sont toujours placées dans les temples, ou
près des temples. Pourquoi les productions sacrées du
génie ne seraient - elles pas déposées dans les lieux
sacrés ? On croit que c'est l'empereur Adrien qui a
fondé cette bibliothèque ; il se plaisait beaucoup à
Tivoli, et il a embelli cette charmante retraite de
quantité de beaux et de vastes édifices.

Il me paraît certain que les villes municipales et les
colonies ont eu aussi des bibliothèques, et qu'on y
cultiva les beaux - arts.

De riches particuliers se sont aussi formé des bibliothèques, soit pour leur usage, soit pour faire parler

---

(1) *Liv. IX, chap. XIV.*
(2) *Liv. XIX, chap. V.*

d'eux. Suidas raconte qu'un nommé *Epaphrodite*, *de Chæronée*, *grammairien*, *qui a vécu à Rome dans l'intervalle du règne de Néron à celui de Nerva*, *avait une telle passion pour les livres*, *qu'il s'en est procuré jusqu'à trente mille*, *tous très-bien choisis*. Je loue ce grammairien plutôt sur le choix que sur la grande quantité des ouvrages qu'il réunissait dans sa bibliothèque. Je pencherai à croire que cet Epaphrodite est celui qui eut Epictecte, le plus célèbre des vrais philosophes, au nombre de ses esclaves ; ils sont bien du même tems, mais la charge qu'occupait Epaphrodite semble laisser des doutes et donnerait à penser qu'il y eut deux Epaphrodite, dont l'un fut grammairien, et l'autre garde-du-corps de Néron, selon que le rapporte le même Suidas. Mais quelque soit cet Epaphrodite, Sammonicus Sérénus le surpassa encore par son goût pour les livres. Il avait une bibliothèque *composée de soixante-deux mille volumes*, qu'il laissa en mourant à Gordien le jeune, depuis empereur. On la déposa au Capitole, avec cette inscription flatteuse : *Ce don immortalise Gordien*, *qui*, *ayant reçu une aussi riche et aussi vaste bibliothèque*, *doit être mis au nombre des savans*. On voit par-là que le goût des lettres est une source inévitable de gloire et de faveurs.

Après ceux que nous venons de nommer, il en est peu qui aient eu des bibliothèques remarquables ; cependant les bibliothèques ordinaires étaient assez nombreuses, et Sénèque (1) se plaint de ce qu'elles étaient déjà trop communes de son tems ; et ses plaintes ne portent *pas sur la passion qu'on avait pour les livres*,

_____

(1) De la Tranquill. *Chap. IX.*

*mais sur ce qu'on faisait des bibliothèques un objet de
parade. Il arrivait que beaucoup d'ignorans avaient des
livres, non pas pour s'instruire, mais pour décorer leur
salle à manger.* Il ajoute : *On voit chez des oisifs des
bibliothèques inutiles très-volumineuses, où se trouve
tout ce que l'on peut désirer dans le genre de l'éloquence et dans l'histoire. Enfin une maison manquerait
d'un meuble nécessaire, si l'on n'y voyait une bibliothèque dans la salle des bains.* J'avoue que les bibliothèques ne devraient pas être un pur objet de luxe ;
il serait à souhaiter cependant que les riches de ce
tems-ci, au moins les regardassent ainsi, et s'amu-
sassent à former de belles collections ; quand même
ils n'y toucheraient, elles pourraient être utiles à
d'autres.

Pourquoi plaçait-on les bibliothèques près des bains
et des thermes, car nous avons déjà vu plus haut que la
bibliothèque Ulpienne était aux thermes de Dioclétien ?
Je crois que c'est par la raison qu'en prenant un bain,
le corps est occupé, pour ainsi dire, sans l'être, et
que c'est l'instant le plus favorable pour la lecture,
soit qu'on lise soi-même, soit qu'on ait un lecteur.

On avait aussi des bibliothèques à la campagne et
dans les maisons de plaisance, par la même raison
qu'on n'y était moins occupé, et qu'on pouvait se livrer
plus librement et avec plus de tems à la lecture ; on
le voit par cette décision du jurisconsulte Paul :
*Dans le legs d'un fonds, sont compris les livres et
bibliothèques qui se trouvent dans ce fonds.* Pline, en
parlant de sa maison de campagne, dit : *Qu'il a fait
placer une armoire dans l'épaisseur du mur, ce qui
lui forme une espèce de bibliothèque.* Martial s'adresse

ainsi à la bibliothèque de campagne d'un autre Julius Martial : *Bibliothèque d'une charmante campagne,*
d'où le lecteur apperçoit la ville voisine, s'il est permis
à la folâtre Thalie de se présenter à côté de nos grands
poëtes, daigne réserver une petite place aux sept livres
que je t'adresse.

CHAPITRE IX.

De la décoration des Bibliothèques, soit en
ivoire, soit en vitraux. — Des Armoires,
des Tablettes, des Pupitres et des Gradins.

JE finis ce traité des bibliothèques, que j'ai composé
d'après ce qui est échappé à la faulx du tems ; j'ai dit
bien peu sur un sujet bien vaste, et pour me servir
d'une ancienne expression, *c'est une goutte d'eau tirée*
d'un grand seau : cependant cet opuscule suffira pour
exciter l'émulation et pour servir de modèle à ceux
qui voudront courir la même carrière. Je vais ajouter
un mot sur la décoration et sur l'organisation des bibliothèques anciennes. Je lis dans Isidore que *les plus*
habiles architectes ne pensaient pas que l'on dût décorer
les bibliothèques de lambris dorés, ni les parqueter au-
trement qu'en marbre de Caristo, parce que l'éclat de
l'or éblouit, au lieu que le beau vert de ce marbre repose
agréablement la vue. Je crois cette remarque très-juste;
je l'ai éprouvé moi-même, un trop grand éclat est de
mauvais goût, et nuit dans une bibliothèque ; une cou-
leur verte plaît davantage et fatigue moins les yeux.
Boëce en parle plus amplement dans son livre *de la*
Consolation : il dit que les murs étaient couverts d'ivoire

et de vitraux. Comment étaient-ils couverts d'ivoire ?
Étaient-ce les armoires ou seulement les tablettes qui
étaient garnies en ivoire ? Tels étaient le luxe et l'élégance des anciens, que nous lisons encore aujourd'hui
dans des ouvrages de jurisprudence : *La bibliothèque
signifie tantôt le lieu et tantôt l'armoire ; et comme nous
l'avons dit, il achète une bibliothèque garnie en ivoire.*
C'est donc l'armoire qui est garnie d'ivoire ; mais à
quoi servaient les vitreaux ? Je pense qu'ils servaient
à fermer les armoires pour empêcher la poussière d'y
entrer, sans cependant ôter la vue des livres. Nous
en faisons de même pour les armoires où l'on dépose
des choses sacrées ou des reliques. Il n'y a pas de
doute qu'il y avait des armoires dans les bibliothèques ;
elles étaient numérotées ; car Vopiscus dit : *On voit dans
la sixième armoire de la bibliothèque Ulpienne*, LIBRUM
ELEPHANTINUM. Le mot *elephantinum* veut-il dire que
ce livre était garni d'ivoire, ou qu'il était écrit sur de la
peau d'éléphant ? Le vieux Scholiaste, Juvénal, dit : *Il
donnera les livres*, FORULOS, *les armoires et la bibliothèque.* Je crois que par le mot *forulos* on entend à proprement parler, des espèces de tablettes à compartimens
ou séparations, qui formaient comme des cases à placer
les livres, selon Martial, ou des petites niches séparées,
selon Sénèque. Sidonius (1) parle ainsi des objets qu'on
voit dans une bibliothèque : *Des livres en abondance,
des pupitres, des gradins et des armoires, comme dans
les librairies.*

---

(1) *Liv. II, Epist. IX.* Sidonius Apollinaris est du cinquième
siècle : il a laissé 9 Livres d'Epitres et 24 pièces de Poésie. Les
meilleures éditions sont celles de Jean Savaron, 1609, 1 vol. *in-4,*
et celle du père Sirmond, 1652, 1 vol. *in-4.*

CHAPITRE X.

On plaçait les portraits des Savans dans les Bibliothèques. Cette coutume est très-louable : on en doit l'origine à Asinius.

Le principal ornement des bibliothèques (celui qu'on devrait imiter et qui ne l'est guères aujourd'hui), était les portraits ou les statues des savans, que l'on voyait à côté de leurs ouvrages : cela ne disait-il pas autant aux yeux qu'à l'esprit ? Nous nous sentons un penchant naturel à connaitre les traits des grands hommes, et à chercher dans leur physionomie l'empreinte du génie céleste qui les a animés. Ils étaient dans les bibliothèques ; tout en lisant les ouvrages immortels des Homères, des Hypocrates, des Aristotes, des Pindares, des Virgiles, des Cicerons, on voyait en même tems leurs portraits. Je le répète, c'était un très-bon usage ; pourquoi ne le suivons nous pas ? Il paraît qu'on en doit l'origine aux romains, et non aux grecs. Pline est de cet avis (1). *Je ne connais point de plus grand plaisir,* dit-il, *que de connaître les traits de l'auteur qu'on lit. C'est Asinius Pollion qui, le premier, en organisant une bibliothèque à l'usage de tous les citoyens, a fait du génie et des portraits des grands hommes une propriété publique. Je ne pourrais cependant pas décider si les rois d'Alexandrie et de Pergame, qui ont élevé de belles bibliothèques à l'envi l'un de l'autre, n'avaient pas introduit cet usage avant Asinius.* Asinius m'en paraît

_____

(1) *Liv. XXXV. Chap. II.*

l'auteur. *C'est lui qui , encore au rapport de Pline (1) , a placé dans la première bibliothèque publique le portrait de M. Varron , le seul auteur vivant à qui cet honneur ait d'abord été accordé ;* ensuite il l'a été à beaucoup d'autres , soit par indulgence, soit à juste titre , et particulièrement au poëte Martial (2) , qui se félicite de ce que *Stertinius a voulu placer son buste dans sa bibliothèque ;* mais généralement cet honneur était réservé aux savans qui étaient morts , ou à ceux qui, encore vivans , jouissaient déjà de la plus haute réputation. *Il ne faut pas passer sous silence ,* dit Pline (3), *un nouvel usage introduit dans les bibliothèques ; c'est non-seulement d'y placer les statues d'or , d'argent ou de bronze des savans dont les ouvrages immortels s'y font admirer , mais même d'y en dresser à ceux dont on n'a pu conserver les traits.* Ce mot *nouvel usage ,* indique qu'on le doit à Pollion , et cette citation prouve que l'on faisait des statues de plusieurs espèces de métaux. J'ajoute que l'on en faisait aussi en plâtre pour les bibliothèques particulières , ce qui donnait la facilité de les multiplier. On lit dans Juvenal : *Quoique l'on trouve partout des plâtres de chrysippe.* Bien plus je crois que l'on dessinait les portraits , et qu'on les peignait en

---

(1) *Liv. VII. Chap. XXX.*

(2) *Préface du Liv. IX des Epig.* Martial , né en Espagne , vivait sous Galba et sous les empereurs suivans jusqu'à Trajan. Il a resté 35 ans à Rome. On a de lui 14 Livres d'Epigrammes , dont une des meilleures éditions est celle *ad usum,* 1680 , 1 vol. *in-*4. et celle d'Amsterdam , 1701 , 1 vol. *in-*8. La traduction de Marolle , 2 vol. *in-*8 , est la seule que l'on ait ; elle en fait désirer une autre.

(3) *Liv. XXXV. Chap. II*

tête des livres. Sénèque dit (1) : *Ayant examiné les ouvrages des grands génies, à la tête desquels on voyait leurs portraits* ; et Suétonne (2) en parlant de Tibère : *On mit leurs écrits et leurs portraits dans la bibliothèque publique, à côté des anciens auteurs.* On voit aussi dans les Lettres de Pline : *Herennius Sévère, homme très-instruit, est d'avis de mettre dans sa bibliothèque les portraits de Cornelius Nepos et de Titus Atticus.* Souvent on voyait dans la même bibliothèque les portraits et les statues. Pline parle ainsi de Silius Italicus : *Il possédait dans le même endroit plusieurs maisons de campagne où il se trouvait beaucoup de livres, beaucoup de statues et beaucoup de portraits ; non seulement il les possédait, mais il en connaissait le prix. Il avait de la prédilection pour la statue de Virgile.* Vopiscus s'exprime ainsi sur Numérien : *On rapporte qu'il prononça un discours si éloquent qu'on lui dressa une statue, non pas comme empereur, mais comme excellent rétheur, et cette statue fut placée dans la bibliothèque Ulpienne avec cette inscription :* A NUMÉRIEN, EMPEREUR, ET LE PLUS CÉLÈBRE ORATEUR DE SON TEMS. Sidonius dit en propres termes, à l'occasion d'une statue qu'on lui éleva : *Puisque l'empereur Nerva a ordonné que pour prix de mes ouvrages, on plaçât ma statue dans l'une et l'autre bibliothèque.* Ce *l'une et l'autre* signifie la bibliothèque grecque et latine.

----

(1) De la Tranquill.
(2) *Chap. L. XX.*

CHAPITRE XI.

Du Musée d'Alexandrie. — On y logeait et on y nourrissait des Savans sur le trésor public. — Les Rois et les Empereurs prenaient soin de ce Musée.

J'ai passé sous silence bien des choses qu'on pourrait encore dire sur les bibliothèques, une entre autres, c'est le fruit que l'on en doit retirer ; car si elles sont désertes, peu ou point fréquentées, à quoi bon en établir ? Qu'est-ce autre chose qu'un *certain luxe studieux*, comme l'appelle Sénèque ? Les rois d'Alexandrie avaient pourvu à cet inconvénient ; ils avaient fondé près de la bibliothèque, un *Musée* (ce qui signifie *temple des muses*), et ceux qui étaient reçus dans ce musée pouvaient s'adonner entièrement à l'étude, sans nul souci, pas même celui du logement et de la nourriture, qu'on leur donnait là aux dépens de l'état. Superbe établissement ! Strabon en parle en ces termes (1): *Dans une partie du palais est le Musée ; on peut se promener et se reposer dans la vaste enceinte de ce bâtiment : c'est là que s'assemblent et que mangent en commun les savans et les membres du musée. Cet établissement a des fonds affectés à son entretien en général, c'est un prêtre qui y préside et dont la nomination appartenait autrefois aux rois d'Alexandrie, et qui maintenant appartient à César.* On avait fondé le musée dans le palais des rois afin que les savans, avec lesquels ces rois aimaient à converser pour s'instruire, fussent plus

_____

(1) *Liv. XVII.*

près d'eux. Ce musée avait des galleries et plusieurs
appartemens, dont les uns étaient destinés aux exercices du corps et les autres aux exercices de l'esprit,
c'est-à-dire, qu'on s'y réunissait pour discuter des objets
de sciences et d'arts. Dans une autre partie du musée
était la salle à manger où les repas se prenaient en
commun. Philostrate (1), en parlant de Denis, *raconte*
qu'il fut reçu au Musée, puis il ajoute : *Que dans ce*
Musée on nourrissait ceux qui y étaient admis, *et*
qu'on y appelait les savans de toute la terre. Il ne faut
pas prendre à la lettre ce mot *toute la terre*, il signifie
qu'on ne regardait ni au nombre des savans, ni à la
dépense que cela occasionnait. Timon le satyrique en
parle ainsi à sa manière : *On nourrit en Egypte des*
gens pour être continuellement occupés de livres et pour
discuter IN CAVEA MUSARUM. Athenée (2) explique
ainsi le mot *cavea* : *Timon tourne en ridicule les phi-*
losophes qui sont nourris au Musée, comme on nourrit
certains oiseaux précieux dans une cage. Athenée se
sert de la dénomination particulière de *philosophes ;*
mais Strabon dit *gens lettrés et hommes savans*, cela
renferme tous les genres. Ce mot *hommes* donne à
entendre qu'on n'y admettait point les enfans, les
jeunes gens, et ceux qui n'en étaient encore qu'aux
premiers élémens des sciences. L'admission au musée

---

(1) Vie de Denis Milésien. On connaît deux Philostrate, dont
l'un, qui vivait dans le deuxième siècle, a composé la vie
d'Apollonius, et un Traité d'Images ou Tableaux ; et l'autre,
son petit-fils, qui a composé les Vies des Sophistes. La meilleure
édition des ouvrages des deux Philostrates, est celle grecque et
latine de Leipsic, 1709, 1 vol. *in-folio.*

(2) *Liv. I.*

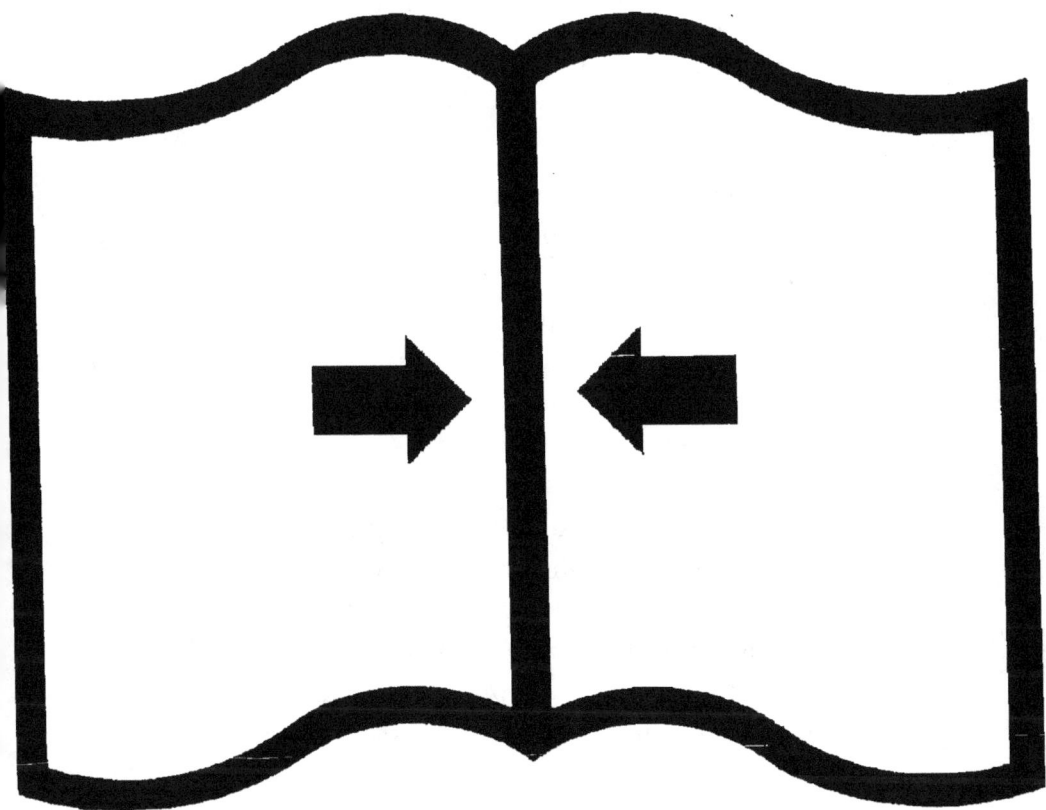

Reliure trop serrée

CHAPITRE XI.

Du Musée d'Alexandrie. — On y logeait et on y nourrissait des Savans sur le trésor public. — Les Rois et les Empereurs prenaient soin de ce Musée.

J'AI passé sous silence bien des choses qu'on pourrait encore dire sur les bibliothèques, une entre autres, c'est le fruit que l'on en doit retirer; car si elles sont désertes, peu ou point fréquentées, à quoi bon en établir? Qu'est-ce autre chose qu'un *certain luxe studieux*, comme l'appelle Sénèque? Les rois d'Alexandrie avaient pourvu à cet inconvénient; ils avaient fondé près de la bibliothèque, un *Musée* (ce qui signifie *temple des muses*), et ceux qui étaient reçus dans ce musée pouvaient s'adonner entièrement à l'étude, sans nul souci, pas même celui du logement et de la nourriture, qu'on leur donnait là aux dépens de l'état. Superbe établissement! Strabon en parle en ces termes (1): *Dans une partie du palais est le Musée; on peut se promener et se reposer dans la vaste enceinte de ce bâtiment: c'est là que s'assemblent et que mangent en commun les savans et les membres du musée. Cet établissement a des fonds affectés à son entretien en général, c'est un prêtre qui y préside et dont la nomination appartenait autrefois aux rois d'Alexandrie, et qui maintenant appartient à César.* On avait fondé le musée dans le palais des rois afin que les savans, avec lesquels ces rois aimaient à converser pour s'instruire, fussent plus

---

(1) *Liv. XVII.*

près d'eux. Ce musée avait des galleries et plusieurs appartemens, dont les uns étaient destinés aux exercices du corps et les autres aux exercices de l'esprit, c'est-à-dire, qu'on s'y réunissait pour discuter des objets de sciences et d'arts. Dans une autre partie du musée était la salle à manger où les repas se prenaient en commun. Philostrate (1), en parlant de Denis, *raconte qu'il fut reçu au Musée*, puis il ajoute : *Que dans ce Musée on nourrissait ceux qui y étaient admis, et qu'on y appelait les savans de toute la terre*. Il ne faut pas prendre à la lettre ce mot *toute la terre*, il signifie qu'on ne regardait ni au nombre des savans, ni à la dépense que cela occasionnait. Timon le satyrique en parle ainsi à sa manière : *On nourrit en Egypte des gens pour être continuellement occupés de livres et pour discuter* IN CAVEA MUSARUM. Athénée (2) explique ainsi le mot *cavea : Timon tourne en ridicule les philosophes qui sont nourris au Musée, comme on nourrit certains oiseaux précieux dans une cage.* Athenée se sert de la dénomination particulière de *philosophes ;* mais Strabon dit *gens lettrés et hommes savans,* cela renferme tous les genres. Ce mot *hommes* donne à entendre qu'on n'y admettait point les enfans, les jeunes gens, et ceux qui n'en étaient encore qu'aux premiers élémens des sciences. L'admission au musée

---

(1) Vie de Denis Milésien. On connaît deux Philostrate, dont l'un, qui vivait dans le deuxième siècle, a composé la vie d'Apollonius, et un Traité d'Images ou Tableaux ; et l'autre, son petit-fils, qui a composé les Vies des Sophistes. La meilleure édition des ouvrages des deux Philostrates, est celle grecque et latine de Leipsic, 1709, 1 vol. *in-folio.*

(2) *Liv. I.*

était donc pour les savans, le prix de leurs veilles et une honnête retraite; c'est à-peu-près comme à Athènes où l'on nourrissait dans le Prytanée aux dépens du trésor public, ceux qui avaient bien mérité de la patrie. Où êtes-vous, princes généreux, et vous tous qui excitiez et entreteniez si bien le feu d'une noble émulation? Strabon place à la tête du Musée *un prêtre* qui en était le directeur, et *qui devait être choisi par les rois ou par les empereurs.* C'était donc une grande dignité, puisqu'elle était conférée par l'empereur lui-même; mais l'empereur ne nommait-il pas à toutes les places du Musée? On lit dans Philostrate, que *l'empereur Adrien nomma Denis le sophiste, satrape ou préfet en Egypte; qu'il l'inscrivit au nombre de ceux à qui l'on décernait des honneurs publics et qui étaient nourris au Musée.* Et en parlant de Polémon, *Adrien le nomma membre du Musée, et il y fut nourri.* Le texte porte dans *le cercle du Musée,* ce qui signifie peut-être qu'on y était reçu tour-à-tour; qu'outre la liste des membres reçus, il y en avait une de candidats, c'est-à-dire de ceux qui devaient être admis sitôt qu'une place vaquait. Les candidats arrivaient donc par ordre d'inscription, aux places qui devenaient vacantes. Athénée parle aussi d'une place donnée dans le Musée par Adrien (1). *Le Poète Pancratis avait loué ingénieusement ce prince sur son Antinoüs. Adrien, charmé de cet éloge, ordonna que le poète serait nourri au Musée.* Voilà ce que Strabon dit de l'institution du Musée et du lieu où il était situé. On peut ajouter que ceux qui y étaient admis

(1) *Liv. XV.*

n'y restaient point sans rien faire (comment des ames
bien nées pourraient-elles croupir dans l'oisiveté ?).
On y composait, on y discutait et on y déclamait.
Spartien raconte (1) *qu'Adrien avait proposé beaucoup
de questions aux professeurs du Musée d'Alexandrie, et
qu'il en avait discuté et résolu plusieurs qu'on lui avait
faites.* On peut encore citer Suétonne (2), qui dit
que l'empereur Claude ajouta un nouveau Musée à
l'ancien, et qu'il ordonna que certains livres y seraient
lus tous les ans.

Nota. *Il est surprenant que Juste Lipse n'ait pas parlé
de l'espèce de Bibliothèque que les Juifs avaient dans
leur temple : elle était composée, dit-on, des Tables
de la Loi, des Livres de Moyse, de ceux des Rois
et de ceux des Prophètes, qui avaient eux-mêmes
fait des copies de leurs prophéties.*

---

(1) Ælius Spartien vivait dans le troisième siècle, sous Dioclétien : il a écrit en latin les Vies d'Adrien, de Caracalla et de
quatre autres Empereurs romains. On les trouve dans l'ouvrage
intitulé *Historiae Augustae scriptores.* Leide, 1670--1671, 2 vol. *in-8.*
(2) *Chap. XLII.*

NOTICE
ABRÉGÉE
DES PRINCIPALES
BIBLIOTHÈQUES
MODERNES,

Pour servir de supplément au Traité des Bibliothèques anciennes, par Juste Lipse.

JUSTE LIPSE n'a parlé que des bibliothèques anciennes; nous avons cru qu'un mot sûr les bibliothèques modernes trouverait ici naturellement sa place ; nous allons donc extraire et abréger le chapitre consacré à cet objet, dans notre MANUEL DU BIBLIOTHÉCAIRE.

Il est inutile de citer ces bibliothèques, ou plutôt ces petites collections de livres qu'eurent les premiers chrétiens, qui, dans le principe, brûlèrent tous les ouvrages qui n'avaient point de rapport à la religion.

Passons à celles que l'on établit quand le christianisme fut affermi sans contradiction.

Celle de Constantin le grand est la première qui mérite attention. Elle fut fondée l'an 336 ; il n'est pas présumable que l'empereur Julien ait voulu détruire cette bibliothèque (1), qui avait été très-aug-

_____

(1) Elle éprouva beaucoup de révolutions et monta jusqu'à cent

mentée, lui qui était philosophe, lui qui connaissait le prix des livres, lui enfin qui a établi deux bibliothèques, l'une à Constantinople où était celle de Constantin, et l'autre à Antioche : ce sont les Iconoclastes qui l'ont détruite.

La fureur des nations barbares qui inondèrent l'Europe se porta principalement sur les bibliothèques, et causa la perte d'une infinité de bons ouvrages.

On parle de quelques bibliothèques fondées après ces désastres ; une par Cassiodore, ministre et favori de Théodoric, roi des Goths ; deux par le pape Hilaire, premier du nom ; une par Charlemagne, à l'isle Barbe, près Lyon ; une à Wrissen, près Worms, et une autre à Aix-la-Chapelle : c'est la plus précieuse de ces tems-là.

Les Chinois n'ont pas de bibliothèques publiques bien renommées ; cependant on dit qu'il y en a une sur le mont Lingumen, de plus de 30,000 volumes, tous composés par des auteurs chinois, et une autre à-peu-près aussi nombreuse dans le temple de Venchung près l'École royale.

Les Japonais ont, dans la ville de Narad, un temple magnifique, où se trouve un appartement soutenu par vingt-quatre colonnes, que les voyageurs disent être rempli de livres du haut en bas.

Faut-il parler de cette bibliothèque qu'on dit être dans le monastère de Sainte-Croix, sur le mont Aara,

---

mille volumes. On assure qu'elle renfermait la copie authentique du premier symbole de Nicée, les ouvrages d'Homère écrits en lettres d'or, et une copie des Evangiles reliée en plaques d'or, du poids de quinze livres, et enrichie de pierreries.

en Ethiopie , et qui , divisée en trois parties , contient dix millions cent mille volumes , tous écrits sur parchemin , et gardés dans des étuis de soie? Les fables que l'on débite au sujet de cette bibliothèque auraient dû empêcher le jésuite Kircher d'y ajouter foi (1).

Les arabes n'ont aucune bibliothèque ; cependant il en existe une à Maroc, où ils se vantent d'avoir la première copie du Code de Justinien.

La bibliothèque de Fez est , dit Erpennius , composée de 32,000 volumes.

A Gaza se trouve aussi une superbe bibliothèque de livres anciens , que l'on dit être composée des débris de celle d'Alexandrie.

Damas en possède une , où François Rosa , de Ravennes, trouva la philosophie mystique d'Aristote , en arabe, qu'il publia par la suite.

La bibliothèque du grand Turc est déposée au sérail ; elle fut commencée par le sultan Sélim , qui conquit l'Egypte ; elle ne contient que trois ou quatre mille volumes turcs , arabes ou persans ; on n'y trouve aucun manuscrit grec.

Les principales bibliothèques qui existent maintenant en Europe sont :

---

(1) On dit qu'elle doit son origine à la reine de Saba, qui visita Salomon , et en reçut beaucoup de livres, entr'autres ceux d'Énoch sur les élémens et sur d'autres sujets philosophiques ; ceux de Noé sur les mathématiques et sur le rit sacré ; ceux d'Abraham sur la vallée de Mambré ; ceux de Job, ceux d'Esdras, des Sybilles , des Prophètes , des Grands Prêtres , outre les siens propres, et ceux de son fils Mémilech, qu'on prétend qu'elle eut de Salomon. Il est présumable que le seul ouvrage qu'elle a rapporté de sa visite à Salomon, est ce fils Mémilech.

A Copenhague , celle de l'Université et celle fondée par Henri Rantzau.

A Stokholm , celle fondée par Christine , où se trouve une des premieres copies de l'Alcoran. On y voit aussi un livre très-remarquable , appelé , selon les uns , *Codex giganteus* , à cause de son énorme grandeur , car il a deux aunes de Suède de longueur , et une de largeur ; et , selon les autres , *la Bible du diable* , parce qu'il est terminé par un livre de magie , décoré d'une belle figure du diable. C'est une espèce de bibliothèque historique. M. Dobrowki , savant Hongrois , est allé en 1792 exprès à Stockolm pour examiner ce *Codex*.

Ne passons pas sous silence un livre très-curieux qui se trouve dans la bibliothèque d'Upsal en Suède ; ce sont les Quatre évangiles , traduits en langue des Goths , et en caractères gothiques , dont la traduction est attribuée à Ulphilas , évêque des Goths en Mœsie , vers 370 , que l'on regarde comme l'inventeur des caractères gothiques. Ce livre , précieux par son antiquité , est en letrres d'or et d'argent sur le vélin.

En Pologne , celle de Wilna et de Cracovie.

A Pétersbourg , celle fondée par le Czar premier.

A Amsterdam , la bibliothèque publique , qui est très-belle , devrait être arrangée avec plus d'ordre et de méthode.

Dans les Pays-Bas celle de Gand , d'Haderwick , d'Ypres , de Liège , de Louvain.

Leyde en a deux , celle fondée par Antoine Thisius , et l'autre , qui est celle de l'Université , fut donnée par Guillaume premier , prince d'Orange. On y voit des

manuscrits grecs , hébraïques , chaldéens , syriaques ;
persans , arméniens et russiens. On y voit la bible comp-
utensienne dont la version est due au cardinal Ximénès.

En Allemagne , celles de Francfort sur l'Oder , de
Leypsick , de Dresde, d'Ausbourg , de Basle ; on voit
dans cette dernière un manuscrit du nouveau testament en lettres d'or ; celle du duc de Volfembuttel
composée de 116,000 volumes , et deux mille manuscrits latins , grecs et hébreux.

A Vienne en Autriche, celle de l'empereur , qui
contient 100,000 volumes , dont beaucoup de manuscrits grecs , hébraïques , arabes , turcs et latins. Elle
fut fondée en 1480 par l'empereur Maximilien premier :
elle était composée de plus de 80,000 volumes , sans y
comprendre les feuilles volantes , en 1666. Elle s'est
formée de la réunion de plusieurs autres bibliothèques,
et entr'autres de celle du grand Matthias Corvinus.
On y trouvait à cette époque une collection de 15940
médailles , dont plusieurs sont très-rares.

Possevin a publié un catalogue de manuscrits grecs
qui y sont, dans lequel il y a des fautes grossières.
Par exemple on y voit un livre intitulé : *Georgii nicetæ
epistolæ de creatione hominis* , dont le véritable titre
est *Gregorii nysseni episcopi de créatione hominis liber.*
Cependant cette faute a fait donner dans l'erreur le
savant Leo Allatius , dans son traité des auteurs qui
ont porté le nom de George.

A Berlin , celle du Roi de Prusse fondée par Frédéric Guillaume , électeur de Brandebourg , et augmentée de celle du célèbre Spanheim ; elle est remarquable
par plusieurs manuscrits ornés d'or et de pierreries ,
du tems de Charlemagne.

A Venise, celle de Saint Marc, où l'on prétend conserver l'évangile écrit de la main de ce saint (1); mais il est tellement effacé que l'on ne sait si c'est du grec ou du latin.

A Padoue, celle fondée par Laurent Pignorius, savant antiquaire du dix-septième siècle.

Ferrare en possède une magnifique, curieuse par grand nombre de manuscrits anciens et d'autres monumens de l'antiquité, comme statues, tableaux, médailles, etc.

A Boulogne, celle des Dominicains, où se voit le Pantateuque, que l'absurde crédulité dit être écrit de la main du grand-prêtre Esdras, 467 ans avant J.-C.

A Naples, celle des Dominicains.

A Milan, celle de Saint Ambroise, fondée par le cardinal Fréderic Borromée, et ornée de plus de dix mille manuscrits, recueillis par Antoine Oggiati (2).

Celle de Florence est célèbre par un nombre prodigieux de livres, de manuscrits, de statues, de médailles, etc. On prétend y posséder le manuscrit autographe de l'évangile de saint Jean. On compte

---

(1) Montfaucon, sans admettre ce sentiment, qui est au moins ridicule, dit que cet Evangile est écrit sur des feuilles de papier d'Egypte, qui lui ont paru beaucoup plus délicates qu'aucune autre. C'est, selon lui, le plus ancien des manuscrits : il le présume du quatrième siècle; mais il est tellement pourri, que les feuilles, étant toutes collées les unes contre les autres, on ne peut essayer de tourner un feuillet, sans que tout s'en aille en pièces.

(2) Montfaucon assure que l'on conserve dans cette bibliothèque un manuscrit en papier d'Egypte, qui contient quelques livres des antiquités judaïques de Josephe, en latin : il croit ce manuscrit du sixième siècle.

encore à Florence deux autres bibliothèques , l'une fondée par Clément VII , et l'autre par Cosme de Médicis.

Pise en possède une très-belle.

A Turin , celle du roi de Sardaigne , enrichie des manuscrits du célèbre architecte Ligarius , qui dessina toutes les antiquités d'Italie.

A Rome , on voit quantité de superbes bibliothèques , mais elles ne sont rien en comparaison de celle du Vatican : on la divise en trois parties , la publique , la secrète et la plus secrète. Sixte-Quint la fit orner de peintures à Fresque par les plus grands maîtres de son tems ; et parmi les figures emblématiques , on remarque toutes les bibliothèques célèbres du monde , représentées par des livres peints , et au-dessous de chacune , une inscription qui marque l'ordre du tems de leur fondation. On voit , en fait de livres , des choses curieuses , entre autres deux copies de Virgile , sur parchemin , ayant plus de mille ans, ainsi qu'un Térence copié par ordre de l'empereur Alexandre sévère , vers le commencement du troisième siècle; les Actes des apôtres , en lettres d'or ; une Bible grecque très-ancienne ; les Sonnets de Pétrarque , écrits de sa main ; une copie du volume que les Perses ont fait des fables de Locman , etc.

La bibliothèque d'Espagne la plus considérable est celle de l'Escurial, au couvent de St.-Laurent , fondée par Charles V , et considérablement augmentée par Philippe II. Le travail matériel de cette bibliothèque est d'un luxe étonnant ; la porte est superbe à l'extérieur , mais défectueuse en dedans , en ce qu'elle ne peut s'ouvrir qu'à moitié : tout le carreau est de marbre

poli de deux couleurs , distribué en compartimens, qui
font un bel effet ; et tout le tour est de jaspe à la
hauteur de huit pouces. Les tablettes sont peintes d'une
infinité de couleurs , et toutes de bois précieux d'Espagne ou des Indes , comme cèdre , ébène et téré-
binthe. Les livres sont supérieurement dorés : il y a
cinq rangs d'armoires les unes au-dessus des autres ;
chaque rang a cent pieds de long. Parmi les différens
livres qui composent cette riche collection , on remarque
un in-folio nommé le livre d'or , parce que les lettres
sont en or sur vélin ; il a cent soixante-huit feuillets.
A la première page est une peinture représentant J.-C. ,
et à la seconde page une autre peinture représentant
la vierge Marie. Le titre de ce livre est : SANCTA
QUATUOR EVANGELIA , LITTERIS AUREIS SCRIPTA ,
JUSSU REGIS HENRICI CONRADI IMPERATORIS FILII.
LIBER VITÆ NUNCUPATUR. Ce titre annonce que ce
livre a plus de sept cents ans. On voit encore dans
cette bibliothèque un rouleau en parchemin , qui
contient un manuscrit grec de St. Bazile : il y a aussi
beaucoup de livres enluminés et ornés de miniatures ,
très-curieux , entre autres l'arbre généalogique de la
maison d'Autriche , en vélin roulé sur deux bâtons ,
l'histoire des animaux et des plantes de l'Amérique ,
représentés d'après nature , en 15 volumes grand in-folio ,
par François Hermandez , de Tolède , qui , envoyé par
Philippe II , les a dessinés sur les lieux , et d'autres
ouvrages aussi précieux.

L'Angleterre possédait de riches bibliothèques ,
entre autres une très-grande fondée à Yorck par Egbert,
archevêque de cette ville ; elles furent toutes détruites
lors de l'incursion des habitans du nord. Celle d'Yorck

fut brûlée avec la cathédrale sous le roi Etienne. La bibliothèque du monastère de St.-Alban, fondée vers ce tems-là par un nommé Gauthier, fut aussi pillée par les Danois. Celle formée dans le douzième siècle, par Richard de Bury, évêque de Durham, fut très-célèbre.

De toutes les bibliothèques que l'Angleterre possède aujourd'hui, et dont la plupart sont très-riches en tout genre de littérature et en manuscrits fort anciens, la plus renommée est la bibliothèque Bodléyenne (1) d'Oxford, qui commença à être publique en 1602. Elle est, après la bibliothèque nationale de France, celle de l'empereur à Vienne et celle du Vatican, la plus célèbre de l'Europe.

La bibliothèque de Tippo-Saïb, qu'on attend à Londres, va augmenter les richesses du Muséum britannique. Elle contient une histoire complette des tartares du Mogol, lors de l'invasion de l'Indostan par Tamerlan en 1367, ainsi que la conquête de ce pays, en 1525, par le sultan Baber. On y trouve aussi des traductions du Koran en différentes langues : ces traductions remontent à l'année 1000, où les mahométans commencèrent leur carrière. La signature des traducteurs est très-lisible et très-bien conservée. *Article extrait des Journaux.*

Dès le sixième siècle, les monastères en France ont commencé à avoir des espèces de bibliothèques dont on aurait pu trouver de précieux monumens dans les abbayes de Cîteaux et de Clairvaux, avant

---

(1) Thomas Bodley légua sa superbe bibliothèque à l'université d'Oxford. Hyde en a publié un pompeux catalogue en 1674.

la révolution. La plus ancienne et la plus considérable
des bibliothèques de France, était celle de Tonance
Ferreol, dans sa belle maison de Prusianne, entre Nîmes
et Clermont-de-Lodève. Dans les derniers tems, nous
avons eu des bibliothèques particulières célèbres, telles
que celles du président de Thou, de l'archevêque le
Tellier, de Bulteau, fort riche en livres sur l'histoire
de France; de Coislin, abondante en manuscrits grecs;
de Baluze, de Dufay, du cardinal Dubois, de Colbert,
de Bigot, de Rothelin, de la Valliere, de Gaignat,
de d'Aguesseau, de Soubise, de Courtanvaux, riche
en histoire naturelle, et plus riche en voyages.

Mais la plus renommée de toutes celles qui existent
maintenant est la bibliothèque nationale de France,
ci-devant dite du Roi. On croit que Charles V en jeta
les fondemens. Elle éprouva des pertes considérables
sous Charles VII. Louis XI la rétablit autant qu'il
put (1). Charles VIII l'augmenta. Louis XII y réunit
la bibliothèque de Blois, fondée par le prince Charles,
de la maison d'Orléans, son père, et l'enrichit considérablement. François premier ajouta la bibliothèque
de Blois qu'il avait augmentée, à celle commencée
par lui à Fontainebleau. Il fit acheter à-peu-près
quatre cents volumes et quarante manuscrits orientaux,
qui sont les seuls qu'il put se procurer, quoiqu'il
en ait recherché avec empressement de tout côté:

---

(1) En 1471, Louis XI, désirant mettre dans cette bibliothèque
une copie du livre du médecin Rasis, emprunta l'original de la
Faculté de médecine de Paris, et donna, pour sûreté de ce manuscrit, douze marcs d'argent, vingt livres sterlings, et l'obligation
d'un bourgeois pour la somme de cent écus d'or.

ce fut lui qui créa le premier bibliothécaire en chef : Guillaume Budé occupa cette place le premier ; Pierre Duchatel fut le second ; Pierre de Montdoré, le troisième ; ensuite vint le fameux Jacques Amyot, qui eut pour successeur l'historien Jacques-Auguste de Thou. Nicolas Rigault eut la direction de la bibliothèque pendant la minorité de François de Thou, fils du précédent, qui la reprit ensuite. Ayant été décapité en 1642, il fut remplacé par l'illustre Jerôme Bignon. Je n'entrerai pas dans de plus longs détails sur les accroissemens de cette bibliothèque ; il suffit de dire qu'au commencement du siècle de Louis XIV, elle était composée de cinq mille volumes ; à sa mort il s'en trouvait déjà soixante et dix mille, sans compter le fonds des planches, des gravures et des estampes. Depuis ce tems, elle s'est accrue avec une rapidité beaucoup plus grande ; de sorte que le nombre des livres, qui augmente tous les jours, devient incalculable, et en fait une des plus belles bibliothèques connues. En 1785 on y comptait 60,000 volumes manuscrits, plus de deux cent mille volumes imprimés, 5,000 volumes d'estampes et 2,000 planches gravées. Ceux qui ont le plus contribué à ses progrès, soit par leur puissance, soit par leurs talens, sont les Colbert, les Louvois, les Bignon, les Sallier et Melot, auteurs de l'excellent mémoire historique qui se trouve en tête du catalogue de la bibliothèque du roi ; les Sevin, les Fourmont, etc., etc.

Je n'ajouterai rien à ce tableau rapide des bibliothèques modernes les plus connues ; heureux si la légère idée que nous en donnons suffit pour faire naitre le désir de traiter en grand cette partie de l'histoire

littéraire, plus agréable, plus curieuse et plus intéressante qu'on ne le pense ordinairement.

Les principaux auteurs qui ont écrit sur les bibliothèques sont, 1°. le père Louis Jacob, qui a fait un
Traité des plus belles bibliothèques publiques et particulières qui ont été, et qui sont à présent dans le
monde. Paris, 1644, 1 vol. in-8°. ;

2°. Le Gallois, à qui l'on doit le Traité des plus belles
Bibliothèques de l'Europe ; Paris, 1680, 1 vol. in-12.

3°. Philippe l'abbé, auteur du livre intitulé : *Bibliotheca bibliothecarum, Parisiis*, 1644, 1 vol. in-8° ;

4°. Montfaucon, qui a composé un ouvrage ayant le
même titre que le précédent. Paris, 1739, 2 vol. in-fol.

*Fin de la Notice abrégée sur les Bibliothèques anciennes
et modernes.*

NOTICE

SUR LA CONNAISSANCE

DES LIVRES,

DES FORMATS, DES ÉDITIONS,

ET SUR LA TENUE D'UNE BIBLIOTHÈQUE.

LES livres sont les dépositaires de la pensée; ils sont destinés à plaire et à instruire; ils fixent la mémoire des faits; ils immortalisent les hommes; c'est par eux que nous conversons avec Homère, Hésiode, Démosthènes, Ciceron, Virgile, Horace, Plutarque, etc.; c'est par eux que l'histoire déroule à nos yeux l'affligeant tableau des erreurs des hommes, des malheurs des peuples, et des révolutions du globe; mais leur nombre incalculable nécessite un choix, et pour choisir il faut d'abord juger. Or, à quelle marque peut-on reconnaître la bonté d'un livre? Il en est beaucoup qui déterminent un jugement favorable; je m'arrêterai aux suivantes : la réputation de l'auteur, le tems où il a écrit, les éditions multipliées, les traductions en plusieurs langues, les commentaires, les épitomes que l'on en a fait, le succès général qui l'a couronné, les éloges impartiaux qu'il a mérités, les critiques même qu'il a encourues, les condamnations ou la suppression dont on l'a flétri dans un tems, la réputation des adversaires, des défenseurs, des continuateurs qu'il a eus, le tems que l'auteur a mis à le composer, l'impartialité qui le caractérise, l'utilité constante dont il peut être, etc. Tous les livres qui rempliront la majeure partie de ces conditions peuvent être considérés comme livres de choix et ne tromperont jamais l'attente de celui qui s'en servira.

On peut distinguer tous les livres, quant au sujet, en sacrés, en historiques, dogmatiques ou scientifiques, et en littéraires ; et, quant aux auteurs, en anonymes, cryptonymes et pseudonymes (1).

Voyons quels sont les principaux livres sacrés des différens peuples.

Ceux des Juifs sont le livre de la loi, l'hagiographe, les prophetes, le talmud, (2) etc.

Les livres sacrés des Romains étaient les sybillins, les livres pontificaux, les livres rituels, les livres des augures, des aruspices, les livres achérontiques, les livres fulminans et les livres fatals.

Les livres sacrés de l'Inde sont le coral, le bhaguat-geeta, le mahabbharrat, le védam et chaster, le sadder, le zend-avesta, traduit par Anquetil, 3 vol. in-4°. ; le chou-king, traduit par de Guignes, 1 vol. in-4°. ; le hiao-king, le mathanoui, etc.

Les livres sacrés de l'église romaine, sont l'ancien

_____

(1) Les livres anonymes sont ceux qui paraissent sans nom les cryptonymes, ceux dont le nom de l'auteur est caché sous u anagrame, et les pseudonymes, sont ceux dont l'auteur est supposé

(2) *Le Talmud* est une compilation du droit civil et canoniqu des Juifs : il est ainsi appelé d'un mot hébreu qui signifie *rituel* o *cérémonial.* Il est divisé en six *seder,* c'est-à-dire, en six ordres chaque *seder* en plusieurs *massechet* ou traités, et chaque *massech* en plusieurs *peraκin* ou chapitres. Ce livre renferme les fabl les plus absurdes sur Dieu, sur la création et sur J. C.

et le nouveau testament ; et, relativement aux offices publics, le pontifical, l'antiphonier, le graduel, la lectionnaire, le pseautier, le livre d'évangiles, le missel, l'ordinal, le rituel, le processional, le cérémonial et le bréviaire. Les livres de liturgie contiennent seulement celles qui sont actuellement en usage ; savoir : celle de St. Bazile, celle de St. Chrysostome, celle des présanctifiés et celle de St. Jacques, qui n'a lieu qu'une fois l'année dans l'église de Jérusalem.

Les livres sacrés d'Angleterre en usage dès le milieu du dixième siècle étaient, selon qu'ils sont nommés dans les canons d'Elsric, la bible, le pseautier, les épîtres, l'évangile, le livre de la messe, l'antiphonier, le manuel, le calendrier, le martyrologe, le pénitentiel et le livre des leçons.

Le principal livre sacré des mahométans est le koran ; ce livre est du nombre de ceux qu'ils disent avoir été donnés par Dieu lui-même à ses prophètes : ils en comptent 104 : 10 à Adam, 50 à Seth, 30 à Enoch, 10 à Abraham, un à Moyse, c'est le pentateuque avant qu'il ne fût corrompu par les Juifs et par les Chrétiens ; un à David, ce sont les pseaumes ; un à J.-C, c'est l'évangile ; et enfin un à Mahomet, c'est le koran.

Il existe sept éditions principales du koran, suivant les commentateurs de ce livre ; il y en a deux faites à Médine, une à la Mecque, une à Coufa, une autre à Bassora, une en Syrie, et une que l'on appelle commune ou vulgate. La première de ces éditions contient six mille versets, les autres la surpassent de deux cens à deux cent trente-six ; mais elles sont toutes égales, quant au nombre de mots et de lettres ; car,

dans tous les exemplaires de ce livre , on compte
soixante et dix-sept mille six cent trente-neuf mots ,
et trois cent vingt-trois mille quinze lettres. Pour ce
qui est des chapitres , qui sont au nombre de 114, la
division en est assez moderne. On la divise encore
en 60 sections.

On connait encore dans le nord l'edda , qui , sans être
un livre sacré , pourrait être considéré comme tel ,
puisqu'il est un recueil de mythologie écrit en Islande
peu après l'abolition du paganisme. Cet ouvrage fa-
cilitait l'intelligence des anciens scaldes ou poëtes ,
et servait aux jeunes Islandais qui se destinaient à le
devenir. La première edda a été composée dans le
onzième siècle par Sœmund Sigfusson , Islandais , surnommé le savant. Mais cette première edda étant trop
diffuse , le célèbre Snorron-Sturheson en fit une seconde ,
environ 120 ans après la première. Nous devons à
Resenius , professeur à Copenhague une édition de
l'edda , publiée en 1665 , à laquelle un prêtre islandais , nommé Stephanus Osaï , ajouta une version latine. Mallet , professeur de belles-lettres françaises à
Copenhague , publia en 1756 une traduction de l'edda ,
en français , avec des corrections puisées dans un ancien
manuscrit authentique , qui se trouve dans la bibliothèque de l'université d'Upsal : cette traduction est enrichie de notes intéressantes et de réflexions judicieuses.

Les livres historiques comprennent l'histoire universelle , l'histoire particulière des peuples , l'histoire particulière des hommes et l'histoire des faits de la nature.

Les dogmatiques ou scientifiques exposent une
doctrine ou des vérités générales ; la morale , la jurisprudence , les mathématiques , les préceptes relatifs

aux beaux-arts, etc. sont renfermés dans les livres dogmatiques ou scientifiques.

Les littéraires contiennent toutes les productions du génie, relatives aux belles-lettres, tels que l'éloquence, la poésie, l'art dramatique, etc.

» Il existe un livre unique; c'est celui dont l'em-
» pereur Rodolphe offrit onze mille ducats, et qu'on
» a vu en 1640 dans le cabinet du prince Lingen :
» c'était le livre de la passion de J.-C. avec des figures
» et des caractères d'aucune matière. Les feuilles de
» ce livre étaient des parchemins sur lesquels on avait
» découpé tous les traits des lettres qu'on a coutume
» d'imprimer sur le papier; de sorte qu'en mettant
» entre les feuilles un papier noir, ou bien en les
» regardant par le revers au grand jour, tous les
» mots pouvaient être clairement lus. *V. la biblio-*
» *graphie instructive, premier vol. pag.* 124.

Passons au matériel des livres.

Quand les hommes eurent atteint l'art d'exprimer leurs pensées par la parole, il fallut trouver l'art, non moins précieux, de les transmettre à leurs descendans par l'écriture ; on inventa donc des caractères représentatifs des idées, et on les grava ou on les copia sur des corps solides. Voilà l'origine des livres; il est présumable que les premiers étaient très-volumineux ; car que pouvait-ce être, sinon des massifs en pierre ou en bois qui ont servi aux premières empreintes ?

Si nous voulons suivre les progrès de cet art, nous verrons les premiers écrivains passer alternativement de la pierre à la brique, de la brique aux feuilles de palmier, aux pellicules, à l'écorce intérieure du tilleul, au *liber* des arbres ; de là nous les verrons employer les plaques de plomb, les tablettes de bois, de cire et d'ivoire, le papyrus des égyptiens, le parchemin, le papier de coton, de l'amyante, de l'asbeste ; enfin, dans ces derniers siècles, le papier fait de vieux chiffons ; celui-là sera sans doute à l'abri de l'inconstance des hommes et de la faulx du tems. Il est plus universellement répandu et plus précieux que ceux qui l'ont précédé, par les différens usages auxquels on l'emploie. D'ailleurs, il n'est pas dispendieux ; car c'est « le simple produit d'une substance » végétale, inutile d'ailleurs, pourrie par l'art, broyée, » réduite en pâte dans de l'eau, ensuite moulée en » fenilles carrées de différentes grandeurs, minces, » flexibles, collées, séchées, mises à la presse, et » servant dans cet état à écrire ses pensées et à les » faire passer à la postérité. » (DIDEROT.)

C'est dans le quatorzième siècle, qu'un habitant de Padoue inventa le papier. On ne le connut en France que sous le règne de Philippe de Valois, à-peu-près en 1328: on se servait avant de parchemin.

Il y a des papiers de différentes grandeurs et qualités, dont la connaissance peut être utile ; en voici l'état.

Noms de chaque Papier.

Noms de chaque Papier.	Largeur.		Hauteur.	
	Pouc.	Lign	Pouc.	Lign.
Grand-Louvois , ...	36	3	29	«
Grand-Aigle , ...	36	6	24	9
Grande - Fleur - de - lys , .	31	«	22	«
Grand - Colombier , . . .	31	9	21	3
Chapelet , ...	30	«	21	6
Petit-Chapelet , ...	29	«	20	3
Nom-de - Jésus , ...	26	«	19	6
Petite - Fleur - de - lys , . .	24	«	19	«
Grand-Royal , ...	22	8	17	10
Grand-Raisin , ...	22	8	17	«
Carré large , ...	21	«	15	6
Lombard , ...	20	6	16	6
Carré ordin. Auv. Lim. Ang.	20	«	15	6
A - la - main , ...	20	3	13	6
Cavalier , ...	19	6	16	2
Ecu , ...	19	«	14	2
Tellière , ...	16	«	12	3
Romaine , ...	15	«	10	4
Cartier , ...	14	«	11	6
Papier - au - pot , ...	14	«	11	6

Les papiers dont l'imprimerie fait le plus d'usage , sont le carré fin , moyen et bulle d'Auvergne , et le carré fin , moyen et bulle de Limoges.

On vend le papier par feuille , par cahier , par main et par rame. La feuille est pliée en deux; le cahier en contient six , la main vingt-cinq , et la rame 500.

Sans entrer dans aucun détail sur la forme des livres anciens , dont les uns étaient carrés , les autres oblongs, ceux-ci en rouleaux ou volumes , et ceux-là de la forme que la nature avait donnée aux feuilles ou aux peaux d'animaux qui les composaient , nous dirons qu'on les divise en

Livres en papier , écrits sur papier de toile ou de coton ou sur le papyrus des Egyptiens ;

Livres en parchemin qui sont écrits sur des peaux d'animaux et principalement de moutons.

Livres en toile tendue sur des blocs ou sur des tables, tels que livres des Sybilles.

Livres en cuir ; livres en bois ou tablettes ; livres en ivoire.

Quant à la manufacture , les livres se distinguent en manuscrits autographes (1) ou copiés , et en imprimés.

Les livres imprimés ont différens formats , dont tout bibliographe doit connaitre la dénomination.

L'in-folio a la feuille pliée en 2 , contient 4 pages et ses pontusceaux sont . . . . . perpendiculaires.

L'in-4°. plié en 4 contient 8 pages , pontusceaux horis.

L'in-8°.	. . . 8	 16	. . . . . . perpendic.
L'in-12.	. . 12	 24	. . . . . horisont.
L'in-16.	. . 16	 32	. . . . . horisont.
L'in-18.	. . 18	 36	. . . . . perpendic.
L'in-24.	. . 24	 48	. . . . { perpendic. horisont.
L'in-32.	. . 32	 64	. . . . . perpendic.
L'in-36.	. . 36	 72	. . . . . horisont.
L'in-48.	. . 48	. . . 96	. . . . . horisont.
L'in-64.	. . 64	. . . 128	. . . . . horisont.
L'in-72.	. . 72	. . . 144	. . . . . perpendic.
L'in-96.	. . 96	. . . 192	. . . . . perpendic.
L'in-128.	. . 128	. . . 256	. . . . . perpendic.

(1) Ecrits de la main de l'auteur.

On appelle pontusceaux des raies transparentes qui traversent le papier entièrement dans la distance de douze à quinze lignes, selon la grandeur de la feuille ; elles coupent à angle droit d'autres raies extrémement rapprochées et moins sensibles, que l'on nomme *vergeures*.

Les éditions, papier vélin, n'ayant pas de pontusceaux, on a recours aux *réclames* et aux *signatures*.

La *réclame* est le mot qui se trouve au-dessous d'une page *verso*, et qui est le même que celui qui recommence la page suivante. La réclame se place ordinairement à la fin de chaque cahier, quand la feuille est partagée en plusieurs cahiers ; mais toujours au bas de la dernière page de la feuille. On nomme *signatures*, les lettres de l'alphabet que l'on met au bas des pages *recto* (1), au-dessous de la dernière ligne pour faire connaître l'ordre des cahiers et des pages qui les composent. S'il y a plus de cahiers que de lettres, on multiplie l'alphabet par minuscules ensuite de la majuscule, autant de fois qu'il est nécessaire. Pour indiquer l'ordre des feuilles qui composent chaque cahier, on ajoute à la lettre initiale quelques chiffres qui ne passent pas le milieu du cahier, et qui, par leur nombre, marquent le format de l'édition.

Comme l'in-24 est quelquefois incertain, il faut, pour savoir au juste sa détermination, ouvrir le livre entre les pages 48 et 49 ; si la réclame se trouve au bas de la page 48 et la signature première,

------

(1) La page *recto* est celle qui est à droite du lecteur ; le chiffre qui se trouve au-dessus à l'angle à droite, et qui indique le nombre de cette page, est toujours impair : le *verso* est l'opposé du *recto*.

au bas de la 49 , alors le format est in-24 ; mais si
la réclame est au bas de la page 64 , et la signature
au bas de la 65 , le format est in-32.

Les formats les plus usités sont au nombre de sept:
l'in-folio , l'in-4°. , l'in-8°. , l'in-12 , l'in-18 , l'in-24
et l'in-32.

Il serait à souhaiter qu'il n'y eût plus qu'une espèce
de format, je veux dire l'*in-octavo* ; il est le plus
commode , le plus apparent et le plus décent, si j'ose
me servir de ce terme; il tient le milieu entre l'*in-folio*
et l'*in-quarto*, d'une part , et entre l'*in-douze* et l'*in-
dix-huit* de l'autre ; il les remplacerait avec avantage.
Quant aux planches , cartes géographiques , gravures
et tableaux imprimés , qui , trop grands ou trop volu-
mineux , ne pourraient entrer dans ce format, on en
formerait des atlas de hauteur uniforme : alors les bibliothécaires n'auraient pas le désagrément de voir deux
ouvrages (qui , dans l'ordre bibliographique , doivent
se suivre) , être séparés par plusieurs rayons, par
la seule raison que l'un est *in*-18 et l'autre *in-folio*:
si tous deux étaient *in*-8° , on les placerait l'un à côté
de l'autre ; la classification ne serait pas plus interrom-
pue dans nos bibliothèques que dans nos catalogues
les mieux faits , et ces bibliothèques procureraient le
coup-d'œil le plus agréable. Cependant les ouvrages
de pur agrément , tels que romans , poésies , etc
semblent exiger un format plus portatif que l'*in*-8°
ou du moins il serait quelquefois plus commode de
les avoir *in* - 18 : réservons donc ce dernier format
pour la classe des romans seulement. Que les imprimeurs prennent pour modèle en ce genre les Didot
les Crapelet, alors la typographie ne sera plus souillée

de ces mauvaises éditions qui, en 1793, 94, 95, 96
et 97, deshonoraient ce bel art, et blessaient autant
les yeux que le goût.

Lorsqu'un livre a joui d'un grand succès, on en multiplie les éditions, soit à raison du débit rapide, soit
à raison de la perfection dont on croit l'ouvrage susceptible. Les qualités essentielles à un éditeur sont de
bien entendre la langue dans laquelle l'ouvrage est
écrit, et d'être suffisamment instruit de la matière
qu'on y traite. On doit considérer dans les éditions,
le nombre, la qualité typographique et le mérite intérieur de l'ouvrage qui a pu être augmenté ou corrigé :
ainsi l'on dit une première édition, une belle édition,
une bonne édition (1). Les éditeurs devraient avoir
grand soin de ne publier que ce que les auteurs ont
avoué de leur vivant ; car des écrits posthumes peuvent souvent renfermer des choses condamnées à un
éternel oubli par l'auteur ; et les publier, c'est altérer
sa réputation et insulter à sa mémoire.

Après avoir parlé de la nature et du format des
livres, il est à propos de dire un mot de leur tenue.
On doit les garantir le plus qu'il est possible de l'humidité, et, pour y parvenir, il faut que les tablettes ou

_____

(1) Une belle et une bonne édition, est celle où le goût de
l'imprimeur, la beauté du papier, la netteté et la grâce des caractères répondent à la sévérité de la correction des épreuves. On
trouve ordinairement toutes ces qualités réunies dans les éditions
données par les imprimeurs de renom, tels que les Robert Etienne,
les Vascosan, les Gryphius, les Froben, les Plantin, les Elzévir,
les Baskerville, les Bodoni, les Ibarra, les Didot, les Crapelet,
les Causse, etc.

rayons sur lesquels on les range , soient disposés de
façon qu'il y ait à-peu-près un pied de distance entre
les livres et le mur , et un pied d'élévation du plancher
au premier rayon du bas. La distance entre chaque
tablette peut être approximativement dans la propor-
tion suivante : 18 pouces l'in-folio.

$$12 \cdot \ldots \ldots \text{l'in-4}^o.$$
$$10 \ldots \ldots \text{l'in-8}^e.$$
$$9 \ldots \ldots \text{l'in-12.}$$
$$7 \ldots \ldots \text{l'in-16, etc. , etc.}$$

On peut augmenter ou diminuer cette distance à
volonté , en faisant supporter les tablettes par des
crémaillères au lieu de les fixer.

Il est bon que chaque tablette soit garnie d'une
bandelette de drap de la largeur de deux à trois pouces,
pour garantir de la poussière la tranche supérieure
des livres. Il ne faut point trop les serrer , afin que
l'air circule entr'eux , et qu'on puisse les déplacer sans
effort. On doit souvent en enlever la poussière ,
parce qu'elle favorise le développement des teignes
et des anthrènes. Les livres attaqués de ces animaux
doivent être battus , mis à l'air et exposés à une
fumigation de soufre ; la vapeur de ce minéral les
tue lorsqu'ils sont insectes parfaits , mais ne produit
aucun effet sur leurs œufs ; ainsi , il faut attendre le
tems où ils éclosent ordinairement , c'est-à-dire , vers
la fin de frimaire ou au commencement de nivôse. On
peut aussi fumiger en été,

NOTICE

SUR LA CLASSIFICATION

DES LIVRES

DANS UN ORDRE SIMPLE ET MÉTHODIQUE.

LE premier soin de celui qui veut former une bibliothèque, doit être de choisir des ouvrages dont le mérite
consiste plus dans l'utilité que l'on peut en tirer, que
dans la rareté.

La variété dans les idées, leurs nuances impercep-
tibles et leurs rapports sont incalculables ; les livres,
qui en sont les tableaux fidèles, n'ont également aucun
nombre déterminé. Depuis que la parole et l'écriture
ont posé les bases fixes de la civilisation, les bibliothèques, se multipliant à l'infini, ont, comme les
générations, suivi le torrent des siècles qui les ont
vues disparaître et reparaître alternativement sur la
surface du globe. Le temps actuel est peut-être celui
où les lumières, grâces à l'imprimerie, ont brillé avec
le plus d'éclat : il est donc essentiel de les classer
avec ordre ; car c'est de l'ordre que dépend la stabi-
lité. Mais, pour atteindre cet ordre, plusieurs célèbres
bibliographes ont pris des routes différentes ; et cependant ils sont tous partis du même principe, qui est
de fixer le rang que les classes primitives doivent tenir
entr'elles, et de rapporter à chacune les branches, les
rameaux et les feuilles qui lui appartiennent. C'est cet
arrangement que l'on nomme *Systême bibliographique.*

Il est très-difficile, pour ne pas dire impossible, de présenter un système bibliographique parfait ; car tout ce qui fait la matière des livres, tient à une variété et à une immensité qui effraie l'imagination. Cependant plusieurs bibliographes et plusieurs libraires se sont distingués par les plans méthodiques qu'ils ont dressés; et s'ils n'ont pas été jusqu'à la perfection, au moins ils ont mis sur le chemin qui pourrait y conduire.

Les bibliographes les plus remarquables sont : Lambécius, auteur du Catalogue des manuscrits de la bibliothèque de l'empereur ; Prosper Marchand, auteur du Catalogue de Faultrier, dont il faut lire la préface ; Mettaire, auteur du Catalogue de la bibliothèque Harléienne ; Martin, auteur du système le plus généralement adopté, et qui est divisé en cinq classes sommaires : Théologie, Jurisprudence, Sciences et Arts, Belles - Lettres, Histoire ; Sallier et Mellot, auteurs du Catalogue de la bibliothèque nationale, ci-devant du roi ; Garnier, auteur du *Systema bibliothecæ collegii Parisiensis Societatis Jesu ;* David Clément, auteur de la Bibliothèque curieuse, historique et critique ; Debure, auteur de la Bibliographie instructive ; Cailleau, auteur du Dictionnaire bibliographique ; Mercier, bibliothécaire de Sainte Geneviève, etc. etc. N'oublions pas Girard, l'auteur des Synonymes, qui a laissé un Système bibliographique différent de celui de Martin et de Debure, et qui me parait plus compliqué. On peut s'en convaincre par la comparaison des deux.

SYSTÊME DE MARTIN.

1.º THÉOLOGIE. { Ecriture sainte.
Conciles.
Pères de l'Eglise. { Grecs.
Latins.
Théologiens.

2.º JURISPRUDENCE.. { Droit canonique.
Droit civil.

3.º SCIENCES ET ARTS. { Philosophie.
Médecine.
Mathématiques.
Arts { Libéraux.
Méchaniques.

4.º BELLES-LETTRES. { Grammaire.
Rhétorique.
Poétique.
Philologie.
Polygraphie.

5.º HISTOIRE... { Ecclésiastique.
Profane.

Nous ne parlons point ici des subdivisions, qui sont très-nombreuses.

SYSTÊME DE GIRARD.

1.ª THÉOLOGIE, ou DE DIEU. {

Textes..... { Sacrés.
Ecclésiastiques.

Commentaires { Interprétans.
Dissertans.

Dogmatiques; { Docteurs. , { P. de l'Eglise
Scholastiq.
Casuistes.

Prédicateurs, { Orthodoxes.
Sectaires.

Mystiques, . { Contemplatifs.
Ascétiques.

Liturgiques , { Rituels.
Eucologies.

2.° NOMOLOGIE, ou DE LA SOCIÉTÉ.

Discipline . . .	{	Chrétienne. / Hétéronome.
Droit civil , . .	{	Politique. / Jurisprudence.
Corporologie , .	{	Cénobitique. / Associations.
Ethicologie , . .	{	Traités de morale. / Caractères.
Thesmologie , .	{	Usages. / Modes.
Praxéonomie , .	{	Aétiologie , ou Prati-ques domestiques. / Ludicrologie, ou Jeux.

3.° HISTORIOGRAPHIE, ou DE L'HISTOIRE.

Notices , . . .	{	Municipales. / Nominales.
Histoires , . .	{	Nationales. / Congrégationales.
Personologies ,	{	Vies ou Mémoires. / Voyages.
Littérologie , .	{	Doctrinologie. / Bibliographie.
Fictions , . . .	{	Romans. / Contes.
Collections , .	{	Antiquités. / Compilations.

4.° PHILOSOPHIE, ou DES SCIENCES.

Mathématiques ,	{	Arithmétique. / Géométrie.
Cosmographie ,	{	Astronomie. / Géographie.
Physiographie ,	{	Psycologie. / Végétologie.
Physique , . .	{	Spéculative. / Pratique.
Médecine .	{	Physiologie. / Pathologie.
Spiritologie , .	{	Métaphysique. / Logique.

5.º PHILOLOGIE, ou DES BELLES-LETTRES.

Lexicologie, . . .	Grammairiens. / Vocabulistes.
Éloquence, . . .	Rhéteurs. / Orateurs.
Poëmes, ...	Épimétriques. / Lyriques.
Théâtre, ...	Tragique. / Comique.
Lettres, ...	Ingénieuses et Galantes.
Critique, ...	Polygraphyque. / Monographyque.

6.º TECHNOLOGIE, ou DES ARTS.

Arts civiques, . .	Célèbres. / Pécuniaires.
Arts académiques	Iconographiques. / Méchaniques.
Arts gymnastiq. .	Symphoniques. / Dextériques.
Arts plastiques,	Manufacturiers. / Manouvriers.
Arts nutritifs, .	Ruraux. / Condimentaires.
Arts mystériques,	Symboliques. / Judiciaires, ou plutôt illusoires.

Tel est le plan de Girard : on voit combien il est éloigné de la simplicité de celui de Martin ; aussi n'a-t-il séduit personne, quoique l'auteur l'ait présenté sous un aspect philosophique, et même scientifique. Cependant j'ai cru devoir adopter sa division, quant aux religions, dans le tableau suivant.

J'ai cherché, dans ce tableau, à concilier ceux qui,

écrivant sur la classification des livres, n'ont pas été toujours d'accord (1).

Je divise d'abord le système bibliographique en cinq classes sommaires, comme Martin et Debure ; mais je crois, avec Girard, que la première classe, devant embrasser toutes les religions, peut se diviser en six parties : savoir, le judaïsme, le paganisme, le christianisme, le mahométisme, le déisme et l'athéisme : chacune de ces religions a des textes, des commentateurs, ec.

SYSTÈME BIBLIOGRAPHIQUE

POUR LA CLASSIFICATION

DES LIVRES.

1.º RELIGIONS.

TEXTES sacrés. *La Bible*, *les Livres Sybillin* *le Koran*, *le Chou-king*, etc.

Ecclésiastiques. *Le Talmud*, *les Conciles*, *et*

COMMENTATEURS. Interprétans.

Dissertans *sur les Textes.*

(1) On trouvera dans le *Manuel du Bibliothécaire* un systè nouveau, précédé du sommaire des connaissances humaines, se trouve en tête de l'*Encyclopédie* ; j'y ai fait quelques chang mens qui m'ont paru nécessaires. Dans ce système, j'ai adopté division encyclopédique ; mais j'ai été obligé de refondre plusie subdivisions, et même d'en intervertir l'ordre ; car je me s convaincu que ce qui est méthodique dans un tableau encyc pédique, cesse de l'être dans un système bibliographique.

DOGMATIQUES. Docteurs anciens, *les P. de l'Eglise.*

Docteurs modernes, *les scholastiq.*

Casuistes distinguant

Ce qui est permis ou dé-
fendu par la loi ;

La morale du systéme reçu
dans la société.

PRÉDICATEURS. Orthodoxes.

Sectaires.

MYSTIQUES. Contemplatifs.

Ascétiques.

RITURGIQUES. Rituels. *Ordre et cérémonial des*
fonctions religieuses,
conformes aux usages
de chaque Religion.

Eucologie. *Prières publiques ou*
particulières.

2.º JURISPRUDENCE.

DROIT CIVIL. Droit de la nature et des gens.

Droit public.

Droit civil général.

Introduction au droit civil.

Ancien droit Juif, Grec,
Romain, etc.

Droit Romain nouveau.

Droit français.

Droit étranger.

DROIT CANONIQUE. Canonistes *anciens ou modernes.*

Droit ecclésiastique, *français,*
étranger, des moines ou
des réguliers.

3.° SCIENCES ET ARTS.

PHILOSOPHIE. Philosophes. *Anciens, Interprètes,*
Modernes, Sectateurs

TRAITÉ DE PHILOSOPHIE
  UNIVERSELLE. Logique et dialectique.
Morale.
Economie.
Politique.
Métaphysique.
Physique.
Histoire naturelle. *Minéralogie.*
Botanique.
Zoologie.

MÉDECINE. Médecins. *Anciens et modernes.*
Traités particuliers de Médecine.
Anatomie.
Chirurgie.
Pharmacie.
Chymie.
Alchymie.

MATHÉMATIQUES. Traités généraux.
Traités particuliers.
Arithmétique.
Algèbre.
Géométrie.
Trigonométrie.
Astronomie.
Gnomonique.
Optique.
Astrologie.
Hydrographie.

Hydraulique.

Mécanique.

Instrumens de mathémat.

Musique vocale ou instru-
mentale , théorique ou
pratique.

A R T S.   De la Mémoire.

De l'Ecriture.

De l'Imprimerie.

Du Dessin.

     Au crayon.

     A la plume.

     Au lavis.

De la Peinture.

     En détrempe.

     En émail.

     A fresque.

     A l'huile.

     En miniature.

     A la mosaïque.

     Au pastel.

     Mixte.

     En camaïeu.

De la Gravure.

     En bois.

     A l'eau-forte.

     En taille-douce.

De la Sculpture.

     En bois.

     En pierre.

     En marbre.

     En métaux.

De l'Architecture.

Civile.

Militaire.

Navale,

Art militaire.

De la Pyrotechnie.

Fusion des métaux.

Feux d'artifice.

Verrerie.

De la Gymnastique.

Equitation.

Escrime.

Danse.

Saut.

Lutte.

Chasse.

Pêche , etc.

Arts Méchaniques.

Métiers.

4.° BELLES-LETTRES.

GRAMMAIRES. Anciennes.

Modernes.

Dictionnaires.

Étrangeres.

RHÉTORIQUE. Rhéteurs.

Orateurs.

Anciens.

Modernes.

Etrángers.

POÉTIQUE. Mythologie.

Art de versifier.

Art de composer des

> *Poëmes épiques.*
>
> *Tragédies.*
>
> *Comédies.*
>
> *Odes.*
>
> *Sonnets.*
>
> *Épigrammes.*
>
> *Idylles*, *etc.*
>
> *Fables.*
>
> *Apologues,*
>
> *etc. etc. etc.*

Poëtes   *Anciens.*

> *Modernes.*
>
> *Étrangers.*

Poésie prosaïque.

> *Contes.*
>
> *Nouvelles.*
>
> *Romans.*

PHILOLOGIE, ou Critiques,

Anciens.

Modernes.

Étrangers.

> *Satyres.*
>
> *Apologies.*
>
> *Sentences.*
>
> *Apophtegmes.*
>
> *Adages.*
>
> *Proverbes.*
>
> *Bons mots.*
>
> *Devises .*
>
> *Symboles.*
>
> *Rébus.*

POLYGRAPHIE. Polygraphes,
Anciens.
Modernes.
Étrangers.

> Dialogues.
> Mélanges.
> Épistolaires.

5.° HISTOIRE.

PROLÉGOMÈNES.
GÉOGRAPHIE. Géographes

> Anciens.
> Modernes.
> Étrangers.

Descriptions et Cartes géographiq.
Atlas généraux.
Idem, particuliers.
Dictionnaires géogra-
phiques.

Voyages et relations
D'Asie.
D'Afrique.
D'Europe.
D'Amérique.

CHRONOLOGIE Technique, ou

> L'Histoire réduite et dis-
> posée par tables, di-
> visions chronologiques
> et années.

HISTOIRE UNIVERSELLE.
HISTOIRE Ancienne.
Moyenne.
Moderne.

H I S T O I R E Particulière des différens Peuples
                    D'Asie.
                    D'Afrique.
                    D'Europe.
                    D'Amérique.
H I S T O I R E Généalogique et Héraldique.
H I S T O I R E Littéraire , Académique , Biblio-
                    graphique.
V I E S   des Hommes illustres.
E X T R A I T S Historiques.
DICTIONNAIRES   Historiques.
A N T I Q U I T É S.

Tel est le Systême bibliographique sommaire que l'on
peut adopter pour la formation d'une bibliothèque :
on voit qu'il est encore susceptible d'un grand nombre
de subdivisions , sur-tout pour la partie de l'histoire ;
mais ces subdivisions sont sensibles , et il est facile
de les faire soi-même. Avec un pareil ordre dans une
bibliothèque , tout livre , de quelque genre qu'il soit ,
y trouve naturellement sa place , et tombe à l'instant
sous la main de celui qui veut le consulter.

NOTICE

ABRÉGÉE

SUR L'ORIGINE

DE L'ART TYPOGRAPHIQUE,

ET SUR

LES PRINCIPAUX IMPRIMEURS.

L'ART TYPOGRAPHIQUE, que l'on appelle plus communément l'art de l'Imprimerie, consiste à rendre sur le papier, par le moyen d'une presse, l'empreinte de caractères mobiles qui représentent les lettres et les signes de la ponctuation. Cet art date, selon l'opinion la plus générale, de 1440, et doit son origine à Guttemberg, mayençais. Voici quelques particularités sur cette origine. Guttemberg s'associa d'abord avec trois bourgeois de Strasbourg, en 1439, pour *mettre en œuvre arts et secrets merveilleux qui tiennent du prodige*. C'est ainsi qu'il définissait son invention. Mais ses fonds étant épuisés, il revint, en 1450 à Mayence, chercher des secours près de ses amis : il se mit en société avec Faust, mayençais ; et c'est par cette raison que Schœffer, associé et gendre de Faust date l'origine de l'imprimerie à Mayence, de l'an 1450.

En 1452, ce même Schœffer trouva le secret de jetter en fonte les caractères et de les rendre mobiles ; cette découverte fut plus utile que celle de Guttemberg et de Faust, qui n'avaient que des lettres sculptées

n relief sur le bois et sur le métal. Voilà donc en
très-peu de tems l'imprimerie, pour ainsi dire, perfectionnée. Quelques bibliographes prétendent que
Guttemberg et Faust firent le premier essai de leur art
sur les *Offices* de Ciceron ; d'autres sur le *Lexique* de
Jean le Begue ; mais on n'a rien de certain à cet égard ;
ce qui l'est davantage, c'est qu'ils durent employer beaucoup de tems à graver, en caractères immobiles, un
vocabulaire intitulé : *le Catholicon*. Ensuite ils firent
des caractères mobiles, mais bien inférieurs à ceux
que fondit Schœffer quelque tems après. Le premier
ouvrage exécuté avec des caractères fondus est le
Rationale divinorum officiorum, de Guillaume Durand,
qu'ils donnèrent à Mayence en 1459. A cet ouvrage in-
folio, succéda la fameuse bible de Mayence, deux volumes in-folio, qu'ils publièrent en 1462. Il existe un
autre bible dont on ne connaît que deux exemplaires,
l'un à la bibliothèque nationale, l'autre à la bibliothèque
du collège ci-devant Mazarin ; elle est sans date. On
prétend qu'elle a été imprimée avant 1462, par J. Faust
et Pierre Schœffer. Elle porte tous les caractères d'imperfection qui paraissent devoir tenir au berceau de
l'imprimerie.

La révolution arrivée à Mayence en 1462, fit répandre
l'imprimerie dans une grande partie de l'Europe. Cette
ville ayant perdu ses libertés et ses privilèges, tous
les ouvriers, à l'exception de Guttemberg, s'enfuirent,
se dispersèrent, et allèrent porter cet art précieux en
Italie, en France, en Angleterre, etc.

Voici les noms des premiers imprimeurs connus, des
endroits qu'ils ont habités et des ouvrages qu'ils ont
imprimés.

A Rome , Uldaric , Han Suvenheim et Arnold Pannarts , logés dans le palais des Maximes , y imprimèrent , en 1467 , *la cité de Dieu* , *une bible latine* , *les Offices de Ciceron* et quelques autres ouvrages.

En Angleterre , il parut un ouvrage imprimé en 1468.

A Venise , Jean de Spire donna en 1469 un petit in-folio contenant les *épttres familières de Ciceron* ; il donna dans la même année *toutes les œuvres de Pline le naturaliste* , et en 1470 il donna , conjointement avec son frère *Vindelinus de Spira* , une nouvelle édition de *la cité de Dieu* , de *St. Augustin*.

A Naples , parurent quelques ouvrages pieux de la presse de Sextus Rufinger , en 1471.

A Milan , Philippe Lavagna mit au jour un Suétone , en 1475.

A Paris , Ulric Gering , Martin Crantz et Michel Friburger commencèrent à imprimer dans une salle de la maison de Sorbonne.

C'est , selon Chevilier , en 1470 , la 10e du règne de Louis XI , que ces imprimeurs s'établirent à Paris. Le premier livre qu'ils imprimèrent est un recueil des Lettres de Gasparin de Bergame. Vingt mille personnes subsistaient en France de la vente des livres qu'elles copiaient ; c'étaient une raison pour ne pas favoriser l'établissement de l'imprimerie. On prétend que Tours dispute à Paris l'origine de l'imprimerie en France , et qu'on y a imprimé , en 1467 , un ouvrage intitulé : *Francisci florii Florentini de amore Camilli et Æmiliæ aretinorum liber expletus est Turonis , editus in domo Guillermi Archiepiscopi Turonensis anno millesimo quadringentesimo sexagesimo septimo , pridie kalendas Januarii.* Cette opinion de Maittaire est sans fondement.

A Rouen, Pierre Maufer publia, en 1479, *Alberti magni de lapidibus et mineralibus.*

A Strasbourg, Jean de Cologne et Jean Mentheim se distinguèrent par leurs caractères de fonte. Henri Eggestein leur succéda.

A Lyon, en 1478, parurent les *Pandectes medicinales* MATTHEI SYLVATICI.

A Genève fut aussi imprimé, en 1478, le *Traité des Anges*, du cardinal Ximénes.

A Louvain, sortit en 1480, de la presse de Jean de Westphalie, *Petrus Crescentius de Agriculturâ.*

A Anvers, Gerard Leeuw publia, en 1489, *Ars epistolaris Francisci Nigri.*

A Deventer (Holl.), Richard Pasraer imprima *Itinerarium Joannis* de Hese.

A Séville, Paul de Cologne et ses associés, tous Allemands, publièrent un *Floretum Sti. Matthæi* en 1491.

Parlons maintenant des plus célèbres imprimeurs qui, depuis les précédens, ont paru jusqu'à nos jours.

EN ITALIE.

Les Manuces, habiles et laborieux artistes, ont élevé l'imprimerie au plus haut degré d'honneur dans leur pays. Alde Manuce (*Aldus Pius Manuce*), Paul Manuce son fils et Alde Manuce le jeune, fils de Paul, jouissent de la plus grande réputation parmi les imprimeurs du seizième siècle. On a d'Alde Manuce une grammaire grecque, des notes sur Horace et Homère,

et d'autres ouvrages qui rendront son nom immortel.
Erasme n'a point été correcteur de son imprimerie,
comme l'a prétendu Scaliger. Paul Manuce a laissé
des commentaires sur Cicéron, des épîtres en latin
et en italien, et des traités *de legibus romanis*, *de
dierum apud Romanos veteres ratione*, *de senatu
romano*, *de comitiis romanis*. Tous ces écrits sont
remplis d'érudition. Alde Manuce le jeune a laissé
un traité d'ortographe qu'il composa à l'âge de qua-
torze ans, de savans commentaires sur Cicéron, trois
livres d'épîtres, et plusieurs autres ouvrages en latin
et en italien.

Daniel Bomberg, né dans le quinzième siècle, est
recommandable par ses éditions hébraïques de la bible
en toutes sortes de formats, sur-tout par celle de
1525, Venise, 4 vol. in-folio. Il l'est aussi par les
commentaires rabbins qu'il mit au jour, et particulièrement par le talmud, qu'il imprima en onze volumes in-folio ; il imprima trois fois cet ouvrage, et
chaque édition lui coûta cent mille écus. Il dépensa,
dit-on, quatre millions en or pour ses impressions
hébraïques. Il mourut en 1550.

Les Juntes (*Juntæ*) ont, dans le seizième siècle,
illustré l'Italie ainsi que les Manuces. Ils étaient établis
à Florence, à Venise et à Rome.

Nicolas Jenson ou Janson, français de nation,
établi à Venise vers l'an 1461, mort en 1481.

Dominique de Baza, Vénitien, établi à Rome sous
Sixte V.

EN FRANCE.

Josse Badius (*Jodocus Badius ascensius*), né en

1462, à Asck en Brabant, a imprimé l'histoire de France de Robert Gaguin et plusieurs auteurs classiques qu'il commentait : c'est de sa presse dont on a tant parlé sous le nom de *Proelum ascensianum*. Il fut beau-père de Michel Vascosan et de Robert Etienne, et mourut en 1535.

Les Etienne sont au nombre de huit, mais les plus célèbres sont Robert Etienne, et Henri Etienne le second. Ils tiennent un rang distingué dans la république des lettres. Le principal ouvrage de Robert est son beau trésor de la langue latine ; la première édition est de Paris, 1536 ; la seconde de 1542 ; la troisième, de Lyon, 1573, et la dernière, de Londres, 1734, 4 vol. in-folio. Il mourut à Genève le 7 septembre 1559, âgé de 56 ans. Le principal ouvrage d'Henri Etienne est son trésor de la langue grecque, 4 vol. in-fol., 1572. Il mourut à Lyon en 1598, âgé de soixante-dix ans. Isaac Casaubon épousa sa fille.

Henri Etienne, premier du nom, mort vers l'an 1519 à Paris.

Charles, frère de Robert, mort à Paris en 1564.

François, frère de Robert et de Charles, mort à Paris en 1550.

Robert, second du nom, fils de Robert premier, mort vers l'an 1588 à Paris.

Paul, fils d'Henri second, à Genève, mort en 1627.

Robert, troisième du nom, fils de Robert second, petit-fils de Robert premier, à Paris, mort vers l'an 1644.

Antoine, fils de Paul, petit-fils d'Henri second, mort à Paris l'an 1674.

Simon de Colines (*Colinœus*), né dans le seizième

siècle , est recommandable par ses éditions grecques qui sont d'une beauté et d'une correction admirables. Il introduisit en France le caractère italique. Il mourut en 1647.

Michel Vascosan et Robert Etienne sont les meilleurs imprimeurs que la France ait eu autrefois. On distingue les livres de Vascosan, par le choix et la beauté de ses caractères, par la bonté du papier, l'exactitude des corrections et l'ampleur de la marge. Ce que l'on recherche le plus de lui , est son édition des hommes illustres de Plutarque , traduit par Jacques Amyot, en 1567, 14 vol. in-8.°, y compris le supplément.

Mamert Patisson , époux de la veuve de Robert Etienne , s'est servi de sa marque, et l'a presque égalé ; ses éditions sont correctes, ses caractères beaux, et son papier très-bon : il est mort en 1600.

Les Morel , fameux imprimeurs de Paris , sont: 1°. Guillaume Morel , savant dans l'intelligence des langues , et connu par ses éditions grecques ; il mourut en 1564 ; 2°. Frédéric Morel , héritier de Vascosan, interprète du roi dans les langues grecque et latine, et son imprimeur ; il mourut en 1583 ; 3°. Frédéric Morel , fils du précédent, qui a publié sur les manuscrits de la bibliothèque du roi , plusieurs traités de saint Bazile , de Théodoret et de saint Cyrille. On estime son édition des œuvres d'Œcumenius et d'Aretas , 2 vol. in-fol. Il mourut en 1630, à 78 ans. 4°. Claude Morel , qui donna les éditions de plusieurs pères Grecs, entr'autres de saint Athanase. Celle des œuvres de saint Grégoire de Nysse , Paris , 1638, 3 vol. in-fol. est sur-tout fort estimée. Enfin , 5.° Gilles Morel, frère du précédent , qui publia les œuvres d'Aristote en 4 vol.

n-folio , et la grande bibliothèque des Pères de l'église, 643 , 17 vol. in-folio.

Sébastien Nivelle , libraire et imprimeur de Paris, florissait au seizième siècle. On a de lui un corps du droit civil avec les commentaires d'Accurse , 5 vol. in-fol. C'est un chef-d'œuvre dont Olivier de Harzy et Henri Thierri partagent la gloire.

Sébastien Cramoisi , directeur de l'imprimerie du Louvre , est mort en 1669 ; son petit-fils , qui le remplaça , eut pour successeur les Martin, les Coignard et les Muguet, qui ont aussi donné de très-belles éditions fort estimées.

C'est en 1531 que François I.er établit cette imprimerie , et la confia à Robert Etienne ; et c'est sous le règne de Louis XIII qu'elle a été perfectionnée et placée aux galeries du Louvre par le cardinal de Richelieu. Les frais de cet établissement coûtèrent trois cent soixante mille francs. Trichet Dufrène était chargé de la correction , Cramoisi était l'imprimeur , et Sublet des Noyers en était le sur-intendant.

Jean Camusat , mort en 1639 , se distingua par le choix des ouvrages qu'il imprima. On dit que sa presse passait pour le sceau des livres estimables.

Antoine Vitré , fameux imprimeur du dix-septième siècle , connu par l'impression de la célèbre Polyglotte de Michel Lejay.

Sébastien Gryphius publia en 1550 une bible latine qui lui fait autant d'honneur que ses éditions de la bible en hébreu. Cette bible latine , imprimée en plus gros caractères qu'on en avait encore vus, deux vol. in-folio , ne le cède en beauté qu'à la seule bible imprimée au Louvre en 1642 , 9 vol. in-folio. On fait cas de toutes les bibles hébraïques qu'il publia , et en particulier du trésor de la langue sainte, de Pagnin. Antoine Gryphius , son fils , fut aussi d'un grand mérite.

Jean Crespin (*Crispinus*) mourut de la peste en 1572. On a de lui un excellent lexicon grec et latin , publié en 1560 pour la première fois, in-fol. Eustache Vignon, son gendre , lui succéda.

Les Wechels, Chretien et André , son fils , imprimeurs de Paris et de Francfort. André , mort le premier novembre 1581.

Adrien Tournebœuf , dit *Turnebe* , imprimeur de Paris , mort en 1565.

Geofroy Thory , dit *le Maître-du-pot-cassé*, de Bourges, imprimeur à Paris , mort en 1536 ; et Jean-Louis Tiletan , imprimeur dans la même ville.

Louis Billaine , imprimeur à Paris , mort en 1681.

Etienne Dolet , imprimeur de Lyon , brûlé à Paris en 1545.

Guillaume le Rouille , *Rovillius* , imprimeur de Lyon, en 1568.

Les Frelons , imprimeurs de Lyon , morts en 1559.

Les trois de Tournes , *Tornæsii* , imprimeurs de Lyon , puis de Genève , savoir : Jean de Tournes, l'ancien , né catholique , mort huguenot à Lyon ; Jean Crespin , imprimeur de Genève , mort en 1572 ; Simon Millange , imprimeur, de Bordeaux , mort en 1620.

En Allemagne.

Jean Froben fit fleurir l'imprimerie (à Bâle) sur la fin du quinzième siècle ; ses chef-d'œuvres sont la première édition des ouvrages d'Erasme, 9 vol. in-folio ; les ouvrages de saint Jérôme et de saint Augustin.

Il mourut en 1527, laissant un fils, Jérôme et un gendre, Episcopius, qui ont donné une édition des pères Grecs, inférieure à celles du Louvre qui ont paru depuis.

Amerbache imprimait déjà de bons ouvrages en 1491. On a de lui les ouvrages de saint Augustin, publiés en 1506.

Jérôme Commelin, mort en 1598, porta l'exactitude de la presse jusqu'à corriger sur les anciens manuscrits les auteurs qu'il imprimait.

Jean Herbst, dit Oporin, associé aux Winter, fait rouler six presses, emploie plus de cinquante ouvriers, corrige lui-même les épreuves, s'attache aux ouvrages des anciens, donne des tables très-amples de Platon, d'Aristote, de Pline, etc., et meurt endetté en 1568.

Nicolas Bischop, ou *Episcopius*, son gendre, imprimeur de Bâle.

Hervagius, imprimeur de Bâle.

Henric *Petri*, du même lieu.

A Cologne.

Pierre Quintel, illustre imprimeur de Cologne, brilla sur la fin seizième siècle, par l'édition des ouvrages de Denis le Chartreux.

Ce Denis le Chartreux, mort en 1471, surnommé le docteur *extatique*, à cause de son attachement continuel à la contemplation, est auteur de vingt-un volumes in-folio, imprimés à Cologne par Quintel. On prétend que malgré que ses ouvrages soient écrits sans politesse et sans élévation, il n'y a cependant point d'auteurs mystiques qui se fasse lire avec plus de plaisir et avec plus de fruit. Son traité contre l'alcoran, en 5 livres, 1533, in-8°. est devenu rare.

Antoine de Myle.

Godefroy Hittorp.

Gerwin de Calen.

Herman de Myle.

Materne Cholin.

Jean Gymnique.

Antoine Hiérat.

Jean Kinche.

Bernard Gualter.

Pierre Heuningue.

DANS LES PAYS-BAS CATHOLIQUES.

Christophe Plantin, célèbre imprimeur d'Anvers, avait dix-sept presses roulantes. Sa fameuse Polyglotte, imprimée sur l'exemplaire de Complute, est son chef-d'œuvre. Cette édition faillit le ruiner. Il mourut en 1598.

Rutger Rescius, imprimeur de Louvain, mort en 1545.

Hubert Goltzius de Venloo, au Duché de Gueldre, imprimeur de Bruges, mort en 1583.

Jean Belier ou *Beller*, imprimeur d'Anvers, mort en 1595.

Les Morèt, imprimeurs d'Anvers, savoir :

Jean Morèt, gendre de Plantin, mort en 1610.

Balthazar Morèt, fils de Jean, mort en 1641.

EN HOLLANDE.

Guillaume Blaeu, dit *Jansonius Cœsius*, né dans le dix-septième siècle, ami et disciple de Ticho-Brahé, est célèbre par ses ouvrages géographiques et ses magnifiques impressions.

Jean Maire, Hollandais, établi à Leyde, était très-estimé de Grotius, Vossius et Saumaise.

Les Elzevirs sont regardés comme les plus habiles

imprimeurs ; ils sont au nombre de quatre : Bonaventure, Abraham, Louis et Daniel, tous de Hollande ; le dernier mourut à Amsterdam en 1680. Ils ont surpassé les Etienne par l'agrément et la délicatesse des caractères ; mais ils ne les ont pas valu pour l'érudition, ni pour les éditions grecques et hébraïques. Leur Virgile, leur Térence, leur nouveau testament grec, et quelques autres livres ornés de caractères rouges, sont de vrais chef-d'œuvres de typographie, qui flattent autant l'esprit que les yeux par la beauté et la correction.

François Raphelingius ou Raflenghen, imprimeur de Leyde, mort en 1597.

André Fris ou *Frisius*, imprimeur d'Amsterdam, mort vers l'an 1681.

Les Barbou, les Didot, les Bastien, les Crapelet, etc. immortaliseront le dix-huitième siècle, par la beauté de leurs éditions, par la netteté et par la perfection de leurs caractères.

Les plus célèbres graveurs en caractères sont : Simon de Colines, en 1480, Grandjean et Alexandre, graveur du roi et inventeur du caractère italique ; Claude Garamond, auteur des caractères romains qui remplacèrent les gothiques en 1510 ; Guillaume Lebé, fameux en 1725 par ses caractères hébraïques et rabbiniques ; Jacques Sanlecque, en 1558 et Jacques Sanlecque fils, en 1614.

Depuis ces graveurs, on n'en a vu aucun de remarquable, si ce n'est dans ce siècle, où les Fournier de Paris, les Baskerville de Birmingham, les Bodoni de Parme, les Ibarra de Madrid, et les Didot de Paris, surpassent ceux que nous venons de citer.

J'ai terminé , dans le *Manuel du bibliothécaire* , la notice des typographes les plus célèbres , par une table indiquant les marques , enseignes ou vignettes qui servent à faire connaître certains imprimeurs anciens qui ont négligé de mettre leur nom en tête ou à la fin des ouvrages sortis de leurs presses.

PETITE
BIBLIOTHÈQUE
CLASSÉE
MÉTHODIQUEMENT.

AVERTISSEMENT.

Pour répondre au désir de plusieurs personnes qui nous ont demandé une liste d'ouvrages peu nombreux, mais propres à composer une petite bibliothèque à peu près complette, nous avons extrait du MANUEL DU BIBLIOTHÉCAIRE les articles les plus essentiels, et, pour ainsi dire, indispensables à celui qui veut se familiariser avec les connaissances humaines les plus intéressantes. Nous avons laissé de côté les ouvrages anciens ou étrangers qui ne sont pas traduits, ceux qui sont rares, singuliers ou de fantaisie, ainsi que ceux que le luxe typographique fait centupler de valeur ; nous nous sommes bornés à ce qui nous a paru généralement reconnu pour bon, ayant soin d'éviter les éditions contre-faites. Nous avons indiqué un ou deux ouvrages sur chacun des objets suivans : Religions, Jurisprudence, Philosophie, Morale, Economie, Politique, Physique, Histoire naturelle, Médecine, Chymie, Mathématiques, Astronomie, Musique, Dessin, Peinture, Architecture, Belles-Lettres, Grammaire, Logique, Orateurs, Poëtes, Théâtre, Romans, Polygraphie, Géographie, Voyages, Chronologie, Histoire, Antiquités, Histoire littéraire, Bibliographie. Le catalogue qui suivra, suppléera à la brièveté de cette petite Bibliothèque.

PETITE
BIBLIOTHÈQUE
CLASSÉE
MÉTHODIQUEMENT.

RELIGIONS.

Histoire générale des cérémonies religieuses, mœurs et coutumes de tous les peuples
du monde, représentées en 243 figures, dessinées de la main de Bernard Picart, avec des
explications historiques et curieuses, par
l'abbé Banier et l'abbé Lemascrier. Paris,
Rollin fils, 1741, 7 vol. in-folio, 120 fr.

Ce tableau de la fourberie, de la crédulité, de la
folie et de la barbarie des hommes (1), tire tout son
éclat du burin de B. Picart; le discours est faible.
Les premières épreuves des planches sont magnifiques.
(Voyez l'édition d'Amsterdam, 1723, 9 vol. in-fol.)
On ajoute ordinairement à ce bel ouvrage l'histoire
des superstitions, 2 vol. in-folio. La dernière édition
des cérémonies religieuses, en 4 vol. in-fol., ne peut
être citée; les planches sont usées et retouchées.

_____

(1) Je n'entends point parler des deux premiers volumes qui
traitent des religions d'Europe.

Commentaire littéral de la Bible , inséré dans la traduction française , avec le texte latin inséré à la marge. Paris, 1701—1716, 24 vol. in-12; ou 1750, 6 vol. in-4°. avec cartes et figures. 40 fr.

Cette traduction, par le P. Carrières , est la meilleure et la plus estimée, ainsi que celle de Lemaître, de Sacy, 1711, 8 vol. in-12. Celle de Legros et les commentaires de Calmet jouissent aussi d'une réputation justement acquise.

Histoire du peuple de Dieu , tirée des seuls livres saints, par Joseph-Isaac Berruyer. Paris, 14 vol. in-4°. ou 23 vol. in-12 , 60 fr.

Ce nombre de volumes renferme trois parties , 1°. l'histoire des Juifs jusqu'à J.-C. , 8 vol. in-4°. ou 10 vol. in-12 ; 2°. histoire du peuple chrétien , 4 vol. in-4°. ou 8 vol. in-12 , 3°. paraphrase littérale des épîtres des apôtres , 2 vol. in-4°. ou 5 vol. in-12. De ces trois ouvrages de Berruyer , on préfère le premier : il est écrit avec une élégance et une richesse d'imagination qui quelquefois a effarouché les sévères partisans du style simple de l'écriture sainte.

Les éditions les plus curieuses de la Bible , à cause des figures , sont , 1°. celle de Mortier, Anvers, 1700, 2 vol. in-folio avec 424 figures ; 2°. celle de Basnage, Amsterdam , 1704 , 1 vol. in-folio , belles figures ; 3°. celle de Saurin, 1720 , 6 vol. in-folio , superbes fig.; 4°. celle de Defer, de Maison-Neuve, in-8°. belles fig., pas encore terminée.

Le dictionnaire de Calmet , 1730 , 4 vol. in-folio,

t la physique sacrée de Scheuchzer , Amsterdam ; Mortier, 1732 , 8 vol. in-folio , sont encore deux ouvrages précieux par la beauté des gravures.

On peut prendre une idée des religions étrangères au christianisme dans les trois ouvrages suivans :

Le Koran , traduit de l'arabe, accompagné de notes et précédé d'un abrégé de la vie de Mahomet, tiré des écrivains orientaux les plus estimés, par Savary, 1782, 2 vol. in-8.°

Zenda-Vesta , ouvrage de Zoroastre , contenant les idées théologiques , physiques et morales de ce législateur ; traduit en français sur l'original , avec des remarques , par Anquetil du Perron. Paris, 1769--1771, 5 vol. in-4°.

Le Chouking , un des livres sacrés des Chinois : ouvrage recueilli par Confucius , traduit et enrichi de notes par feu le P. Gaubil , revu et corrigé sur le texte chinois, par Deguignes. Paris , 1770 , 1 vol. in-4°.

Le Bhagua-geeta , contenant un précis de la religion des indiens , 1 vol. in-8.°

Origine de tous les cultes , ou religion universelle , par Dupuis. Paris, Agasse, an 4 , 10 vol. in-8°. , atlas in-4°. , 25 fr.

Beaucoup d'érudition , des systêmes un peu hasardés : ils frappent à coups redoublés sur d'autres systêmes.

JURISPRUDENCE.

Les vies des plus célèbres jurisconsultes de toutes les nations, par Taisand. Paris, 1731 , 1 vol. in-4°, 6 fr.

Ce livre peut être considéré comme une histoire universelle de la jurisprudence, et peut servir d'introduction aux traités sur cette partie. Il est très-estimé et passe pour un des meilleurs ouvrages de Taisand, qui a encore fait *l'histoire du droit romain, coutume générale de Bourgogne, avec un commentaire*, etc.

De l'origine des lois, du progrès des arts et des sciences, pour servir d'introduction à l'esprit des lois, par Goguet. Paris, 1758, avec fig., 3 vol. in-4º., 18 fr.

Recherches infinies, profonde érudition, style convenable, travail immense : voilà ce que l'on trouve dans cet ouvrage, voilà de quoi faire regretter Goguet mort dans la force de l'âge. Il avait commencé un traité sur *l'origine et les progrès des lois, des arts et des sciences en France, depuis le commencement de la monarchie jusqu'à nos jours*. L'ouvrage ci-dessus n'est que pour les peuples anciens puisqu'il ne va que jusqu'à Cyrus.

Œuvres complettes de Montesquieu. Paris, Gueffier, 1796, 5 vol. in-8º., 15 fr.

La grande réputation de ce philosophe, présagée dès les premières lignes qu'il a tracées, s'augmentera de siècle en siècle. C'est en vain que la critique, l'envie et l'ignorance ont voulu ronger le piédestal de cet illustre écrivain, de ce profond législateur : Montesquieu, d'un regard les a foudroyées, et l'Europe entière le venge encore chaque jour, en dévorant ses productions immortelles.

Nouvelle traduction des Instituts de Justinien ,
avec des observations pour l'intelligence du
texte, l'application du droit français au droit
romain, et la conférence de l'un avec l'autre,
par C. J. de Ferriere, 1770 , 7 vol. in-12.

Il est inutile de s'étendre sur le mérite de cet ouvrage ; le grand nombre des éditions , l'usage journalier dont il était et dont il est encore sous beaucoup de rapports, en font suffisamment l'éloge.

Les Lois civiles dans leur ordre naturel ; le Droit
public, *et legum delectus* ; par M. Domat, nou-
velle édition revue, corrigée et augmentée, par
MM. de Héricourt, Bouchevret, Berroyer,
Chevalier et de Jouy , tous avocats. Paris,
Cavelier , 1771 , 2 tom. en 1 vol. in-folio, 12 fr.

Méditez cet ouvrage si justement apprécié, vous qui
vous destinez à parcourir la carrière du barreau ; avec
Domat vous ne vous égarerez pas ; sans Domat vous
ferez souvent des faux pas.

Œuvres de Pothier , conseiller au présidial
d'Orléans, etc. Paris, Debure, 1773, 7 vol.
in-4°., ou , 1772, 23 vol. in-12.

Tous les ouvrages de Pothier ont été et sont encore
pour la plupart d'une utilité incontestable ; mais on
remarque sur-tout son traité des obligations, qui passe
pour un chef-d'œuvre.

Répertoire universel de Jurisprudence, mis en

ordre, par Guyot de Merville. Paris, Visse, 1784, 17 vol. in-4°., 96 fr.

C'est le plus beau monument élevé à l'ancienne jurisprudence par des hommes célèbres. La révolution a battu en ruine ce vaste édifice ; malgré cela il en reste encore des morceaux précieux et qui seront de tous les tems.

PHILOSOPHIE, MORALE.

Histoire critique de la Philosophie, ou l'on traite de son origine, de ses progrès et des diverses révolutions qui lui sont arrivées jusqu'à notre tems ; par Henri-François Boureau-Deslandes. Paris, 1756, 4 vol. in-12.

Cet ouvrage est précieux, quoi qu'en dise Sabatier ; l'auteur connaissait à fond les hommes et les opinions, et il a fait preuve d'un grand talent et d'une vaste érudition.

Essais de Théodicée sur la bonté de Dieu, la liberté de l'homme. 1760, 2 vol. in-12, 4 fr.

La Théodicée suffirait seule pour représenter Leibnitz, le plus laborieux et le plus universel de tous les philosophes ; une lecture immense, des anecdotes curieuses sur les livres et sur les personnes, des vues sublimes et lumineuses, un style où la force domine, et cependant où sont admis les agrémens d'une imagination heureuse : tel est le jugement que porte Fontenelle de cet ouvrage. C'est-là que Leibnitz prétend que Dieu ayant comparé tous les mondes possibles, il a préféré celui qui existe actuellement ; parce que, tout considéré , c'est celui qui renferme le plus de bien et le moins de mal. Tout le monde serait - il de cet avis ? Cette édition est donnée par Jaucourt.

Essai sur l'entendement humain , traduit de l'Anglais, de Locke , par Coste, 1729, 1 vol. in-4°. ou 4 vol. in-12.

Rien de plus profond et de plus hardi que la métaphysique qui règne dans cet ouvrage ; il est un chef-d'œuvre de clarté , de précision et de méthode.

Essais de Montaigne. Paris , chez Langlois et Gueffier , 1796, 4 vol. in-8°. , 12 fr.

Ces essais ont été pour nos philosophes modernes une mine féconde qu'ils ont travaillée sourdement , et qui les a plus enrichis qu'on ne pense. Conversez souvent avec Montaigne et vous vous enrichirez aussi. Que son vieux langage ne vous décourage pas : vous ne feriez pas difficulté de lever un vieux tapis usé et plein de poussière , pour ramasser des pierres précieuses qu'il recélerait.

Caractères de Théophraste, traduits du grec; nouvelle édition revue, corrigée et augmentée de la vie de l'auteur , de notes et de remarques littéraires , des chapitres XXIX et XXX qui paraissent pour la première fois, etc. Par Belin de Ballu. Paris, Bastien, 1790, 1 vol. in-8.°, 2 fr.

Caractères de la Bruyere , nouvelle édition ,

revue par Belin de Ballu , à laquelle il a été ajouté différens morceaux intéressans, et dans laquelle toutes les explications connues sous le nom de clef des caractères sont mises par ordre de citation. Paris , Bastien , 1790 , 2 vol, in-8.° 5 f.

Œuvres morales de François , duc de la Rochefoucault, suivies d'observations et d'un supplément destiné à servir de correctif à ses maximes ; par Agricola de Fortia. Basle, Decker , 1798 , 1 vol. in-8.° , 3 f.

Une bibliothèque sans ces trois ouvrages serait une jolie chambre sans glace. Ah ! Labruyere , la nature vous a prodigué ses pinceaux, et vous avez donné à vos tableaux un vernis magique qui les conservera long-tems.

Les maximes de la Rochefoucault , dit Voltaire, ont accoutumé à penser et à renfermer ses pensées dans un tour vif, précis et délicat.

Œuvres de Sterne , traduit de l'anglais, par Defrenais, de Bonnay et Salaville. Paris, Deterville, 1796 , 14 fig. , 7 vol. in-12, 12 fr.

Cet original n'est pas à la portée de tout le monde. Chacun en parle, beaucoup l'achètent, quelques-uns le lisent et peu l'entendent. Je voudrais que Sterne fût Français.

Les Nuits et œuvres diverses d'Edouard Young, traduites par le Tourneur. Paris, 1769, avec 4 fig. , 4 vol. in-8°. , 12 fr.

Avez-vous du chagrin, de la mélancolie ? la vie vous pèse-t-elle ? Lisez Young, mais lisez-le doucement, savourez-le ; bientôt vous vous éleverez au dessus des choses terrestres avec lui ; il meublera votre imagination d'idées sublimes, et il versera dans votre ame le baume de la consolation.

Œuvres complettes de Plutarque, suivant la traduction d'Amyot ; nouvelle édition plus complette que les précédentes. Paris, J. F. Bastien, 1786, 18 vol. in-8°., 60 fr.

Il y a peu d'ouvrages dont la réputation soit aussi brillante, aussi justement acquise et aussi solide. L'auteur et le traducteur marchent de front à la célébrité, et le naïf Amyot, malgré son costume gothique se fait préférer à tous ceux qui ont essayé d'habiller Plutarque à la moderne. On connaît plusieurs éditions précieuses de ce bel ouvrage : celle de Vascosan, 1567 et 1574, 14 vol. in-8'., et celle de Cussac avec les notes de Brottier et de Vauvilliers, 1783, 22 vol. in-8°., fig.

Œuvres d'Helvetius. Paris, Dugour, 1793, 10 vol. in-12, 12 fr.

La bienfaisance et la philosophie dirigeaient son cœur et sa plume. Il doit à ses vertus et à son rang de n'avoir pas été continuellement harcelé par les ennemis des Voltaire, des Diderot, des la Harpe, etc. etc.

ÉCONOMIE.

La nouvelle Maison rustique, ou Economie rurale, pratique et générale de tous les biens de campagne. Nouvelle édition, par J. F. Bastien, Paris, 1798, 3 vol. in-4°., 30 fr.

Si vous n'avez pas le Cours d'Agriculture de Rozier, le Dictionnaire des Jardiniers, par Miller, les Œuvres d'Agriculture de Duhamel, etc., ayez au moins cette Nouvelle Maison rustique ; elle est précieuse par les augmentations qu'y a faites Bastien, tant pour le discours que pour les planches.

Education pratique: traduction libre de l'anglais, de Maria Edgeworth ; par Charles Pictet de Genève. Paris, Magimel, an 8, 1 vol. in-8°., 5 fr.

On regarde cet ouvrage comme un phénomène ; il est fort d'idées, il fait réfléchir, il donne d'excellentes leçons ; enfin, il prouve que son auteur joint à une longue pratique, des connaissances très-étendues, un esprit net et réfléchi, et un jugement sain.

Dictionnaire universel de la Géographie com-merçante, rédigé par le citoyen Peuchet, auteur du Dictionnaire de Police, de l'Encyclopédie méthodique. Paris, Blanchon, an 7 et suiv. 5 vol in-8.° 60 fr,

Rien de plus étendu, de plus clair et de plus instructif sur le commerce que cet intéressant ouvrage. L'introduction dont ce dictionnaire est précédé, est le

tableau historique le plus complet des progrès de la
navigation, du commerce, de l'agriculture, des fabri-
ques, des institutions relatives au commerce et des
lois de la propriété. Les manuscrits précieux du Dictionnaire de Commerce de l'abbé Morellet sont fondus
dans ce grand ouvrage.

POLITIQUE.

La Politique d'Aristote, ou la Science des gouver-
mens, ouvrage traduit du grec, avec des notes
historiques et critiques, par Champagne. Paris,
Bailleul, 1797, 2 vol. in-8°. 9 fr.

On pourrait appeler cet ouvrage le catéchisme des
politiques ; il n'est pas possible de traiter plus à fond
la nature de toutes les espèces de gouvernemens.
Grace au citoyen Champagne, Aristote reparait sur
la scène avec le plus grand avantage. Quand on s'est
pénétré de cet ouvrage, on sent qu'on doit beaucoup
à Aristote ; mais on n'a pas moins d'obligation à son
savant et profond traducteur.

Cours d'Histoire et de Politique, contenant tout
ce qui peut contribuer à la prospérité des nations et au bonheur des individus : ouvrage
propre à former le législateur, le ministre
d'état, le militaire, le légiste, le négociant et
le citoyen utile et estimable. Par le docteur
J. Priestley ; traduit de l'anglais par Cantwel.
Paris, Deterville, an 6, 1798, 2 vol. in-8°.
avec tableaux.

On ne peut trop répandre cet ouvrage élémentaire et méthodique, qui est estimé et qui mérite de l'être.

Recherches sur la nature et les causes de la richesse des nations, traduit de l'anglais d'Adam Smith, par J. A. Roucher, (auteur du Poëme des Mois, qui a été du nombre des victimes en 1793). Paris, Buisson, an 3. 5 vol. in-8.º 15 fr.

Cet ouvrage est précieux : Smith tient une place distinguée parmi les littérateurs anglais.

Discours sur le gouvernement, par Algernon Sydney, traduit par Samson. Paris, 3 vol. in-8o. , 6 fr.

Sydney, républicain hardi, fier et d'une conduite irréprochable, consacra sa plume à la liberté. Charles Ier. et l'usurpateur furent égaux à ses yeux. Le lâche Charles II le fit décapiter, malgré le pardon particulier qu'il lui avait accordé.

Œuvres complettes de Machiavel, Paris, 8 vol. in-8o. , 20 fr.

Il manie à merveille le poignard à deux tranchans de la politique. Sa plume, populaire en apparence, a tracé le code des tyrans. C'est le manuel de tous les audacieux qui visent au despotisme, et qui ensuite veulent l'affermir par toutes sortes de crimes.

Agathocles et Monk, ou l'art d'abattre et de relever les trônes. Paris, Johanneau, an 5, 2 vol. in-18, 1 fr.

Cette bluette politique vaut peut-être mieux que de gros volumes ; un gouvernant devrait l'avoir toute entière dans la tête.

PHYSIQUE.

Élémens de physique théorique et expérimentale, par Sigaud de la Fond. Paris, Gueffier, 1787, avec planches, 4 vol. in-8o., 16 fr.

Sigaud est simple, clair, précis et par conséquent vraiment élémentaire.

Traité élémentaire, ou principes de physique, par Brisson, édition enrichie du tableau des nouveaux poids et mesures. Paris, 1797, 3 vol. in-8o., fig., 12 fr.

Dictionnaire raisonné de toutes les parties de la physique, par Brisson. Nouvelle édition revue, corrigée et considérablement augmentée. Paris, an 8, 6 vol. in-8o. avec un volume de planches in-4o., ou 3 vol. in-4o., dont un de planches, 30 fr.

Ces deux ouvrages très-estimés, sont mis au rang des livres élémentaires les mieux faits et les plus utiles.

HISTOIRE NATURELLE.

Histoire naturelle de Buffon, réduite à ce qu'elle contient de plus instructif et de plus intéressant; par P. Bernard. Paris, an 8, 10 vol. in-8o., fig., 50 fr.

Le vaste génie de Buffon , ses connaissances immenses , son coup-d'œil juste et vif , son style séduisant , tout prouve qu'il était fait pour sentir , aimer et peindre la nature ; aussi ses magnifiques tableaux dureront-ils autant que leur sujet ; mais ses immortelles productions n'ont paru que successivement , il s'y trouve des redites et des corrections ; il fallait un éditeur d'un goût aussi pur que celui de l'auteur , pour réduire une collection si étendue , et présenter en dix volumes tout ce que Buffon a donné d'instructif et d'intéressant. Le citoyen Bernard a rempli cette tâche difficile , et l'on regarde son édition comme un phénomène littéraire.

Traité élémentaire de l'Histoire naturelle des Animaux ; par Cuvier. Paris, an 6, 1 vol. in-8.º, fig. , 8 fr.

Leçons d'Anatomie comparée (faisant suite à l'ouvrage précédent), par Cuvier. Paris, an 8, 2 vol. in-8º. , 10 fr.

Tableau du règne végétal , suivant la méthode de Jussieu ; par Ventenat ; fig., 4 vol. in-8º. , 16 fr.

Traité complet de minéralogie , par Haüy. Paris, an 8. Cet ouvrage va paraître incessamment.

On regarde ces quatre ouvrages modernes comme des modèles de clarté et de précision ; ce sont les meilleures sources élémentaires que la jeunesse puisse consulter pour y puiser les premières connaissances dans cette partie si intéressante de l'instruction.

Dictionnaire raisonné universel d'histoire naturelle, par Valmont de Bomare; dernière édition. Lyon, 1791, 15 vol. in-8°., 60 fr.

Après Buffon, Charles Bonnet, et un très-petit
nombre de naturalistes, Valmont de Bomare doit
avoir la première place dans le temple de la nature.
Il n'est point créateur, mais il a tiré le parti le plus
heureux des chefs-d'œuvres de nos grands maîtres.

Les six articles précédens peuvent former une petite
collection élémentaire et presque universelle, très-
précieuse pour un amateur.

MÉDECINE.

Esquisse d'une Histoire de la Médecine et de la
Chirurgie, depuis son commencement jusqu'à
nos jours, ainsi que de leurs principaux auteurs, progrès, imperfections et erreurs, traduite de l'Anglais de W. Black, docteur en médecine, par Coray, docteur en médecine. Paris,
Fusch, an 6, un vol. in-8o., 4 fr. 50 centim.

On trouve à la fin de ce volume un tableau chronologique des auteurs de médecine et de chirurgie,
qui ne fait qu'y ajouter un degré d'utilité. Cette esquisse est préférable à certains tableaux.

Médecine domestique, ou Traité complet des
moyens de se conserver en santé, et de guérir
les maladies par le régime et les remèdes simples : ouvrage mis à la portée de tout le

monde. Traduit de l'Anglais de Buchan, par Duplanil. Paris, Froullé, 1789, 5 vol. in-8o. 20 fr.

Cet ouvrage, qui a un supplément de plusieurs volumes, est d'un usage journalier. Il a le mérite de familiariser le lecteur, ou pour mieux dire le malade avec le langage de la médecine. Je ne l'ai point encore consulté en vain.

CHYMIE.

Traité élémentaire de Chymie, par Lavoisier (ajoutez-y la nomenclature chymique). Paris, 1789, 3 vol. in-8o., 10 fr.

Infortuné Lavoisier ! avec une si grande passion pour les arts et les sciences ! avec tant de talens ! Maudite ferme générale !

Le cours de Chaptal est aussi très-estimé, ainsi que les ouvrages de Fourcroy.

MATHÉMATIQUES.

Cours de Mathématiques, par Bossut. Paris, 7 vol. in-8o., 42 fr.

Les deux derniers volumes traitent du calcul différentiel et intégral ; ils ont été publiés en l'an 6. Les cours de Bezout, de la Croix, de Lemoine sont encore recherchés et suivis avantageusement dans grand nombre d'écoles.

ASTRONOMIE.

Histoire de l'Astronomie ancienne, moderne, indienne et orientale; par Bailly. Paris, 1775-1779, 5 vol. in-4o., 40 fr.

Tes talens et tes vertus t'ont conduit au faîte bril-
lant des honneurs ; le poste était critique, glissant,
peu fait pour toi, pauvre Bailly ! Quelle chûte ! tous
les rafinemens de cruauté ont été épuisés par tes bour-
reaux. Chez les Caraïbes tu aurais moins souffert.

Abrégé de l'Astronomie ; par de Lalande. Paris, Desaint, 1774, 1 vol. in-8°., 4 fr.

La renommée de l'auteur dispense de parler de
l'ouvrage. Le cours entier d'astronomie du même auteur est en trois volumes in-4°.

MUSIQUE.

Essai sur la Musique ; par Grétry. Paris, an 5, 3 vol. in-8°., 9 fr.

Tu ne t'es pas contenté, Grétry, de nous faire
éprouver des sensations délicieuses par ta musique
inimitable, tu as encore voulu que ta plume nous
peignît avec toute la chaleur du sentiment ta passion
pour ton art. Ton livre est à la portée de tout le
monde, les ames sensibles le dévorent ; il n'est point
de cœur dur et froid que tu n'attendrisses, que tu
n'échauffes. Bien penser, bien écrire, composer divi-
nement enfin, faire couler des larmes sur la scène
et dans le cabinet, ce phénomène était réservé à toi
seul. Veuille le ciel conserver tes jours précieux ! ton
cœur, ton cerveau ne sont point épuisés, et la belle
nature nous prépare encore bien des jouissances par
ton organe.

DESSIN.

Méthode pour apprendre le Dessin, où l'on donne

des règles générales pour s'y perfectionner ; et les proportions du corps humain, d'après les antiques. Le tout accompagné de quantité d'études et de figures académiques dessinées d'après nature par le célèbre Cochin et autres maîtres. Paris, Jombert, 1756, avec 100 planches, 1 vol. in-4°., 18 fr.

PEINTURE.

Le grand Livre des Peintres ; par Gerard de Lairesse. Paris, 1787, avec fig., 2 vol. in-4°. 18 fr.

Dictionnaire des Arts de Peinture, Gravure et Sculpture ; par Watelet et Lévêque. Paris, 1792, 5 vol. in-8°., 18 fr.

Cet ouvrage, quoique incomplet peut être de la plus grande utilité aux artistes et aux amateurs auxquels il est destiné.

ARCHITECTURE.

Architecture Pratique, comprenant la construction et le toisé en général, les comparaisons des toisés modernes et anciens, les usages actuels, la construction et la statique des murs de terrasse, de canal, d'étangs et autres, le toisé des colonnes et pilastres isolés ou engagés ; celui des frontons et ornemens d'architecture suivant l'usage actuel ; la manière de lever les plans des lieux où l'on ne peut entrer ; les détails et prix de la maçonnerie, couverture, charpente, menuiserie, ferrure, etc., etc., etc.; par Bullet, Paris, 1792, fig. 1 vol. in-8°., 4 fr.

Le titre des quatre ouvrages précédens désigne assez de quelle utilité et de quel intérêt ils sont pour les amis des arts.

Dictionnaire raisonné et universel des Arts et Métiers; par Jaubert. Paris, 1773, 5 vol. in-8°., 15. fr.

Cet ouvrage, précieux sous le double rapport de l'utilité et de la rédaction, gagnerait beaucoup à une nouvelle édition qui ferait mention des nouvelles découvertes, et dans laquelle on supprimerait tout ce qui regarde les réglemens de jurandes, les maîtrises, les corporations.

BELLES-LETTRES.

Ecole de Littérature; par de la Porte. Paris, Langlois, an 8, 2 vol. in-12, 4 fr.

Cet auteur indique des préceptes qu'il suit tout en les donnant. Cette nouvelle édition est considérablement augmentée.

Cours de Belles-Lettres; par Batteux. Paris, 1760, 5 vol. in-12, 10 fr.

Ouvrage utile, mais qui commence à être moins recherché, depuis les Leçons de Blair, et sur-tout depuis que Laharpe a publié son Lycée dont il paraît déjà huit volumes in-8°. : il en aura douze.

Nouveau Dictionnaire portatif de la langue française, composé sur la dernière édition de l'Abrégé de Richelet, par Wailly, entièrement refondu d'après le Dictionnaire de l'Académie, par Gattel. Lyon, Bruyset, 1797, 2 vol. in-8°., 10 fr.

Ce petit dictionnaire est, sous plusieurs rapports, peut-être préférable à celui de l'académie.

GRAMMAIRE, LOGIQUE.

Œuvres complettes de Dumarsais, contenant plusieurs morceaux trouvés manuscrits dans la bibliothèque nationale. Paris, 7 vol. in-8°., 21 fr.

On a donc enfin la satisfaction de voir les ouvrages de ce grammairien philosophe réunis. On ne peut trop les lire, et s'en pénétrer, si l'on veut devenir bon logicien. *V. Polygraphie*, *Œuvres de Condillac*.

ORATEURS.

Œuvres complettes d'Eschine et de Démosthènes, traduites du grec par Auger. Paris, Barbou, 1794, 6 vol. in-8.° 24 fr.

Il est agréable pour celui qui ne sait pas le grec, de pouvoir cependant lire ces deux orateurs, qui tonnaient avec un tel fracas à la tribune, qu'ils en ébranlaient la Grèce. Je vous rends grâce, Auger, d'avoir fait précéder votre traduction d'un excellent discours préliminaire sur l'éloquence, et d'avoir ressuscité ces deux illustres rivaux, qui étaient morts pour bien de gens. M. de Tourreil, quoiqu'il ne soit pas sans mérite me faisait désirer votre traduction.

Œuvres complettes de Ciceron, traduites par différens auteurs. Paris, Barbou, 1787—1796, 19 vol. in-12. 36 f.

Pourquoi le courage de cet illustre orateur ne répondait-il pas à son éloquence ? Il s'est flatté plusieurs fois d'avoir sauvé la république, et peut-être il est celui de tous les romains qui a le plus contribué à sa perte. Mais il était à Rome ce que Démosthènes était dans sa patrie.

Œuvres de Thomas de l'académie française. Paris, Moutard, 1773, 4 vol. in-8.º 12 f.

Ce Biographe est avantageusement connu par l'énergie de son style, par le feu de ses images, par la force de ses pensées ; c'est en vain que Sabatier a cherché à flétrir les couronnes que l'académie lui a décernées ; elles brillent encore de tout leur éclat sur la tête de Thomas. Il faut ajouter à l'édition ci-dessus indiquée, *le vrai Ami des Hommes et les poésies diverses*, deux brochures imprimées in-8.º depuis la révolution. La dernière se trouve chez Desessarts.

P O É S I E.

Les quatre Poétiques d'Aristote, d'Horace, de Vida et de Boileau, avec les traductions et des remarques, par Batteux. Paris, 1771, 2 vol. in-8.º 6 f.

Les jeunes poëtes devraient posséder entièrement de mémoire cet ouvrage didactique : il leur est indispensable.

L'Iliade et l'Odyssée, traduit par Bitaubé. Paris, 1785, 6 vol. in-8.º 18 f.

Homère a passé et passera encore à travers une longue suite de siècles, traînant après lui ses traducteurs, tant bons que mauvais. Plusieurs ont déja disparu dans la poussière de l'oubli. Bitaubé est celui que je préfère. On lit encore avec plaisir la traduction de Gin, 8 vol. in-8.º et celle en vers par Rochefort.

Œuvres de Virgile, traduites par Desfontaines, Paris, Plassan, 1796, avec 13 fig. 4 vol. in-8.º 24 f.

Virgile n'a point encore été bien traduit. Delille, vous nous en avez promis une traduction complette en vers ; hâtez-vous ; la renommée vous appelle pour vous placer de front avec votre original.

Les Géorgiques de Virgile, traduites en vers par Delille. Kehl, 17 : : , 1 vol. in-8.º 4 fr.

Les éditions multipliées de cette traduction sont une preuve non équivoque de son mérite ; le français et le latin se font lire avec un égal intérêt. Que n'en peut-on dire autant de toutes les traductions !

Les Jardins, poëme, par Delille. Paris, 1780, 1 vol. in-8. 3 f.

Il est bien glorieux de faire des vers aussi beaux, aussi naturels, aussi harmonieux. Abbé Delille, hâtez-vous de terminer votre Virgile. On le dit sous presse ; qu'il en sorte promptement, pour satisfaire notre avide curiosité.

Œuvres d'Horace, traduites par Batteux. Paris,
  Desaint, 1768. 2 vol. in-12. 3 f.

Quoi! pas une bonne traduction de cet auteur incom‑
parable!

Œuvres de Gessner. Paris, Dufart, 1796, avec
  figures, 2 vol. in-8.º 10 fr.

Ce littérateur, poëte, imprimeur et graveur, avait
bien épié la nature champêtre avant d'écrire : il faut
qu'il l'ait souvent prise sur le fait, pour peindre aussi
bien toutes ses nuances, toutes ses variations, et tous
les petits accidens de lumière que produisent la rosée,
la pluie et les orages. Il connaissait parfaitement sa
palette, aussi n'a-t-il jamais manqué ses tableaux,
soit qu'il ait peint les jours, les nuits, les saisons,
et même les premiers âges du monde.

Pourquoi n'avons-nous pas, dans le genre pastoral,
la touche fine et délicate des allemands ?

Œuvres de Boileau Despréaux : nouvelle édition,
  revue.... et la plus exacte qui ait paru jus‑
  qu'à ce jour, précédée d'un discours préli‑
  minaire du citoyen Ch. Palissot. Paris, Déter‑
  ville, 1793, portrait, 1 vol. in-8.º 2 f.

Il appartenait à l'auteur de la Dunciade de donner
une édition des Œuvres de l'auteur de la Satyre contre
les femmes. Les deux plumes de ces poëtes se sont
quelquefois rencontrées dans le même cornet.

Œuvres de Jean-Baptiste Rousseau (édition de
  Seguy). Paris, 1753, 4 vol. in-12, 6 f.

N'ajoutons point à ces volumes les deux *du Porte-feuille* ; les quatre premiers suffisent à la juste réputation de l'un des plus grands poëtes dont la France s'honore.

Fables de la Fontaine, avec les notes de Coste. Paris, 1744, 2 vol. in-12, fig. 4 f.

Contes de la Fontaine. Amsterdam, 1745, 2 vol. in-12, fig. 5 f.

Œuvres diverses de la Fontaine. Paris, 1758, 4 vol. in-12, 5 f.

Ces 8 volumes renferment toutes les œuvres de ce poëte inimitable. Ses Fables sut-tout passeront à la postérité la plus reculée, et en feront sans doute aussi les délices.

Œuvres de Gresset, nouvelle édition faite d'après l'originale, et enrichie de fig. Paris, Volland, 1793, 2 vol. in-8.º 6 f.

Je vois Vert-vert diriger son vol du côté de l'immortalité ; le méchant ne se corrigera pas ; dans trente siècles, il sera toujours le méchant par admiration.

COLLECTION DE PETITS POËTES.

Chaulieu. La Haie 1777, 2 vol. in-12, 3 fr.
La Farre. Paris, 1755, 1 vol. in-12, 1 fr.
Bernis. Orléans, 1767, 2 vol. in-12, 3 f.
Sedaine (poésies fugitives). Paris, 1760, 1 vol. in-12, 1 f.
Bernard. Paris, Dufart, 1795, 1 vol. in-18. 1 fr.

Bertin. Paris, 1785, 2 vol. in-18, 2 f.

Boufflers. Paris, Dufart, 1795, 1 vol. in-18, 1 f.

Parny. Paris, 1787, 2 vol. in-18, 2 f.

Lettres à Emilie sur la Mythologie. Paris, Dufart, 1796, avec fig. 6 parties in 8.°, 9 f.

Voyage autour de ma chambre, par Ximénès.
Paris, 1 vol. in-18, 1 fr.

Ce dernier ouvrage ne tient point à la poésie ; mais
il est digne de figurer au milieu des agréables productions de nos jolis petits poëtes. J'en demande bien
pardon à MM. Scarron, Chapelle et Bachaumont,
Saint-Pavin, Charleval, Deshoulières, Pavillon, Ré-
gnier - Desmarais , Sarrasin , Vergier , Ducerceau,
Grécourt, Gilbert, Berquin (Idylles), Léonard (Idylles),
Mertghen , Imbert, etc. etc. si je ne les ai pas fait
entrer dans ma petite collection, quoiqu'ils en soient
très-dignes ; mais il aurait fallu sacrifier trop de ter-
rain , dans ce catalogue, à une branche de littérature,
qui n'est pas absolument essentielle. Malgré cela, honneur à nos charmans petits poëtes !

Lettres sur l'Italie , par Dupaty. Paris , 179::,
1 vol. in-8.° 3 f.

Lisez la première lettre , lisez la seconde , et je vous
quitte pour quelques heures, persuadé qu'avant la fin du
jour , la tête pleine d'images brûlantes , vous me ren-
drez compte de l'ouvrage entier. Le feu du génie y
brille d'un bout à l'autre : il pétille continuellement,
et l'on ne se lasse point d'être ébloui , quoiqu'en disent
les censeurs à la glace.

Les Aventures de Télémaque, fils d'Ulysse,
par Fénélon. Paris, Crapelet, 1795, 4 vol.
in-18, 8 f. ou 2 vol. in-8.° 18 fr.

Ce chef-d'œuvre est l'école des rois ; mais malheu-
reusement ils se croient dispensés d'aller à l'école.

THÉATRE.

Bibliothèque du Théâtre français, depuis son
origine, contenant un extrait de tous les ouvrages composés pour ce Théâtre, depuis les
mystères jusqu'aux pièces de Corneille; une
liste chronologique de celles composées depuis
cette dernière époque jusqu'à présent, avec
deux tables alphabétiques, l'une des auteurs,
et l'autre des pièces. Dresde, 1768, 3 vol.
in-8.° 9 f.

En faisant précéder cet ouvrage de ceux dont la liste
suit, on aura un recueil intéressant, qui peut servir
d'introduction à toute espèce de collections dramatiques.

Histoire générale du Théâtre français, depuis
son origine jusqu'à présent, par Parfait. 1735
et suiv. 17 vol. in-12.

Mémoires pour servir à l'Histoire du Théâtre de
la Foire, par Parfait. 1742, 2 vol. in-12.

Histoire de l'ancien Théâtre italien, par Parfait.
1753, 1 vol. in-12.

Histoire anecdotique et raisonnée du Théâtre

Italien, depuis son rétablissement en France jusqu'à l'an 1769. Paris, 1769, 7 vol. in-12.

Histoire du Théâtre de l'Opéra comique. Paris, 1769, 2 vol. in-12.

Dictionnaire des Théâtres de Paris, par Parfait· 1756, 7 vol. in-12.

Tous ces ouvrages sont assez estimés, à l'exception du dernier, qu'on regarde comme une compilation mal digérée, et qui cependant peut être de quelque utilité.

Œuvres de Pierre Corneille, avec les Commentaires, par Voltaire. Genève, 1764, avec fig. 12 vol. in-8.º 36 f.

Grand, majestueux, sublime, digne du premier rang qu'il occupe, digne de son illustre commentateur.

Œuvres complettes de Jean Racine. Déterville, 1796, fig. 4 vol. in-8.º 25 fr.

Beau, pathétique, harmonieux, sublime ; c'est Voltaire qui l'a dit ; et Voltaire s'y connaissait.

Œuvres complettes de Jolyot de Crébillon. Paris, 1783 : fig. 3 vol. in-8.º 12 f.

Qu'il est sombre! qu'il est noir! qu'il est terrible! sa muse lugubre, enveloppée dans sa longue robe de deuil, imprégnée de larmes et de sang, porte partout l'épouvante et l'horreur.

Œuvres de Molière, avec les Commentaires de Bret. Paris 1772, 6 vol in-8.º fig. 30 fr.

«Salut, divin Molière, salut ! il suffit de te nommer :
hier j'assistai à une représentation du 'Tartufe : si je
vivais dans deux mille ans, j'y assisterais encore ; mais
c'est en vain que je demanderais Pourceaugnac et
Scapin.

Œuvres complettes de Regnard. Paris, veuve Duchesne, 1789, fig. 6 vol. in 8.° 20 fr.

Si Molière eut fait un testament, dans lequel il aurait
légué son talent à tous les dramatistes futurs, Regnard,
tu n'aurais pas plus à te plaindre de ton legs, que nous
n'avons à nous plaindre de ton légataire (morale à part).

Chef-d'œuvre de Dancourt. Paris, 3 vol. in-12, 4 f. 50 c.

De petites pièces assez gentilles, assez naturelles,
mais surannées.

Chef-d'œuvre de Destouches. Paris, 3 vol. in-12, 4 f. 50 c.

Son legs, dans le testament de Molière, va précisé-
ment après celui de Regnard ; mais il est plus faible.

Œuvres choisies de Piron. Paris, Dufart, 3 vol. in-16, 3 f.

Immortel par sa Métromanie, par d'heureuses pièces
fugitives, par, etc.

Nous venons de parler des auteurs dramatiques les
plus célèbres ; mais on trouvera encore de très-bonnes
pièces dans Campistron, la Motte, Quinault, Bour-
sault, Bruyeis, Palaprat, la Grange - Chancelle, la

osse , Marivaux , le Sage , le Grand , Hauteroche ,
aron , Montfleury , Poisson , Nadal , le Mierre , Saint-
oix , Palissot , Favart , Rochon-Chabannes , Cailhava ,
Diderot , Beaumarchais , Fenouillot , Collin d'Harle-
ille , Sedaine. Fabre d'Eglantine , Mercier , Monvel ,
tc. etc. etc.

ROMANS.

Traité de l'origine des Romans , par Huet , suivi
d'observations et de jugemens sur les Romans
français , avec l'indication des meilleurs Romans qui ont paru , sur-tout pendant le 18e.
siècle jusqu'à ce jour. Paris , Desessarts , an 7 ,
1 vol. in-12.

Romans de Richardson. Paméla , ou la vertu
récompensée , traduit par l'abbé Prévot. Paris,
1742 , 4 vol. in-12 , 8 fr.

Lettres de miss Clarisse Harlowe , traduites par
l'abbé Prévot. Paris , 1751 , 7 vol. in - 12,
14 fr.

Histoire de sir Charles Grandisson , traduit par
l'abbé Prévot. Leyde , 1765 , 7 vol. in - 12,
14 fr.

Ces trois romans sont généralement regardés comme
des modèles.

Histoire de Don Quichotte , de la Manche ,
traduite de l'espagnol de Cervantes. Paris ,
1722 , 6 vol. in-32 , 12 fr.

Ce roman a peut être été le meilleur et le plus utile de tous ceux qui ont existé ; c'est dommage que son principal mérite ne soit plus de saison. La traduction par Florian , ouvrage posthume , est très-estimée.

Vie et Aventures de Robinson. Paris , 1742, fig. 4 vol. in-12, 6 fr.

Je place ce roman à côté de don Quichotte. Quoiqu'on le lise maintenant avec plus d'intérêt que le roman espagnol , il ne le vaut peut-être pas.

Romans de Lesage. Gilblas de Santillane. Paris, 1759, 5 vol. in-12, 10 fr.

Le Bachelier de Salamanque. Paris, 1759, 3 vol. in-12, 6 fr.

Le Diable boiteux. Paris, 1756, 3 vol. in-12, 6 f.

Tels sont les trois romans les plus estimés du bon Lesage. On lit malgré cela avec plaisir , son *Gusman*, son *Estévanille* , etc. Il s'est fait aussi un nom au théâtre , par plusieurs pièces , parmi lesquelles on distingue *Crispin, rival de son maître* , et *Turcaret.*

Romans de l'abbé Prévot. Mémoires d'un Homme de qualité qui s'est retiré du monde. Paris , 1729, 6 vol. in-12, 12 fr.

Histoire de Cléveland, fils naturel de Cromwell. Paris, 1732, 6 vol. in-12, 12 fr.

Histoire du chevalier Desgrieux et de Manon Lescaut. Paris, 1733, 1 vol. in-12, 2 fr.

Le Doyen de Killerine. Paris , 1733 , 6 vol in-
12 , 12 fr.

Histoire d'une Grecque moderne. Paris , 1751 ,
2 vol. in-12 , 4 fr.

La plume féconde de l'abbé Prévot a enfanté encore
d'autres romans et des histoires que je n'ai pas cru
devoir faire entrer dans cette collection ; il a beaucoup d'autres ouvrages aussi recommandables par le
style que par le choix heureux des matières , et par
la manière dont ils les a traitées. Son goût était pur
et délicat. On lui doit tant en ouvrages de lui, qu'en
traductions , 162 vol. in-12 et un vol. in-4 . Cette fé-
condité n'approche pas encore de celle de Muratori ,
bibliothécaire du duc de Modène , qui a composé
46 vol. in-folio , 134 vol. in-4°. , 13 vol. in-8°. , et
plusieurs in-12.

Œuvres de Florian. Paris , Didot , 1786 , 14 vol.
in-18 avec fig. , ou 9 vol. in-8° , 24 fr.

Histoire de Don-Quichotte, traduite de l'espagnol
de Cervantes , par Florian (œuvre posthume).
4 vol. in-8° , fig., 16 fr., ou 6 vol. in-18, 6 fr.

Vie de J. B. Florian, par A. J. Rosny , 1 vol.
in-18, fig., 1 fr.

Florian est un de nos plus aimables auteurs , et
quoiqu'on ne doive pas le placer au niveau des premiers écrivains du siècle de Louis XIV , on lit ses
productions avec le plus vif intérêt. Son style est pur
quoiqu'un peu faible , sa philosophie est douce , et

sa morale répand un grand charme sur tous ses ouvrages.

Ceux qui désireraient avoir une jolie collection de
romans qui fût bien imprimée, uniforme et enrichie
de belles gravures, peuvent se procurer :

Les œuvres complettes de Lesage et Prévôt, 54
vol. in-8°.

Voyages imaginaires, songes, visions, romans
cabalistiques, 39 vol. in-8°.

Cabinet des Fées, 41 vol. in-8°.

Les œuvres d'Arnaud, 12 vol. in-8°.

Les œuvres de Tressan, 12 vol. in-8°.

OEuvres de Genlis, 17 vol. in-8°.

Romans de la Place, 8 vol. in-8°.

OEuvres de madame Riccoboni, 8 vol. in-8°.

Collection d'Ana, etc., 10 vol. in-8°.

On peut ajouter à ces recueils des romans détachés
dont le mérite est reconnu, ainsi que les bibliothèques
de campagne et celles des romans.

POLYGRAPHIE.

Encyclopédie, ou Dictionnaire raisonné des
sciences, des arts et des metiers, par une
société de gens de lettres, mis en ordre par
MM. Diderot et d'Alembert. Paris, 1751 et
suiv., 35 vol. in-folio, 600 fr.

C'était une entreprise bien hardie, que cette encyclopédie. Elle effraie l'imagination. Quel génie n'a-

t-il pas fallu pour tracer le plan de cet immense édifice ! Et pour l'exécuter, combien de cerveaux, de bras et de machines il a fallu mettre en mouvement ! Les pyramides d'Egypte seront en poussière avant que l'encyclopédie ait vu effleurer sa réputation colossale.

L'édition de Paris in-folio est peut-être préférable à celle par ordre de matières, tant que cette dernière ne sera pas terminée ; et quand le sera-t-elle ? Il en paraît déjà 64 livraisons in-4°, qui forment 198 vol. de discours et 31 volumes de planches.

L'édition de Genève, 1777, est en 39 vol. in-4°, dont 3 de planches : on y ajoute ordinairement la table en 6 volumes ; ce qui fait en tout 45 volumes. Il existe aussi une édition de Genève in-folio.

Œuvres complettes de Voltaire. Édition de Beaumarchais. Kehl , 1704 -- 90, 70 vol. in-8°, avec 128 fig.

On doit borner l'éloge de ce grand homme à citer le nombre des éditions qu'ont eu ses œuvres complettes.

Autre édition de Kehl, 92 vol. in-12.

— Genève , 1756 — 76 , 40 vol. in-8°.

— Lyon , 1775 , 41 vol. in-8°.

— Edition de Palissot. Paris , 1795 , 55 vol. in-8°.

— Bâle et Gotha , 1784 et suiv. , 70 vol. in-8°.

— Deux-Ponts , 100 vol. in-12.

— Genève et Paris , 1778 et suiv. , 45 vol. in-4°.

— Edition de Servière , 30 vol. in-18.

— Autre édition de Serviere , an 6. Œuvres choisies, divisées en trois classes , ainsi qu'il suit :

Voltaire, poëte. {
Théâtre complet, 8 vol.
La Henriade, 1 vol.
La Pucelle, 1 vol.
Mélanges de poésies, 3 vol.
Romans, etc., 2 vol.
}

Voltaire, historien. {
Essai sur les mœurs, etc. 5 vol.
Siècle de Louis XIV et Louis XV, 3 vol.
Histoire du Parlement de Paris, 1 vol.
— de Charles XII, 1 vol.
— de Russie, 1 vol.
Annales de l'empire, 1 vol.
Doutes sur l'histoire, 1 vol.
}

Voltaire, philosophe. {
Mélanges de littérature, etc., 3 vol.
Philosophie de Newton, 1 vol. fig.
Questions sur l'encyclo-pédie, 8 vol.
}

40 vol. in-8°, prix 186 fr.

Telles sont les principales éditions de Voltaire complet. Si l'on voulait entrer dans le détail de celles qu'ont eu ses ouvrages imprimés séparément, on formerait un volume.

Œuvres complettes de J.-J. Rousseau. Genève, 1782, 17 vol. in-4°, belles fig.

Il partage avec Voltaire la gloire d'être placé au premier rang parmi les littérateurs qu'a fourni le dix-huitième siècle. Les principales éditions de ses ouvrages sont de Kehl, 1793, 34 vol. in-12.

— Paris , 37 vol. in-12.

— de Poinçot. Paris , 38 vol. in-8'. fig.

— de Genève , 33 vol. in-8°.

— de Paris , 37 vol. in-18.

N'oublions pas la magnifique édition de Dufour , grand in-4°. sur papier, nom de Jésus , vélin d'Annonay , avec de belles fig. La dernière livraison a paru en ventôse an 8. Voici l'ordre des volumes et des matières.

Politique , 1 vol. 4 fig.

Héloïse , 2 vol. 9 fig.

Emile , 2 vol. 6 fig.

Mélanges , 4 vol. , 8 fig.

Dictionnaire de musique , 2 vol. , 14 planches.

Confessions , 2 vol. , 7 fig.

Dialogues , 1 vol.

Correspondance , 3 vol.

Rêveries et contestations avec D. Humes , 1 vol.

18 vol. in-4°.

35 fig.

14 planch. de musiq

Prix.

1512 fr., fig. av. la let.

1296 fr. apr. la lett.

Œuvres complettes de Mably. Paris, Bossange, 1797 , 12 vol. in-8° , 25 fr.

Il a porté dans l'antre ténébreux de la politique , le flambeau de la philosophie, dont il a éclairé l'histoire. Toujours guidé par la vérité , ferme sur les principes , vertueux et éloquent , il a écrit en homme libre , quoique environné d'esclaves et sous les yeux d'un maitre.

Histoire Philosophique de l'établissement du commerce dans les deux Indes , par Guill.

Thom. Raynal. Genève, 1780, 10 vol. in-8ᶜ, Atlas in-4°., 30 fr.

Il est un de ces écrivains audacieux dont la plume forte et sublime a gravé en caractères de feu sur le sol français les noms sacrés de *liberté* et d'*égalité*; ces mots nouveaux dans notre langue, ont fermenté dans nos cœurs, et bientôt l'explosion s'est manifestée.

Œuvres complettes de Condillac. Paris, an 7, 23 vol. in-8°., 60 fr.

Cet estimable écrivain a fait pour l'instruction ce que son frère (Mably) a fait pour la morale, la politique et l'histoire. On mettra toujours son cours d'études au nombre des premiers ouvrages de ce genre.

Voyage du jeune Anacharsis en Grèce, par Barthelemy. Paris, an 7, 7 vol. in-8°., atlas in-4°., 40 fr., ou 7 vol. in-12, sans atlas, 21 fr.

Ce livre a le mérite rare d'attacher toute espèce de lecteurs : il est impossible de présenter rien de plus beau, de mieux écrit, de plus détaillé, de plus complet et de plus varié sur l'ancienne Grèce. Avec cet ouvrage on n'a plus besoin de se noyer dans le déluge des longs et fatiguans écrits qui nous inondaient à ce sujet.

Etudes de la nature, par Jacques-Bernardin-Henri de Saint-Pierre ; nouvelle édition. Paris, (sous le titre de Bâle) 1797, avec figures, 5 vol. in-8°.; 15 fr.

Ami de Jean-Jacques, quelquefois son émule, il

ispire le plus grand intérêt. Son ame se peint dans
es ouvrages. Comment n'écrirait-il pas avec la douce
chaleur du sentiment? il aime la nature et la prend
pour guide. Son *Paul* et *Virginie* est un chef-d'œuvre ;
mais sa physique ne passe pas pour tel.

Œuvres choisies de Delile de Sales. Philosophie
   de la Nature ; cinquième édition. Paris , 1789,
   fig. , 7 vol. in-8.º , 21 fr.

Histoire philosophique du Monde primitif ; quatrième édition. Paris , 1793, 7 vol. in-8.º,
   atlas in-4.º , 21 fr.

Histoire des douze Césars de Suétone, traduite
   par Henri Ophellot , de la Pause (Delile).
   Paris, 1771 , 4 vol. in-8º , 10 fr.

De la Philosophie du Bonheur ; ouvrage recueilli
   et publié par Delile , orné du portrait de
   l'auteur et de plusieurs gravures. Paris , 1797,
   2 vol. in-8.º , 8 fr.

   Le cerveau fecond de cet auteur volcanique a
souvent de violentes éruptions qui étonnent, qui éblouis-
sent, qui enflamment. La magie de son style énergi-
que , sa philosophie audacieuse et ses persécutions lui
ont assuré un succès qui ne s'est point démenti.

Œuvres Philosophiques de Paw , contenant les
   recherches sur les Américains , sur les Egyptiens et les Chinois, sur les Grecs , etc. Paris ,
   Bastien, an 3, 7 vol in-8.º , 21 fr.

De la philosophie , de l'érudition , et une manière
intéressante de présenter des objets faits pour exciter
la curiosité.

GÉOGRAPHIE.

Géographie ancienne abrégée , par Danville.
Paris , 1768 , 3 vol. in-12 , 6 fr.

Géographie moderne abrégée , par Nicole de
la Croix. Paris , 1766 , 2 vol. in-12 , 5 fr.

Concorde de la Géographie des différens âges,
par Pluche. Paris , 1764 , avec cartes , 1 vol.
in-12 , 3 fr.

Nouvelle Géographie universelle , descriptive,
historique , industrielle et commerciale des
quatre parties du monde, etc. , traduite de
l'anglais de Guthrie, sur la dernière édition de
1799 ; deuxième édition, soigneusement revue,
corrigée et considérablement augmentée,
particulièrement quant aux articles Danemarck , Suède, France , Portugal, Italie , etc,
avec un traité de la Géographie ancienne et
moderne, comparée, divisée en deux parties,
revue et corrigée , quant aux parties astronomiques et géographiques, par Lalande. Paris,
Hiacynte Langlois , an 8 , 6 vol. in-8.º et un
atlas in-4.º

Atlas général adapté à la Géographie de Nicole
de la Croix , avec 55 cartes , 1 vol. in-4.º 18 fr.

Dictionnaire géographique portatif des quatre parties du monde, contenant la description des républiques, royaumes, etc., et la Géographie ancienne, traduit sur la dernière édition de Laurent Echard, par Vosgien, nouvelle édition, revue et rectifiée. etc. Paris, 1795, 1 vol. in-8.º, 4 fr.

Dictionnaire de Géographie ancienne, pour l'intelligence des auteurs anciens. Paris, 1768, 1 vol. in-8º, 4 fr.

Tous ces ouvrages sont généralement estimés.

VOYAGES.

ABRÉGÉ de l'Histoire générale des Voyages, contenant ce qu'il y a de plus remarquable, de plus utile, de plus avéré dans les pays où les voyageurs ont pénétré, les mœurs des habitans, la religion, les usages, arts et sciences, commerce et manufactures, enrichis de cartes géographiques et de figures, par la Harpe. Paris, Moutardier, 1780, et années suiv. 27 vol. in-8.º, atlas in-4.º, 100 fr.

Cet abrégé remplace avec avantage la volumineuse Histoire des Voyages de l'abbé Prévot, 20 volumes in-4.º

On estime aussi le Voyageur français par l'abbé de Laporte, 42 vol. in-12.

CHRONOLOGIE.

TABLES chronologiques qui embrassent toutes les parties de l'Histoire universelle, année par année, depuis la création du monde jusqu'en 1768, publiées en anglais par John Blair, et traduites en français par Chantreau, qui les a continuées jusqu'en 1795, suivies, etc. Paris, Agasse, an 7, 1 vol. in-4.°, 18 fr.

Si l'on avait fait précéder ce bel ouvrage d'un discours préliminaire sur la chronologie, sur la définition des termes qui lui sont propres, et sur le plan simple de cet ouvrage, ces Tables tiendraient lieu de *l'Art de vérifier les dates*. Paris, 1787, 3 vol. in-folio.

HISTOIRE.

Choix d'Ouvrages d'Histoire.

Histoire ancienne des Egyptiens, des Carthaginois, des Assyriens, des Babyloniens, des Mèdes, des Perses, des Macédoniens et des Grecs, par Rollin. Paris (Avignon), 1788, 14 vol. in-12, 28 fr.

Atlas pour l'étude de l'Histoire ancienne, composé de 10 cartes, 1 vol. in-4.°, 5 fr.

Histoire romaine depuis la fondation de Rome jusqu'à la bataille d'Actium ; par Rollin et Crevier. Paris, 1769, 16 vol. in-12, 40 fr.

Histoire de la décadence et de la chûte de l'empire romain, par Gibbon, traduit de l'anglais
par Leclerc de Septchenes. Paris, 18 vol. in-
8.º, 48 fr.

Histoire du Bas-Empire, en commençant à Constantin, par M. Lebeau, et continuée par M.
Ameilhon. Paris, 1757 et suiv., 24 vol. in-12.

Atlas pour l'étude de l'Histoire romaine, depuis
la fondation de Rome jusqu'à la destruction
de l'empire de Constantinople, destiné aux
trois précédentes Histoires de Rollin, Crevier,
Lebeau et Ameilhon, composé de 49 cartes,
1 vol. in-4º, 28 fr.

Histoire moderne des Chinois, des Japonnais,
des Indiens, des Persans, des Turcs, des Russiens, etc., commencée par l'abbé de Marsy,
continuée par Richer. Paris, 1771, 30 vol.
in-12, 75 fr.

Atlas pour l'étude de l'Histoire moderne, composé de 39 cartes, 1 vol. in-4.º, 15 fr.

Introduction à l'Histoire de France de Velly,
contenant ce qui a précédé le règne de Clovis, par Leaureau. Paris, 1789, 2 vol. in-
12, 4 fr.

Histoire de France depuis l'établissement de la

monarchie jusqu'à Louis XIV , par Velly,
Villaret et Garnier. Paris, 1770 et suiv., 32
vol. in-12 , 80 fr.

Table générale des matières de 30 premiers
volumes de l'Histoire de France, par Velly,
Villaret et Garnier. Paris , veuve Desaint,
an 7, 3 vol. in-12 , 6 fr.

Nouvelle Histoire de France, depuis Louis XIV
jusqu'en 1783 , pour faire suite à celle de Velly,
etc. Paris, 1782, 8 vol. in-12 , 16 fr.

Histoire complette de la Révolution de France,
pendant les assemblées constituante , législative et conventionnelle, précédée de l'ex-
posé rapide des administrations successives qui
l'ont déterminée, par deux amis de la liberté,
Paris, Bidaut, an 7 , 13 vol. in-18 , 18 fr.

Atlas pour l'étude de l'Histoire de France, composé de 85 cartes, auxquelles il faut ajouter
celle de la France divisée par départemens ,
1 vol. in-4.° , 36 fr.

Tous les atlas dont il est question dans ce choix
d'histoires, que l'on peut regarder comme à peu-près
complet en ce genre, sont tirés de l'atlas suivant :

Atlas universel pour l'étude de la Géographie
et de l'Histoire ancienne et moderne, par M.

Philippe de Prétot, et autres auteurs, composé de 126 cartes, dont plusieurs sont doubles. Paris, Nyon, 1 vol. in-4.º, grand papier, 40 fr.

Avec cette collection d'Histoires qui se trouvent dans toutes les bibliothèques de goût, on peut se passer de la grande *Histoire universelle, par une société de gens de lettres, traduite de l'anglais*, 45 vol. in-4.º ou 126 vol. in-8.º

Dictionnaire des Antiquités grecques et romaines, ou Abrégé du grand Dictionnaire de Samuel Pitiscus, par Pierre Barral, précédé d'un Essai sur l'étude des Antiquités septentrionales et des anciennes Langues du nord, par Pougens. Paris, chez Pougens, an 6, 2 vol. in-8.º, 10 fr.

Cet ouvrage tient lieu d'une collection immense, et qu'il est très-difficile de trouver réunie.

Histoire de l'origine, des progrès et de la décadence des Sciences dans la Grèce, traduite de l'allemand, de Christophe Meiners, professeur à Gottingue, par J.-Ch Laveaux. Paris, an 7, 5 vol. in-8.º, 15 fr.

On regarde cette histoire comme très-intéressante, et remplissant parfaitement le but que l'auteur s'est proposé : le style est un peu froid.

Vie de Laurent de Médicis, surnommé le Magnifique, traduite de l'anglais de William Roscoe,

sur la deuxième édition , par François Thurot
(traduct. des *Recherches philosophiques sur
la Grammaire universelle* ; ouvrage précieux) , avec des notes et des additions. Paris,
Baudouin , an 8 , 2 vol. in-8.º , 8 fr.

Cet ouvrage est en grande partie consacré à retracer
l'heureuse révolution qui , après plus de dix siècles
d'ignorance et de barbarie , fit renaître en Europe les
sciences et les arts ; et , sous ce rapport , il doit avoir
place à côté de celui de Meiners. Il serait à souhaiter
que l'Histoire du siècle d'Auguste et celle du siècle
de Louis XIV fussent traitées dans le même genre ,
c'est-à-dire , relativement aux belles-lettres , aux sciences
et aux arts.

Nouveau Dictionnaire historique , ou Histoire
abrégée de tous les hommes qui se sont fait
un nom , etc. , etc, par une société de gens
de lettres (Chaudon). Caen et Lyon , Leroy
et Bruyset, 1789, 9 vol. in-8.º , 36 fr.

Cet ouvrage a le mérite d'être utile , ce qui n'en
est pas un petit , et de satisfaire , lorsqu'on le consulte,
ce qui en est encore un plus grand.

Les trois Siècles de la Littérature française , par
L'abbé Sabatier de Castres. Paris , 1781 , 4
vol. in-8º. , 12 fr.

De l'esprit , du goût , du fiel , de l'acrimonie , de la
partialité , de la vérité : voilà ce que l'on trouve dans
cet ouvrage,

BIBLIOGRAPHIE.

BIBLIOGRAPHIE instructive, ou Traité de la
connaissance des livres rares et singuliers,
contenant un Catalogue raisonné, etc., etc.
par Debure. Paris, Debure, 1763 et suiv.,
7 vol. in-8.º, 36 fr.

Supplément, ou Catalogue des livres de L. J.
Gaignat. Paris, 1769, 2 vol. in-8.º, 12 fr.

Table destinée à faciliter la recherche des livres
anonymes qui ont été annoncés dans la Bibliographie de Debure et dans le catalogue de
Gaignat. Cette Table forme le 10.ᵉ tome de
cette collection bibliographique ; par Née la
Rochelle. Paris, 1782, 1 vol. in-8.º, 3 fr.

Ces trois ouvrages, qui doivent n'en former qu'un,
prouvent que leurs auteurs possèdent les connaissances
les plus étendues dans cette partie : on ne consulte
jamais en vain cette collection utile, qui devrait se
trouver dans toutes les bibliothèques. Osmont a donné
un dictionnaire typographique, historique, etc., 2 vol.
in-8.º 1768. Mais Cailleau en a donné un plus étendu,
en 3 vol. in-8.º, 1789. Je dois cependant avouer que
tous ces ouvrages ont quelques fautes inséparables
d'un travail aussi immense, aussi appliquant, et qui
exige tant de recherches.

Nouvelle Bibliothèque d'un homme de goût, ou
Tableau de la Littérature ancienne et moderne,

etc., jusqu'en 1797, par une société de gens
de lettres. Paris, Desessarts, 1798, 4 vol.
in-8.°, 9 fr.

Il serait à souhaiter que l'on eût moins négligé la
partie bibliographique dans cet intéressant ouvrage.
J'invite l'estimable éditeur à nous indiquer plus exac-
tement, dans une nouvelle édition, la quantité de
volumes, la date, le nom de l'imprimeur et le lieu où
a été imprimé chaque ouvrage, et sur-tout les bonnes
éditions ; cela ajoutera un grand degré d'utilité à ce
bon livre.

Telle est la collection d'ouvrages dans tous les genres, que nous
avons réunis et classés pour l'utilité de celui qui voudrait se composer une Bibliothèque à-peu-près universelle. Ceux qui désireront
plus de détails dans chaque partie, pourront consulter le Manuel
Bibliographique. Le Catalogue raisonné que nous venons de donner,
renferme 43 volumes in-folio, 45 volumes in-4°, 518 volumes in-8°,
328 volumes in-12, 25 volumes in-18 et 5 atlas. Ces 964 volumes
peuvent valoir à-peu-près la somme de 3600 fr. On peut réduire
de beaucoup ce nombre d'ouvrages, et malgré cela se former une
collection qui serait encore intéressante.

SUPPLÉMENT

A LA PETITE

BIBLIOTHÈQUE

CLASSÉE MÉTHODIQUEMENT.

Nous n'avons pas voulu étendre d'avantage le nombre des ouvrages propres à composer la petite bibliothèque choisie dont nous venons d'exposer le plan méthodique. Les bornes étroites dans lesquelles nous nous sommes circonscrits , nous ont forcé de retrancher grand nombre de bons auteurs qui auraient figuré avec le plus grand avantage dans cette collection , mais qui l'auraient rendue trop volumineuse. Nous allons suppléer à ce silence par une liste alphabétique de quelques écrivains estimés dont les ouvrages ne se trouvent pas dans le Catalogue raisonné ci-dessus.

ARNAUD D'ANDILLY , né à Paris en 1589 , mort en 1674.

Histoire des Juifs , écrite par Flavien Josephe , et traduite du grec en français, avec figures en taille-douce. Bruxelles , 1701, 5 vol. in-8.°

Vies des pères des déserts d'orient et d'occident , avec figures en taille-douce. Amsterdam , 1714, 4 vol. in-8.°

ARNAUD (*Baculard*), né à Paris en 17.....

Coligny , tragédie en 3 actes , 1740, 1 vol. in-8.°

Les Epoux malheureux. Première édition , 1745, 2 vol. in-12 ; dernière édition , 1792, 4 vol. in-12.

Thérèse , histoire italienne , 1746 , 2 vol. in-12.

Les Amans malheureux ou le Comte de Comminges, drame en trois actes et en vers , précédé d'un discours, et suivi des Mémoires du comte de Comminges, 1764, 1 vol. in-8.º

Fanny , ou l'Heureux repentir. Paris , 1765, 1 vol. in-12.

Sydney et Silly. Paris , 1766 , 1 vol. in-12.

Julie , Histoire anglaise , 1767 , 1 vol. in-8.º

Lucie et Mélanie , 1767 , 1 vol. in-8.8

Nancy , 1767 , 1 vol in-12.

Batilde , 1767 , 1 vol. in-8.º

Euphémie , ou le Triomphe de la Religion , drame en 3 actes , 1768 , 1 vol. in-8.º

Mémoires d'Euphémie , 1769 , 1 vol. in-8.º

Anne Bell , 1770 , 1 vol. in-8.º

Sydney et Volsan , 1770 , 1 vol. in-8.º

Fayel ou Gabrielle de Vergy , tragédie en 5 actes, en vers , précédée d'une préface sur l'ancienne chevalerie , et suivie d'un Précis de l'Histoire du châtelain de Fayel , 1770 , 1 vol. in-8.º

Selicourt (nouvelle) , 1771 , 1 vol. in-8.º

Les Epreuves du sentiment, 1772 -- 1781 , 12 vol. in-12.

Cette collection contient Zénothemis , Adelson et Salvine , Sargines , Rosalie , Donna Elmira , Bazile, Liebmann , Duminville, Pauline et Suzette , Germeuil, Henriette et Charlot , Valniers et Aurelie.

Les Délassemens de l'Homme sensible , ou Anecdotes diverses. Paris , 1783 et suiv. , 12 vol. in-8.º

Nouvelles historiques. Maëstricht , 1784 , 3 vol in 12.

Merinval , drame en 5 actes et en vers, 1774, 1 vol.
in-8.°

Vie de Desrues , exécuté à Paris le 6 mai 1775 , 1 vol.
n-12.

La vraie Grandeur , au duc d'Orléans , 1789 , 1 vol.
in-8.°

Les Loisirs utiles , 1793 , 2 vol. in-18.

Beaucoup de poésies fugitives , contes , etc.

BACON , né à Londres en 1661 , mort en 1626.

De la dignité et de l'accroissement des connaissances humaines.

Nouvel organe des Sciences.

Essais de morale et de politique.

De la Justice universelle.

La Vie de Henri VII , roi d'Angleterre.

Tous ces ouvrages sont écrits en latin. Le citoyen
Antoine Lasalle en prépare une traduction précieuse
avec des notes historiques et littéraires ; il en paraît
déjà 3 vol. in-8.° , contenant le Traité de la Dignité,
et l'Accroissement des Sciences.

BAILLY , né à Paris en 1736, mis à mort le
11 novembre 1793.

Outre l'ouvrage mentionné ci-dessus , on a encore
de lui les suivans.

Essai sur la Théorie des Satellites de Jupiter avec
les Tables de Jupiter , par M. Jeaurat. Paris, 1766,
1 vol. in-4°.

Eloge de Leibnitz , 1769 , 1 vol in-4.°

Lettres sur l'origine des Sciences et sur celles des
peuples de l'Asie , etc. , 1777 , 1 vol. in-8.°

Lettres sur l'Atlantide de Platon , et sur l'ancienne Histoire de l'Asie. Londres , 1779 , 1 vol. in-8.°

Sur l'origine de la Fable et des anciennes religions, 1781--1782 , 1 vol. in-8.°

Discours et Mémoires ; 1790 , 2 vol. in-8.°

Procès-verbal des séances de l'Assemblée des électeurs de Paris , 1790 , 3 vol. in-8.°

Beaucoup de pièces fugitives.

BAYLE , né en 1647 , mort en 1706.

Œuvres diverses, contenant tout ce que cet auteur a publié sur des matières de théologie , de philosophie , de critique , d'histoire et de littérature. La Haye, Husson , 1727 , 4 vol. in-folio.

Dictionnaire historique et critique, troisième édition, revue , corrigée et augmentée sur les manuscrits de l'auteur , par Prosper Marchand. Roterdam , 1720, 4 vol. in-fol.

BEAUMARCHAIS, né à Paris en 17...., mort l'an VII.

Eugénie , drame en cinq actes , 1767 , in-8.°

Les deux Amis , ou le Négociant de Lyon , drame en cinq actes , 1770 , in-8.°

Mémoires pour le sieur Beaumarchais , 1774 , in-4.°, in-8°. et in-12.

Le Barbier de Séville , comédie en quatre actes , 1775 , in-8.°

La Folle Journée, ou le Mariage de Figaro, 1784, in-8.°

La Mère coupable , ou l'autre Tartuffe , 1792 , in-8.°

Tarare , opéra en cinq actes , avec un prologue , 1787 , in-8.°

Plusieurs Écrits politiques et des Mémoires.

LA BEAUMELLE, né à Valleraugue en 1727, mort à Paris en 1773.

La Spectatrice danoise. Copenhague, 1749, 2 vol. in-12.

Mes Pensées. Paris, 1753, 1 vol. in-8.°

Pensées de Sénèque, en latin et en français. Paris, 1768, 1 vol. in-12.

Lettres et Mémoires de madame de Maintenon. Hambourg, 1756, 12 vol. in-12.

Le siècle de Louis XIV, avec des notes. Paris, 1754, 4 vol. in-12.

Commentaires sur la Henriade, revus et corrigés par M. F. Paris, 1775, 2 vol. in-8.°

BEAUZÉE né à Verdun le 9 mai 1717, mort en 1789.

Grammaire générale, ou Exposition raisonnée des élémens nécessaires du langage, pour servir de fondement à l'étude de toutes les langues, 1767, 2 vol. in-8.°

Synonymes français. Hambourg, 1795, 2 vol. in-12.

Les Histoires de Salluste, traduites en français avec le latin, des notes critiques et une table géographique, quatrième édition, 1788, 1 vol. in-12.

Histoire d'Alexandre-le-Grand, traduite du latin, de Quinte-Curce ; nouvelle édition, 1789, 2 vol. in-12.

Optique de Newton, 1787, 2 vol. in-8.°

Des articles de Grammaire dans l'Encyclopédie.

BÉLIDOR, né en 1695, mort à Paris en 1765.

Sommaire d'un Cours d'architecture militaire, civile et hydraulique, 1720, 1 vol. in-12.

Nouveau Cours de mathématiques, à l'usage de l'artillerie, 1725, 1 vol. in-4.°

La Science des ingénieurs, 1749, 1 vol. in-4.°

Le Bombardier, 1734, 1 vol. in-4.°

Architecture hydraulique, 1737 et 1753, 4 vol. in-4.°

Dictionnaire portatif de l'ingénieur, 1 vol. in-8.°

Traité des fortifications, 4 vol. in-4.°

BERENGER (*Jean-Pierre*), né à Genève; 1740....

Histoire de Genève, 1772, 6 vol. in-12.

Géographie de Busching. Lausanne, 1776--79, 14 vol. in-8.°

Collection des Voyages autour du monde, 1788--89, 9 vol. in-8.°

Histoire des trois Voyages de Cook, 1795, 3 vol. in-8.°

BERENGER (*Laurent*), né en 1749.

Le Porte-feuille d'un Troubadour. Paris, 1782, 1 vol. in-8.°

Voyage en Provence, 1783, 1 vol. in-8.°

Les Soirées provençales, 1786, 3 vol. in-12.

Recueil de Voyages amusans, 1787, 7 vol in-12.

Le Peuple instruit par ses propres vertus, 1787, 2 vol. in-8.°

Ecole du Soldat et de l'Officier, 1788, 3 vol. in-12.

Esprit de Mably et de Condillac, relatif à la morale et à la politique. Paris, 1789, 2 vol. in-8.°

Beaucoup de pièces fugitives.

BERGIER, né à Darnay, en Lorraine, 1718.

Elémens primitifs des Langues, découverts par la

comparaison des racines de l'hébreu avec celles du
grec , du latin et du français , 1764, 1 vol. in-12.

Le Déisme réfuté par lui-même , 1771 , 1 vol. in-12.

Certitude des preuves du Christianisme , 1771 , 1 vol.
in-12.

L'Origine des Dieux du Paganisme , et le sens des
Fables , découvert par une explication , suivie des
poésies d'Hésiode , 1774 , 2 vol. in-12.

Apologie de la Religion chrétienne , 1776 , 2 vol.
in-12.

Examen du Matérialisme , 1771 , 2 vol. in-12.

Traité historique et dogmatique de la vraie Religion ,
1780 , 12 vol. in-12.

BERQUIN , né à Bordeaux en 1749 , mort à Paris
en 1791.

Idylles , Yverdun , 1776 , 1 vol. in-8.o

Tableaux anglais , tirés des Feuilles périodiques ;
Paris , 1775 , 1 vol. in-8.o

Romances. Paris , Didot , 1788 , 1 vol. in-12.

L'Ami des Enfans. Paris , 1782 -- 83 , 24 vol. in-12.

Lectures pour les Enfans , 1784 , 4 vol. in-12.

Introduction à la connaissance de la Nature , 1787 ,
3 vol. in-12.

Sandfort et Merton , 1786 , 7 vol. in-12.

Le Petit Grandisson , 1787 , 5 vol. in-12.

Bibliothèque des Villages , 1790 , 3 vol. in-12.

Le Livre de Famille , 1791 , 1 vol. in-12.

LA BILLARDIERE , né en........

Relation du Voyage à la recherche de la Peyrouse ,

fait par ordre de l'Assemblée constituante, pendant les années 1791, 1792, la première et seconde année de la République française, an VIII, 2 vol. in-4.º, et un atlas in-fol., ou 2 vol. in-8.º et le même atlas.

Icones Plantarum Syriæ rariorum, descriptionibus illustratæ, 1791. *Decas* 1. *et Decas* 2.

Rapport sur l'expédition d'Entrecasteaux, 1796, dans plusieurs journaux.

BITAUBÉ, né en 17......

De l'Influence des Belles-Lettres sur la Philosophie, Berlin, 1767, 1 vol. in-8.º

Joseph, poëme en 9 chants, dernière édition; Paris, 1793, 1 vol. in-8.º, ou 2 vol. in-18, fig.

Guillaume de Nassau, poëme en 10 chants, Amsterdam, 1773, 1 vol. in-8.º

Beaucoup de pièces fugitives.

Du BOCAGE, né à Rouen en 1710.

Le Paradis terrestre, poëme imité de Milton. Londres, 1748, 1 vol. gr. in-8.º

Les Amazones, tragédie, 1749, in-8.º

Mélange de vers et de prose, traduit de l'anglais, 1751, 2 vol. in-12.

La Colombiade, 1756, 1 vol. in-8.º

Œuvres poétiques, Paris, 1788, 2 vol. in-12.

BONNET, né à Genève en 1720, mort en 1793.

Traité d'Insectologie, Paris, 1745, 1 vol. in-12.

Recherches sur l'usage des feuilles dans les plantes, Leyde, 1754, 1 vol. in-4.º

Essai de Psychologie. Londres, 1755, 1 vol. in-8.º

Essai analytique sur les facultés de l'ame, 1770, 2 vol. in-8.º

Considérations sur les Corps organisés, 1762, 2 vol. in-8.º

Contemplation de la Nature. Neufchatel, 1782, 3 vol. in-8.º

Palingénésie philosophique, ou Idées sur l'état passé et sur l'état futur des êtres vivans. Genève, 1769, 2 vol. in-12.

Recherches sur le Christianisme. Genève, 1770, 1 vol. in-8.º

Œuvres d'Histoire naturelle et de philosophie. Genève, 1779 -- 83, 9 vol. in-4.º

BOSSUET né à Dijon en 1627, mort en 1704.

Discours sur l'Histoire universelle, 1682, 1 vol. in-4.º
Tous ses autres ouvrages roulent sur la Religion. On distingue surtout l'Exposition de la Doctrine de l'Eglise catholique, sur les Matières de Controverse ; les Oraisons funèbres, et les six Avertissemens contenant la défense de son Histoire des Variations des Eglises protestantes. La collection de ses Œuvres est en 20 vol. in-4.º

BOUGAINVILLE, né en......

Voyage autour du Monde par la frégate du roi la Boudeuse, et la flûte l'Etoile, en 1766 -- 69, avec le Journal du voyage fait par Banks et Solander, depuis 1768 jusqu'en 1771, traduit de l'anglais, par Freville. Paris, 1772, 3 vol. in-8.º, fig.
Le seul Voyage de Bougainville. Paris, 1771, 1 vol. in-4.º, ou 2 vol. in-8.º

Ttaité du Calcul intégral , 1754–56 , 2 vol. in-4.°

BOULANGER , né en 1722 , mort en 1759.

Recherches sur le Despotisme oriental , 1 vol. in-12.
Dissertation sur Elie et Enoch , 1 vol. in-12.
L'Antiquité dévoilée , 1766 , 3 vol. in-12.
Le Christianisme dévoilé , 2 vol. in-12.

On a imprimé dernièrement toutes ses Œuvres en 6 volumes in-8.°

BOURDALOUE , né à Bourges en 1722 , mort en 1704.

Sermons donnés au Public par le père Bretonneau. Paris , Rigaud , 1707 , 16 vol. in-8.° , ou 16 vol. in-12.

BRUMOY , né à Rouen en 1688 , mort à Paris en 1742.

Théâtre des Grecs , 1763 , 6 vol. in-12 ou 6 vol. in-4.°

Œuvres latines et françaises , renfermant le Poëme des Passions , celui de la Verrerie , etc. , etc. , 4 vol. in-8.°

BURLAMAQUI , né à Genève en 1694 , mort en 1748.

Principes du Droit naturel et politique. Genève, 1764 , 3 vol. in-12 , ou 1 vol. in-4.°

BUY-DE-MORNAS , né à Lyon en 17...., mort à Paris en 1783.

Dissertation sur l'Education , 1747 , 1 vol. in-12.
Elémens de Cosmographie , 1749 , 1 vol. in-12.

Atlas méthodique et élémentaire de Géographie et d'Histoire, 1761 et suiv. , 4 vol. in-fol.

Cosmographie méthodique et élémentaire , 1770 , 1 vol. gr. in-8.o

CAILLE (la), né en 17....., mort en 1762.

Elémens d'Algèbre et de Géométrie, 1746 , 1 vol. in-8.o

Leçons d'Astronomie , d'Optique et de Perspective, 1755 , 1 vol. in-8.o

Leçons de Méchanique , 1743 , 1 vol. in-8.o

Ephémérides pour les années 1745 jusqu'à 1775. ... 1744 -- 1755 -- 1763 , 3 vol. in-4.o

Fundamenta Astronomiæ , 1757 , 1 vol. in-4.o

Table des Logarithmes , 1760 , 1 vol. in-8.o

Traité de la Navigation , de Bouger, 1761 , 1 vol. in-8.o

Cœlum australe , 1763 , 1 vol. in-4.o

Tabulæ solares , 1758 , 1 vol. in-4.o

Observations faites au Cap de Bonne-Espérance , 1 vol. in-4.o

Journal de son Voyage au Cap , 1 vol. in-12.

CHAMPFORT, né en 1741, s'est tué en 1793.

La jeune Indienne , comédie en 1 acte. Paris, 1764 , in-8.o

Mustapha et Zéangir , tragédie en 5 actes , 1778 , in-8.o

Eloge de Molière , 1765 , in-8.o

Eloge de la Fontaine , 1774 , in-8.o

Le Marchand de Smyrne , comédie en 1 acte, 1770 , in-8.o

Dictionnaire dramatique avec Laporte , 1776, 3 vol. in-8.º

Beaucoup de poésies , de discours , de mémoires , etc.

Œuvres complettes données par Ginguené , 1795, 4 vol. in-8.º

CHARDIN, né à Paris ... mort à Londres en 1713.

Voyages en Perse et autres lieux de l'Orient, avec des figures en taille-douce qui représentent les antiquités et les choses les plus remarquables du pays. Amsterdam , 1735 . 4 vol. in-4.º

---- Paris , 1723 , 10 vol. in-12.

CHARRON, né à Paris en 1541 , mort en 1603.

Traité de la Sagesse , 1601, 1 vol. in-8.º
Les trois Vérités , 1 vol. in-8.º
Seize Discours chrétiens , 1600 , 1 vol. in-8.º

COCHIN, né à Paris en 1687, mort en 1747.

Œuvres de Cochin, contenant ses plaidoyers , factum, mémoires , etc. Paris, 1751 , 6 vol. in-4.º

CONDORCET, né en 1743 , mort en 1794.

Du Calcul intégral , 1765 , 1 vol. in-4.º
Du Problême des trois Corps , 1767 , 1 vol. in-4.º
Essai d'Analyse , 1768 , 1 vol. in-4.º
Vie de Turgot , 1786 , 2 vol. in-8.º
Vie de Voltaire ; 1790 , 1 vol. in-8.º
Plan de Constitution française , 1793 , 1 vol. in-8.º
Rapport sur l'Instruction publique, 1793, 1 vol. in-8.º
Esquisse d'un Tableau historique des progrès de l'esprit humain , (œuv. posth.) 1795 , 1 vol. in-8.º

Les Eloges de l'Hopital, le chancelier ; de Pascal, de Bernouilli, de Maurepas, de Courtenvaux, de Dalembert, d'Euler, etc.

Beaucoup de discours et d'écrits patriotiques.

Cook, né en 1725, mort dans l'île d'Owhyhée le 14 février 1779.

Les trois Voyages autour du monde, par le chef d'escadre Byron, Carteret, Wallis, Cook et Forster, dans l'hémisphère méridional, l'hémisphère austral et l'océan pacifique, traduits de l'anglais, par Suard et et Desmeunier. Paris, 1774--1778--1785, 13 vol. in-4.°, ou 18 vol. in-8.°, fig.

Vie de Cook, 1 vol. in-4.° ; ou 1789, 2 vol. in-8.°

COUSIN, né en

Leçons du Calcul différentiel et intégral, 1778, 2 vol. in-8.°

Introduction à l'Etude de l'Astronomie physique, 1787, 1 vol. in-8.ª

Traité du Calcul différentiel et du Calcul intégral, 1796, 2 vol. in-8.°

CROUZAS, né à Lauzanne en 1663, mort en 1748.

Système de Réflexions qui peuvent contribuer à la netteté et à l'étendue de nos connaissances, ou Nouvel Essai de logique, d'abord en 2 vol. in-8.°, puis en 6 vol. in-12 ; enfin, abrégée en 1 vol. in-12.

Traité de l'Education des Enfans, 2 vol. in-12.

Traité du Beau, 2 vol. in-12.

Examen du Pyrronisme, contre Bayle, 1 vol. in-fol.

Examen du Traité de la Liberté de penser, contre Collins, 1 vol. in-8.°

Examen et Commentaires sur l'Essai de Pope sur l'Homme.

Des Traités de physique, des Sermons, des Œuvres diverses.

DACIER, né à Castres en 1651, mort en 1722.

L'Edition de Verrius-Flaccus, *ad usum Delphini*, avec des notes, 1 vol. in-4.°

Nouvelle Traduction d'Horace, 10 vol. in-12.

Réflexions morales de l'empereur Antonin, 2 vol. in-12.

La Poétique d'Aristote, 1 vol. in-4.°

Les Vies de Plutarque, 8 vol. in-4.° ou 12 vol. in-12.

L'Œdipe et l'Electre de Sophocle, 1 vol. in-12.

Les Œuvres d'Hippocrate, 1697, 2 vol. in-12

Une partie des Œuvres de Platon, 2 vol in-12.

DACIER, épouse du précédent, née en 1651, morte en 1720.

Traduction de trois comédies de Plaute : *l'Amphitryon, le Rudens et Lepidicus.*

Traduction de l'Iliade et l'Odyssée d'Homère, 1756, 8 vol. in-12.

Considérations sur les causes de la corruption du goût, 1714, 1 vol. in-12.

Traduction du *Plutus* et *des Nuées* d'Aristophane.

Traduction d'Anacréon et de Sapho.

DAGUESSEAU, né à Limoges en 1668, mort en 1751.

Œuvres complettes, Yverdun (Lyon), 1759, 24 vol. in-8.°

DALEMBERT, né à Paris en 1717, mort en 1783.

Traité de Dynamique. Dernière édition, 1796, 1 vol. in-4.º.

Traité de l'Equilibre et du Mouvement des fluides, 1744, 1 vol. in-4.º

Réflexions sur la Cause générale des Vents, 1746, 1 vol. in-4.º

Recherches sur la Précession des Equinoxes, 1748, 1 vol. in-4.º

Essai d'une nouvelle Théorie de la résistance des fluides, 1752, 1 vol. in-4.º

Recherches sur différens points importans du Système du Monde, 1754 -- 56, 3 vol. in-4.º

Nova Tabularum Lunarium emendatio, 1756, 1 vol. in-4.º

Opuscules de Mathématiques, 1761 -- 73, 6 vol. in-4.º

Elémens de Musique théorique et pratique sur les principes de M. Rameau, éclaircis, développés et simplifiés, 1762, 1 vol. in-8.º

Mélanges de Littérature, d'Histoire et de Philosophie, 1767, 5 vol. in-12.

Réflexions sur l'application du calcul de probabilité à l'inoculation de la petite-vérole, 1760, 1 vol in-4.º

Histoire des Moines mendians, 1768, 1 vol. in-12.

Beaucoup d'éloges et d'autres écrits ; la préface et beaucoup d'articles de l'Encyclopédie, etc.

DESESSARTS, né en....

Causes célèbres, curieuses et intéressantes de toutes les cours souveraines du royaume, avec les jugemens qui les ont décidées. 1775 -- 1783, 121 vol. in-12.

Choix de nouvelles Causes célèbres, 1785 -- 87 ; 15 vol. in-12.

Essai sur l'Histoire générale des Tribunaux, tant anciens que modernes, 1778 -- 84, 9 vol. in-8.º

Procès fameux extraits de l'ouvrage précédent, 1786 -- 90, 12 vol. in-12.

Dictionnaire universel de Police, 1786 -- 90, 8 vol. in-4.º

Histoire des grands criminels, 1789 -- 90, 10 vol. in-12.

Procès fameux jugés avant et depuis la Révolution; 1795 : ouvrage périodique qui en est au 18.ᵉ vol. in-12.

Il a plusieurs autres ouvrages, et est éditeur de la Bibliothèque d'un homme de goût, des Grands Hommes de Plutarque ; des Poésies de Chaulieu, de Thomas, d'un dictionnaire bibliogr., etc., etc., etc.

DESFONTAINES, né à Rouen, 1695, mort en 1745.

Le Nouvelliste du Parnasse, 1731, 2 vol. in-12.

Observations sur les Ecrits modernes, 1735, 33 vol. in-12.

Jugemens sur les Ouvrages nouveaux, 1744, 11 vol. in-12.

De ces trois ouvrages périodiques, les deux premiers ont été supprimés par ordre du ministère.

Traduction de Virgile, 4 vol. in-12 ou in-8.º

Les Voyages de Gulliver, 1 vol. in-12.

Le Nouveau Gulliver, 2 vol. in-12.

Les Aventures de Joseph Andrews, traduites de l'anglois, 2 vol. in-12.

L'Histoire de don Juan de Portugal, 1 vol. in-12.

Beaucoup d'autres ouvrages. L'abbé de la Porte a

donné, en 1757, l'Esprit de l'abbé Desfontaines, 4 vol. in-12.

DIDEROT, né à Langres en 1713, mort à Paris en 1784.

Histoire de la Grèce, traduite de l'anglais, 1743, 3 vol. in-12.

Principes de Philosophie morale, etc., 1745, 1 vol. in-12.

Dictionnaire universel de Médecine, (avec Eidous et Toussaint) 1746, 6 vol. in-fol.

Pensées philosophiques, 1746, 1 vol. in-12.

Mémoires sur différens sujets de mathématiques, 1748, 1 vol. in-8.º

Les Bijoux indiscrets, 1748, 3 vol. in-12.

Lettres sur les Aveugles, à l'usage de ceux qui voient, et Lettres sur les Sourds et Muets, 1749--1751, 2 vol. in-12.

Le Code de la Nature et de l'Interprétation de la Nature, 1754, 1 vol. in-12.

Le Fils naturel, drame, 1757, 1 vol. in-8.º

Le Père de famille, drame, 1758, 1 vol. in-8.º

Essais sur la Peinture, 1795, 1 vol. in-8.º

Jacques le Fataliste, 1796, 1 vol. in-8.º

La Religieuse, 1796, 1 vol. in-8.º

Plusieurs autres ouvrages.

DUCIS, né en

Hamlet, tragédie en 5 actes, 1770, in-8.º

Roméo et Juliette, drame en 5 actes, 1772 in-8.º

Œdipe chez Admete, tragédie, 1780, in-8.º

Le Roi Lear , tragédie en 5 actes , 1783 , in-8.o

Macbeth , tragédie , 1784 , in-8.o

Othello, ou le Maure de Venise, tragédie en 5 actes , in-8.o

Jean Sans-Terre , ou la mort d'Arthur , tragédie en 3 actes , 1792 , in-8 o

Abufar , ou la Famille arabe , tragédie en 5 actes , in-8.o

Plusieurs Epîtres , Poëmes , etc.

FABRE D'EGLANTINE, né en ..... mis à mort en 1794.

Le Philinte de Moliere , ou la suite du Misantrope, comédie en 5 actes et en vers , 1790 , in-8.o

Le Convalescent de qualité , comédie en 2 actes, 1791 , in-8.o

Le Collatéral , ou l'Amour et l'Intérêt , comédie en 3 actes et en vers, 1792 , in-8.o

L'Intrigue épistolaire, comédie en 5 actes et en vers, 1792 , in-8.o

Les Précepteurs , comédie posthume en 5 actes et en vers , an VII , in-8.o

FLECHIER , né à Pernes en 1632, mort à Montpellier en 1710.

Œuvres mêlées , en vers et en prose , 1 vol. in-12.

L'édition *de Casibus illustrium Virorum* , par Gratiani , 1 vol. in-4.o

Panégyrique des Saints , 1690 , 1 vol. in-4.o

Oraisons funèbres , 1 vol. in-4.o et in-12.

Des Sermons , 2 vol. in-12.

Histoire de l'empereur Théodose, 1678, 1 vol in-4.º ou in-12.

La Vie du cardinal Ximénès, 2 vol. in-12 ou 1 in-4.º

La Vie du cardinal Commendon, 2 vol. in-12 ou 1 in-4.º

Œuvres posthumes, 2 vol. in-12.

FONTENELLE, né à Rouen en 1657, mort en 1757.

Lettres du chevalier d'Her..... 1685, 1 vol. in-12.

Entretiens sur la pluralité des Mondes, 1686, 1 vol. in-12.

Histoire des Oracles, 1687, 1 vol. in-12.

Poésies pastorales, etc., 1688, 1 vol. in-12.

Histoire du Théâtre français jusqu'à Corneille....

Elémens de Géométrie de l'infini, 1727, 1 vol. in-4.º

Théorie des Tourbilllons, de Descartes......

Des discours moraux et philosophiques, des Pièces de Théâtres, des Poésies fugitives, etc. Toutes ses œuvres, 11 vol. in-12.

GENLIS, née en.....

Théâtre d'Education, 1779, 7 vol. in-8.º ; 1785, 5 vol. in-12.

Théâtre de Société, 1781, 2 vol. in-8.º

Annales de la Vertu, 1781, 2 vol. in-8.º

Adèle et Théodore, 1782, 3 vol. in-8.º

Les Veillées du château, 1784, 3 vol. in-8.º

La Religion considérée comme l'unique base, etc., 1787, in-8.º

Pièces tirées de l'Ecriture sainte, 1787, in-8.º

Leçons d'une Gouvernante à ses Elèves, 1791, 2 vol.

Nouveau Théâtre sentimental, 1791, 1 vol. in-8.º

Les Chevaliers du Cygne, 1795, 2 vol. in-8.º

Les Petits Emigrés , 2 vol. in-18.

Précis de ma Conduite , 1796 , 1 vol. in-8.º

Plusieurs autres ouvrages.

GIRARD , né en   , mort en 1748.

Synonimes français , 2 vol. in-12.

Principes de la Langue française , 1747, 2 vol. in-12.

HOBBES , né à Malmesbury en 1588 , mort à
Hardwick en 1679.

Elementa philosophica , seu Politica de Cive. Paris,
1642 , 1 vol. in-4.º

Leviathan , seu de Republica , 1650, 1 vol. in-fol.

Du Corps politique , ou Elémens de Droit , 1653,
1 vol. in-12.

Décameron philosophique , en anglais , 2678, 1 vol.
in-12.

Œuvres philosophiques et politiques. Neufchatel,
1787 , 2 vol. in-8.º

HUET , né à Caen en 1630 , mort en 1721.

Demonstratio evangelica , 1679 , 1 vol. in-fol. 1690,
1 vol. in fol. , et Naples 1731 , 2 vol. in-4.º

De l'Origine des Romans , 1 vol. in-12.

Traité de la Faiblesse de l'Esprit humain, 1 vol. in-12.

De la Situation du Paradis terrestre , 1 vol. in-12.

Histoire du Commerce et de la Navigation des Anciens. Lyon , 1763 , 1 vol. in-8.º

Beaucoup d'autres ouvrages sur la Religion , contre
Descartes , etc.

LAHARPE, né........

Le Comte de Warwick , tragédie en 5 actes , 1764 ; in-8.º

Timoléon , tragédie en 5 actes , 1764 , in-8.º

Gustave Vasa , tragédie , 1766 , in-8.º

Mélanie , drame en trois actes , avec d'autres pièces , 1792 , 1 vol. in-8.º

Les douze Césars , tragédie de Suétone , 1776 , 2 vol. in-8.º

La Louisiade de Camoens , trad. du portugais. Poëme en 10 chants , 1776 , 2 vol. in-8.º

Menzikoff , tragédie , 1776 , in-8.º

Les Barmécides , tragédie , 1778 , in-8.º

Les Muses rivales , comédie en 1 acte et en vers libres , 1779 , in-8.º

Abrégé de l'Histoire générale des Voyages , 1780 et suiv. , 25 vol. in-8.º , atlas in-4.º

Tangu et Félime , poëme en 4 chants , 1780 , 1 vol. in-8.º

Philoctète , tragédie en 3 actes , 1784 , in-8.º

Jeanne de Naples , tragédie en 5 actes , 1783 , in-8.º

Coriolan , tragédie en 5 actes , 1784 , in-8.º

Virginie , tragédie en 5 actes , 1793 , 1 vol. in-8.º

Une infinité d'autres pièces de poésie , de discours , d'éloges , de morceaux de politique , littérature , religion , etc.

LALANDE , né à Bourg-en-Bresse en 1732.

Tables astronomiques de Halley , pour les planètes et les comètes , augmentées , 1759 , 1 vol. in-8.º

Exposition du Calcul astronomique , 1762 , 1 v. in-8.º

Astronomie , troisième édition , 1792 , 3 vol. in-4°.

L'Art de faire le papier , 1761 , in-fol. fig.

L'Art du Parcheminier , 1762 , in-fol. , fig.

— Du Cartonnier , 1763 , in-fol. , fig.

— Du Chamoiseur , 1763 , in-fol. fig.

— Du Tanneur , 1764 , in-fol , fig.

— Du Mégissier , 1765 , in-fol. , fig.

— De faire le maroquin , 1766 , in-fol. , fig.

— De l'Hongroyeur , 1766 , in-fol.

— Du Corroyeur , 1767.

Voyage d'un Français en Italie , dernière édition, Paris , 1790 , 7 vol. in-8.°

Dissertation sur la cause de l'élévation des liqueurs dans les tubes capillaires , 1770, 1 vol. in-12.

Des Canaux de navigation, spécialement de celui de Languedoc , 1777 , 1 vol. in-fol.

Traité de Navigation, contenant la Théorie et la Pratique du Pilotage , par Bouger, troisième édition , 1792, 1 vol. in-8.°

Abrégé de Navigation historique , théorique et pratique , 1793 , 1 vol. in-4.°

Leçons élémentaires d'Astronomie , Géométrie et Physique , par la Caille, quatrième édition , augmentée , 1780 , 1 vol. in-12.

Astronomie des Dames , deuxième édition , 1795, in-18.

Mémoire sur l'intérieur de l'Afrique , 1795 , in-8.°

Beaucoup d'autres écrits et des mémoires dans les journaux.

LAMONNOYE, né à Dijon en 1641, mort à Paris
en 1728.

Poésies françaises, 1716 -- 1721, 1 vol. in-8.°
Nouvelles Poésies françaises, 1743, 1 vol. in-8.°
Des Noëls bourguignons, 1720 -- 1737, 1 vol. in-8.°
Des Remarques sur les jugemens des savans, de
Baillet, sur le *Menagiana* ; Dissertation sur le livre
De tribus Impostoribus, et sur le moyen de parvenir;
des notes sur la Bibliothèque de Colomiès, et sur le
Cymballum mundi, etc. Le Recueil de ses Œuvres a
paru en 1769, en 3 vol. in-8.°

LAMOTTE, né à Paris en 1672, mort en 1731.

Œuvres complettes, 1754, 11 vol. in-12.
On y trouve 4 tragédies : les Machabées, Romu-
lus, Œdipe et Inès de Castro.
Six comédies : l'Amante difficile, Minutolo, le Ca-
lendrier des Vieillards, le Talisman, la Matrone
d'Éphèse et le Magnifique.
Des opéras : l'Europe galante, Issé, l'Amadis de
Grèce, le Triomphe des Arts, Omphale, Marthésie,
le Carnaval et la Folie, la Vénitienne, Alcione, Se-
melé, Scanderberg et le ballet des Ages.
Des Odes, des Cantates, des Hymnes, des Psaumes,
vingt Eglogues.
Des Fables.
Sa pitoyable traduction en vers, de l'Iliade d'Homère.
Et enfin des discours en prose.

LANGLE (de), né en......

Voyage de Figaro en Espagne, première édition ;

1785, 2 vol. in-12 ; dernière édition, 1796, 1 vol. in-8.°

Tableau pittoresque de la Suisse, 1790, 1 vol. in-12.

Laporte (de), né à Béfort en 1718, mort à Paris en 1779.

Voyage en l'autre Monde, 1752, 2 vol. in-12.

L'Antiquaire, comédie de collége, en trois actes et en vers, 1749, in-8.°

Observations sur la Littérature moderne, 1749 et suiv., 9 vol. in-12.

L'observateur littéraire, 1761 et suiv., 18 vol. in-12.

Ecole de Littérature, 1767, 2 vol. in-12.

Le Voyageur Français, continué par Domairon, 1765 et suiv., 42 vol. in-12.

Bibliothèque des Génies et des Fées, 1765, 2 vol. in-12.

Le Porte-Feuille d'un homme de goût, 1780, 3 vol. in-12.

Histoire littéraire des Femmes françaises, 1769, 5 vol. in-8.°

Dictionnaire d'anecdotes dramatiques, avec Clément, 1775, 4 vol. in-8.°

Dictionnaire dramatique, avec Champfort, 1776, 3 vol. in-8.°

Nouvelle Bibliothèque d'un homme de goût, 1777, 4 vol. in-12.

La France littéraire, 1778, 2 vol. in-8.°

L'Esprit de Desfontaines, de Bourdaloue, de Castel, de Rousseau, des Monarques philosophes ; Pensées de Massillon, de l'abbé Prévot.

D'autres petits ouvrages.

LAQUENTINIE, né en 1626, mort à Paris en 1700.

Instructions pour les Jardins fruitiers et potagers, 1725, 2 vol. in-4.°

LENGLET-DUFRENOY, né à Beauvais en 1674, mort en 1755.

Arrêts d'Amour, 1731, 2 vol. in-12.

Nouveau Testament latin, 1703, 2 vol. in-16.

Le *Rationarium Temporum*, de Petau, continué depuis 1631 jusqu'en 1702. Paris, 1703, 3 vol. in-8.°

Commentaire de Dupuy sur le Traité des Libertés de l'Eglise gallicane, de Pierre Pithou, 1715, 2 vol. in-4.°

L'Imitation de J. C., traduite et augmentée d'un chapitre . . . .

Réfutations des Erreurs de Spinosa, par Fénélon, Lami et Boulainvilliers, 1731, 1 vol. in-12.

Œuvres de Clément Marot, 1731, 4 vol. in-4.°, ou 6 vol. in-12.

Satyres et autres Œuvres de Regnier, 1733, 1 v. in-4.°

Le Roman de la Rose, 1735, 3 vol. in-12.

Une édition latine de Catulle, Properçe et Tibulle, 1743, in-12.

Le sixième volume des Mémoires de Condé, 1743, 1 vol. in-4.°

Journal de Henri III, 1744, 5 vol. in-8.°

Mémoires de Commines, 4 vol. in-4.°

Mémoires de la Régence du duc d'Orléans, 1749, 5 vol. in-12.

Métallurgie, traduite de l'espagnol, d'Alphonse Barba, 1751, 2 vol. in-12.

Cours de Chymie, de Lefebvre, 5 vol. in-12. Les deux derniers volumes sont de l'éditeur.

Méthode pour étudier l'Histoire, 12 vol. in-12.

Méthode pour étudier la Géographie, 10 vol. in-12.

De l'usage des Romans, 1734, 2 vol. in-12.

L'Histoire justifiée contre les Romans, 1735, 1 vol. in-12.

Géographie des Enfans, 1 vol. in-12.

Principes de l'Histoire, 6 vol. in-12.

Principes de la Philosophie hermétique, 1742, 3 vol. in-12.

Tablettes chronologiques; dernière édition, augmentée, 1778, 2 vol. in-8.º

Traité historique et dogmatiques sur les Apparitions et les Visions, 1751, 2 vol. in-12.

Recueil de Dissertations sur les Apparitions, les Visions et les Songes, 1752, 4 vol. in-12.

Histoire de Jeanne d'Arc, 1753, 1 vol. in-12.

LINGUET, né à Reims en 1736, mis à mort en 1794.

Histoire du siècle d'Alexandre, 1769, 1 vol. in-12.

Histoire des Révolutions de l'Empire romain, 1766, 2 vol. in-12.

La Cacommade, ou Histoire politique et philosophique du Mal de Naples, 1766, 1 vol. in-12.

Théorie des Loix civiles, ou Principes fondamentaux de la Société. Londres, 1767, 1 vol. in-12; dernière édition, 1774, 2 vol in-12.

L'Histoire impartiale des Jésuites, 1768, 1 vol. in-8.º

Théâtre espagnol, 1768, 4 vol. in-12.

Du plus heureux Gouvernement, ou Parallèle des

Constitutions politiques de l'Asie avec celles de l'Europe, 1774, 2 vol. in-12.

Essai philosophique sur le Monachisme, 1777, 1 vol. in-8.º

Mémoires sur la Bastille, 1783, 1 vol. in 8.º

Réflexions sur la Lumière, 1787, in-8.º

Journal politique et littéraire, commencé en 1774, continué jusqu'en 1776, in-8.º

Annales politiques, civiles et littéraires, commencées en 1777, interrompues quelques tems en 1790.

Mémoires et plaidoyers. Liège, 1776, 11 vol. in-12.

Beaucoup de brochures contre les Économistes, et sur l'administration en général.

MALEBRANCHE, né à Paris en 1638, mort en 1715.

La Recherche de la Vérité, 1712, 1 vol. in-4º., ou 4 vol. in-12.

Conversations chrétiennes, 1677, 1 vol. in-12.

Traité de la Nature et de la Grâce, 1 vol. in-12.

Méditations chrétiennes et Métaphysiques, 1683, 1 vol. in-12.

Entretiens sur la Métaphysique et la Religion, 1688, 2 vol. in-12.

Traité de l'Amour de Dieu, 1697, 1 vol. in-12.

Traité de l'Ame, 1 vol. in-12.

Réflexion sur la Prémotion physique, etc.

MANNORY, né à Paris en 1696, mort en 17...

Plaidoyers et Mémoires contenant des questions intéressantes, etc. 1759 et suiv., dix-sept vol. in-12.

MARIVAUX, né à Paris en 1688, mort en 1763.

Théâtre , 4 vol. in-12.

Télemaque travesti , 1734, 4 vol. in-12.

Le Spectateur français, 2 vol. in-12.

Le Philosophe indigent , 2 vol. in-12.

Vie de Marianne , 2 vol. in-12.

Le Paysan parvenu , 1 vol. in-12.

Le nouveau Don Quichotte. . . . . .

MARMONTEL, né à Bort en 1719, mort en l'an VII.

Aristomènes , tragédie , 1750 , in-12.

Cléopâtre , tragédie , 1750, in-12 et 1784, in-8.º

Les Heraclides , tragédie , 1751 , in-12.

Vinceslas , (par Rotrou) retouché , 1759 , in-8.º

Hercule mourant , tragédie , 1761 , in-12.

Contes moraux. Paris , 1770 , 4 vol. in-12.

Poétique française , 1763 , 3 vol. in-8.º

La Bergère des Alpes , 1766 , in-8.º

Bélisaire , 1767 , 1 vol. in-8.º

La Pharsale , traduite du latin , de Lucain , 1766, 2 vol. in-8.º

La nouvelle Annette et Lubin , 1767 , in 8.º

Le Huron , opéra en 2 actes , 1768 , in-8.º

Lucile , opéra en un acte , 1769 , in-8.º

Sylvain , opéra en un acte , 1770 , in-8.º

Zemire et Azor , comédie , ballet , en 4 actes , 1771 , in-8.º

L'Ami de la Maison, opéra en 3 actes , 1772 , in 8.º

Essai sur la révolution de la Musique en France , 1772 , in-8.º

La Fausse Magie, opéra en un acte, 1775, in-8.º

Cephale et Procris, tragédie lyrique en 3 actes, 1775, in-8.º

Les Incas, ou la Destruction de l'empire du Pérou, 1777, 2 vol. in-8.º

Didon, tragédie lyrique, 1784, in-8.º

Roland, tragédie lyrique (de Quinault), mise en trois actes, 1778, in-4.º

Elémens de Littérature, 1787, 6 vol. in-8.º

Démophon, tragédie lyrique, en 3 actes, 1789, in-8.º

Nouveaux Contes moraux, 1792, 2 vol. in-12.

Œuvres complettes, 1787, 17 vol. in-8.º ou in-12.

Il a travaillé pour l'Encyclopédie, et a fait encore des discours, des pièces fugitives, etc.

MASSILLON, né à Hieres en 1663, mort en 1742.

Œuvres complettes, 1745 -- 1746, 14 vol. in-12, ou 12 tom. petit papier : elles renferment un Avent et un Carême complets, des Oraisons funèbres, des Discours, des Panégyriques, dix Discours formant le Petit-Carême ; des Conférences ecclésiastiques ; des Paraphrases.

MAUPERTUIS, né à Saint-Malo en 1698, mort en 1759.

Œuvres. Lyon, 1756, 4 vol. in-8.º

On y trouve la majeure partie des ouvrages suivans :

La figure de la terre déterminée,

La mesure d'un degré du méridien,

Discours sur la figure des astres,

Elémens de Geographie,

Astronomie nautique ,

Dissertation physique à l'occasion d'un nègre blanc,

Venus physique ,

Essai de Cosmologie ,

Réflexions sur l'origine des Langues ,

Essai de Philosophie morale ,

Plusieurs Lettres et un Eloge de Montesquieu.

MAURY, né à Valreas en 1746.

Eloge du Dauphin , 1766 , in-8.º

— De Stanislas-le-Bienfaisant , 1766 , in-8.º

— De Charles V , roi de France , 1767 , in-8.º

— De Fénélon , 1771 , in-8.º

Panégyrique de Saint Louis , 1772 , in-8.º

Discours choisis sur divers sujets de Religion et de Littérature , 1777 , un vol. in-12.

Principes de l'éloquence pour la chaire et le barreau, 1772 , un vol in-12.

Opinion sur le droit de faire la guerre , etc. , 1790, in-8.º

— Sur les Finances et la Dette publique , 1790 , in-8.º

— Sur l'Affaire de la dot de la reine d'Espagne, 1791 , in-8.º

— Sur la Réunion d'Avignon à la France , 1791, in-8.º

— Sur la Régence , 1791 , in-8.º

Réflexions sur la Constitution civile du Clergé , 1790, in-8.º

Epistola pastoralis ad Clerum et Populum utriusque Diœcœsis suœ (Montisfaloci et Corneti , Montefiascone et Corneto.) Romœ , 1794 , 1 vol. in-8.º

Pensées et Maximes , 1791 , 1 vol. in-8.º

MERCIER, né à Paris, en 1740.

Histoire d'Izerben, poëte arabe, 1766, 1 vol in-12.
L'Homme Sauvage, 1767, 1 vol. in-8.º
Songes philosophiques, 1768, 1 vol. in-12.
La Jolie Femme, 1769, 2 vol. in-12.
Contes moraux, ou les Femmes comme il y en a
peu, 1769, 2 vol. in-12.
L'an 2440, Songe, s'il en fut jamais, 1770, 1 vol.
in-8.º ; dernière édition, 1795, 3 vol. in-8.º
Le Déserteur, drame en 5 actes, 1770, in-8.º
Olinde et Sophronie, drame en 5 actes, 1771, in-8.º
L'Indigent, drame en 4 actes, 1772, in-8.º
Le faux Ami, drame en 3 actes, 1772, in-8.º
Jean Hennuyer, évêque de Lisieux, drame en 3 actes,
1772.
Childeric, premier Roi de France, drame en 3 actes,
1774, in-8.º
Le Juge, drame en 3 actes, 1774, in-8.º
Natalie, drame en 3 actes, 1775, in-8.º
La Brouette du Vinaigrier, drame en 3 actes, 1775,
in-8.º
Molière, drame imité de Goldoni, en 5 actes, 1776,
in-8.º
Le Gentillâtre, comédie en 3 actes, 1792, in-8.º
Les Tombeaux de Vérone, drame en 5 actes, 1792,
in-8.º
Zoé, drame en 3 actes, 1782, in-8.º
L'Habitant de la Guadeloupe, comédie en 4 actes,
1784, in-8.º
Montesquieu à Marseille, pièce en 3 actes, 1784, in-8.º

La Maison de Molière, comédie en 5 actes, 1788, in-8.o

Charles II en certain lieu, comédie en 5 actes, 1788, in-8.o

Le Vieillard et ses trois Filles, pièce en trois actes, 1792, in-8.o

Timon d'Athènes, pièce en 5 actes, 1794, in-8.o

Du Théâtre, ou nouvel Essai sur l'Art dramatique, 1773, 1 vol. in-8.o

De la Littérature et des Littérateurs, 1778, 1 vol. in-8.o

Le Tableau de Paris, 1782 — 89, 12 vol. in-8.o

Mon Bonnet de Nuit, 1783, 4 vol. in-8.o

Mon Bonnet du Matin 1787, 4 vol. in-12.

Portraits des Rois de France, 1783, 4 vol. in-8.o

Notions claires sur le Gouvernement, 1788, 2 v. in-8.o

Les Malheurs du Sentiment, traduit de l'anglais de Fielding, 1789, 2 vol. in-12.

De l'Association des Princes du Corps germanique, 1739, 1 vol. in-8.o

Songes et Visions philosophiques, 1789, 2 vol. in-8.o

Fictions morales, 1792 : 3 vol. in-8.o

Fragmens de Politique et d'Histoire, 1794, 3 vol. in-8.o

Beaucoup d'autres écrits, soit avant la révolution, soit dans les journaux, soit à l'Institut.

MILLOT, né à Besançon en 1726, mort en 1785

Essai sur l'Homme, traduit de l'anglais, de Pope, 1761, in-12.

Harangues choisies des Historiens latins, 1764, vol. in-12.

Harangues d'Eschine et de Démosthènes , sur la Couronne , 1764 , in-12.

Elémens de l'Histoire de France depuis Clovis jusqu'à Louis XV , 1767 -- 69 , 3 vol. in-12.

Elémens de l'Histoire d'Angleterre depuis la conquête romaine jusqu'à Georges II , 1769 , 3 vol. in-12.

Elémens de l'Histoire générale ancienne , 1772 , 4 vol. in-12.

Elémens de l'Histoire générale moderne , 1772 , 5 vol. in-12.

Histoire littéraire des Troubadours , 1774 , 3 vol. in-12.

Mémoires politiques et militaires , pour servir à l'Histoire de Louis XIV et Louis XV , 1777 , 6 v i.n-12.

Beaucoup de discours académiques.

MIRABEAU , né en 1750...., mort à Paris en 1791.

Des Lettres de cachet et des Prisons d'état , 1782 , 2 vol. in-8.o

Erotika Biblion , 1783 , 1 vol. in-8.o

De la Monarchie prussienne sous Frédéric-le-Grand , 1788 , 4 vol. in-4.o , ou 8 vol. in-8.o

Histoire secrète de la cour de Berlin , 1789, 3 vol. in-12.

Histoire d'Angleterre , depuis l'avénement de Jacques I.er jusqu'à la révolution , trad. de l'anglais , de Catherine Macaulay Graham , 1791 , 2 vol. in-8.o

Théorie de la Royauté , d'après la doctrine de Milton , 1771 , 1 vol. in-8.o

Collection complète des travaux de Mirabeau à l'assemblée nationale , etc. , publiée par Etienne Méjan , 1791 , 5 vol. in-8.o

Lettres originales de Mirabeau, écrites du donjon de Vincennes pendant les années 1777 -- 80, contenant tous les détails sur sa vie privée, ses malheurs et ses amours avec Sophie de Ruffei, marquise de Monnier. Par P. Manuel, 1792, 4 vol. in-8.º

Essai sur le Despotisme, troisième édition, 1792, 1 vol. in-8.º

Elégies de Tibulle, et Baisers de Jean second, 1796, 3 vol. in-8.º

Lettres de Mirabeau à Champfort, 1796, 1 vol. in-8.º

Beaucoup d'autres écrits détachés.

Son père a donné l'Ami des hommes, 1756 -- 60, 6 vol. in-4.º, ou 8 vol. in-12. et la Théorie de l'impôt, 1 vol. in-12, ou in-4.º, ainsi que les Elémens de la Philosophie rurale, 1768, 1 vol. in-12, etc., etc.

Il n'est point auteur du Système de la Nature, que l'on a ensuite attribué à tort à M. Mérian. Cet ouvrage est du Baron d'Holbac.

MONTALEMBERT, né en . . . . .

La Fortification perpendiculaire, 1776 -- 1794, 10 vol. in-4.º

Mémoires historiques sur la fonte des canons, 1758, in-4.º

Plusieurs autres ouvrages et des Mémoires dans le Recueil de l'Académie des sciences.

NEWTON, né en 1642, mort en 1727.

Principia mathematica Philosophiæ naturalis, 1687, 1 vol. in-4.º

Optique ou Traité de la lumière des couleurs, trad. par Coste, 1722, 1 vol. in-4.º

La Chronologie des anciens Royaumes , corrigée ,
1728 , 1 vol. in-4.o

Arithmétique universelle.

Analysis per quantitum series , fluxiones et differen-
tias , etc.

NICOLE , né à Chartres en 1625 , mort à Paris en 1695.

Essais de Morale. Paris , 1704 , 13 vol. in-12.

Traduction latine des Lettres provinciales avec des
notes , sous le nom de Wendrock , première édition ,
1658 ; seconde édition , 1665 , 3 vol. in-12.

Epigrammatum Delectus , 1 vol. in-12.

Une infinité d'autres ouvrages sur la Théologie.

NOLLET , né à Pimpré en 1700 , mort à Paris en 1770.

Leçons de Physique expérimentale , 1745 , 6 vol. in-12.

L'Art des Expériences , 1770 , 3 vol. in-12.

Essai sur l'Electricité , 1750 , 1 vol. in-12.

Lettres sur l'Electricité , 1760 , 3 vol. in-12.

Programme d'un Cours de Physique expérimentale ,
1738 , 1 vol. in-12.

Recherches sur les Phénomènes électriques , 1749 ,
1 vol. in-12.

D'OLIVET , né à Salins en 1682 , mort en 1768.

Entretiens de Ciceron sur la nature des Dieux , trad. ,
1765 , 2 vol. in-12.

Philippiques de Démosthènes et Catilinaires de Ciceron, traduites avec le président Bouhier , 1765 , 1 vol.
in-12.

Histoire de l'Académie française, pour servir de suite à celle de Pelisson, 1 vol. in-12.

Tusculanes de Cicéron, trad. avec Bouhier, 1766, 2 vol. in-12.

Pensées de Cicéron pour servir à l'éducation de la jeunesse, 1 vol. in-12.

Superbe édition latine des Œuvres de Cicéron, 1742, 9 vol. in-4.o

PALISSOT, né à Nancy en 1730.....

L'Apollon Mentor, ou le Télémaque moderne, 1748, 2 vol. in-12.

Coup-d'œil sur les ouvrages modernes, 1751, 1 vol. in-12.

Histoire des Rois de Rome, 1753, 1 vol. in-12; seconde édition sous le titre : Histoire raisonnée des premiers siècles de Rome, 1756, 2 vol in-12.

Le Cercle, ou les Originaux, comédie en un acte en prose, 1755, in-8.o

Petites Lettres sur les grands Philosophes, 1757, 1 vol. in-12.

Le Barbier de Bagdad, comédie en 1 acte, 1758 in-8.o

Les Philosophes, comédie en 3 actes, en vers, 1760 in-12 ; nouvelle édition, 1782, in-8.o

Les Méprises ou le Rival par ressemblance, comédie en 5 actes et en vers, 1762, in-12.

La Dunciade où la Guerre des Sots, poëme en di chants, 1764, in-8.o Beaucoup d'éditions, 1790, in-18 an VII, in-18.

L'Homme dangereux ou le Critique, comédie en 3 actes, en vers, 1177--1782, in-8.o

Les Courtisannes , ou l'Ecole des Mœurs , 1775, in-8.o ;
sous le titre : l'Ecueil des Mœurs , 1782 , in-8.o

Mémoires pour servir à l'Histoire de notre Littérature , depuis François premier jusqu'à nos jours ,
1775 , in-8.o

Eloge de Voltaire , 1778 , in-8.o

Editeur des Œuvres de Voltaire en 55 vol. in-8.o

PANARD , né à Couville en 1691 , mort en 1765.

Théâtre et Œuvres diverses de M. Panard. Paris ,
1763 , 4 vol. in-12.

PASCAL , né à Clermont en 1623, mort en 1662.

Les Provinciales en français , latin , espagnol et italien. Cologne , 1684 , 1 vol. in-8.o

Traité de la Roulette , par A. Dettonville , 1658 ,
1 vol. in-4.o

Traité de l'Equilibre des liqueurs et de la Pesanteur
de la masse de l'air , par Pascal , 1663 , 1 vol. in-12 , fig.

Pensées de Pascal. Paris , 1676 , 1 vol. in-12.

Toutes ses Œuvres , (publiées par M. L. Bossut.)
La Haye , 1779 , 5 vol. in-8.o , fig.

PASTORET , né à Marseille en 1756.

Elégies de Tibulle , traduction nouvelle avec des
notes , et les meilleures imitations qui ont été faites
en vers français , 1783 , 1 vol. in-8.o

Zoroastre , Confucius et Mahomet , comparés comme
sectaires , législateurs et moralistes , avec le tableau
de leurs lois et de leur morale , 1787 , 1 vol. in-8.o

Moyse considéré comme législateur et comme mo-
raliste , 1788 , in-8.o

Des Lois pénales , 1790 , 2 vol. in-8.o

Plusieurs discours académiques.

PAULIAN , né à Nîmes en 1722.

Dictionnaire de Physique , 1761 , 3 vol. in-4.o ; dernière édition , 1789 , 5 vol. in-8.o

Conjectures nouvelles sur les Causes physiques des Phénomènes électriques , 1762 , 1 vol. in-4.o

Traité de paix entre Descartes et Newton , 1763, 3 vol. in-12.

L'Electricité soumise à un nouvel Examen , 1762, 1 vol. in-12.

Analyse des infinimens petits du marquis de l'Hôpital, avec un commentaire pour l'intelligence des endroits les plus difficiles de cet ouvrage, 1768 , 1 vol. in-8.o

Système général de Philosophie , extrait de Descartes et de Newton , 1769 , 4 vol. in-12.

Dictionnaire philosophico-théologique portatif, 1774, 1 vol. in-8.o

Le Guide des jeunes Mathématiciens , etc., 1772, 1 vol. in-8.o

Le véritable Système de la Nature , 1788 , 1 vol. in-8.o

PÉROUSE (la) , né à Alby en 1741 , mort....

Voyage autour du Monde pendant les années 1785-88 , publié par ordre du Gouvernement. Paris , an VI 4 vol. grand in-4.o , ou 4 vol. in-8.o , avec un atlas in folio contenant 71 cartes.

Relation abrégée du Voyage de la Pérouse. Leipsick 1799 , 1 vol. in-8.o , fig.

PIRON, né à Dijon en 1689, mort en 1771.

Gustave, tragédie, 1733, in-8.o

La Métromanie, comédie en vers, en 5 actes, 1738, in-8.o

Callisthènes, tragédie, 1730, in-8.º

Fernand Cortez, tragédie in-8.ʼ

Beaucoup de petits opéras, des comédies, des pièces fugitives, etc. On a donné en 1776 toutes ses œuvres en 7 vol. in-8.º, ou 9 vol. in-12.

PLUCHE, né à Reims en 1688, mort en 1761.

Le Spectacle de la Nature, 1745, 9 vol. in-12, fig.

Histoire du Ciel. Paris, 1778, 2 vol. in-12, fig.

De Linguarum artificio, traduit sous le titre de la Méchanique des Langues, 1751, 1 vol. in-12.

Concorde de la Géographie des différens âges. Paris, 1764, 1 vol. in-12.

Harmonie des psaumes, etc. 1 vol. in-12.

POETES ÉPIQUES, par ordre chronologique.

HOMÈRE, Grec, a composé ses poëmes à-peu-près 1000 ans avant J. C. L'*Iliade* en 24 chants, et l'*Odyssée* aussi en 24 chants. Ils ont été traduits par madame Dacier, par Lebrun, par Bitaubé, par Gin, et en vers par Rochefort.

LUCRÈCE, Latin, 100 ans avant J. C. *De rerum Naturâ*, poëme en six livres.

L'édition latine donnée par Coutellier, 1774, 1 vol. in-12, est très-bonne. On estime la traduction de Lagrange. Paris, 1768, 2 vol. in-8.o, fig.

VIRGILE , Latin , 70 ans avant J.-C. L'*Énéide* , poëme en 12 chants.

LUCAIN , Latin , 39 ans depuis J.-C. *La Pharsale* , poëme en 10 chants , trad. par Marmontel. Paris , 1766 , 2 vol. in-8.º ; et en vers français par Brébeuf.

PÉTRONE , Latin , à-peu-près dans le même tems que Lucain. Poëme sur *la Guerre civile* , traduit par le président Bouhier. Amsterdam , 1737 , 1 vol. in-4.º

SILIUS-ITALICUS. Latin , 68 ans depuis J.-C. Le poëme de *la seconde Guerre punique* , en dix-sept livres , dont l'édition latine d'Alde , 1523 , in-8.º , et celle d'Utrecht , 1717 , in-4.º , sont estimées.

STATIUS (*Publius-Papinius*), Latin, 100 ans depuis J.-C. Les poëmes de *la Thébaïde* en douze livres , et l'*Achilleïde* en deux livres. On a en outre de lui les *Sylves* en cinq livres. Cet auteur a été traduit par l'abbé de Marolles. Paris , 1658 , 3 vol. in-8.º (latin et français.)

LE TRISSIN (*Jean-George*), Italien , 1478. *Italia liberata da Gothi* , poëme en vingt-sept chants. L'édition italienne donnée par l'abbé Antonini. Paris , 1729 , 3 vol. in-8.º , est très-bonne.

CAMOENS (*Louis* de), Portugais , 1524. *La Lusiade*, poëme héroïque en dix chants , traduit en français par Duperron-Castéra. Amsterdam , (Paris) 1735, 3 vol. in-12 , fig. , et par La Harpe , 1776 , 2 vol in-8.º

ARIOSTE (*Louis*) , Italien , 1533. *Roland le Furieux* poëme en 46 chants. Il a été traduit par Rosset

1 vol. in-4.o ; par Lesage, 1720, 2 vol. in-12 ;
par Mirabaud, 1741, 4 vol. in-12, et par Tressan,
1780, 5 vol. in-12.

LE TASSE, Italien, 1544. *Jerusalem liberata*, poëme
en 20 chants. Il a été traduit en prose, en français, 1595, 1 vol. in-4 o ; par Baudouin, 1648,
1 vol. in-8.o ; par Mirabaud, 1724, 2 vol. in-12 ;
et par Lebrun, 1774, 2 vol. in-12 ; et en vers
français, en cinq chants, par Leclerc, Paris, 1667,
in-4.o ; par Vincent Sablon, Paris, 1671, 2 vol.
in-16, fig.; et par Baour-Lormian, 1795, 2 vol.
in-8.o

ALONZO D'ERCILLA *y Cunega*, Espagnol, 1590 ;
Araucana, poëme en 36 chants.

Jean MILTON, Anglais, 1608. *Le Paradis perdu*,
poëme en douze chants, et *le Paradis reconquis*,
poëme en quatre chants. Traduction en français de
ces deux poëmes, avec les remarques d'Adisson.
Paris, 1778, 3 vol. in-12.

FÉNÉLON, Français, 1651. *Télémaque*, poëme en prose,
en vingt-quatre livres.

VOLTAIRE. Français, 1723. *La Henriade*, poëme en
dix chants. Il existe beaucoup de belles éditions de
la Henriade. Celle de Palissot passe pour la plus
correcte ; Londres, (Paris), Moutard, 1784, gr.
in-8.o *La Pucelle*, du même auteur, en vingt-un
chants, peut aussi passer pour un poëme épique ;
l'édition de Buckingham, gr. in-8.o est très-belle.

KLOPSTOCK, Allemand, 176.... *La Messiade*, poëme

en dix chants , traduit en français. Paris, 1769 ;
2 vol. in-12.

BITAUBÉ , Français. — *Guillaume de Nassau* , poëme
en dix chants. Il est aussi l'auteur de *Joseph* ,
poëme en neuf chants.

MASSON , français, — *Poëme des Helvétiens* , en huit
chants , an VIII , 1 vol. in-12.

PUFENDORFF , né à Fleh en 1631 , mort à Berlin en 1694.

Le Droit de la Nature et des Gens , traduit par
Barbeyrac , 1750 , 2 vol. in-4.º
Introduction à l'Histoire de l'Univers , 1753 , 8 vol.
in-4.º
Histoire de Charles-Gustave, roi de Suède , 1697 ,
2 tomes in-folio.
Histoire de Suède , depuis l'expédition de Gustave-
Adolphe en Allemagne , jusqu'à l'abdication de Chris-
tine , c'est-à-dire , depuis 1628 jusqu'en 1654.
Elementorum Jurisprudentiæ universalis , *libri duo.*
Severini de Mozambano , *de statu Imperii Germanici,*
1 vol. in-12.
Dissertations académiques , etc. , etc.

RABELAIS , né à Chinon en 1483, mort en 1553.

Œuvres complettes. Bastien , 1783 , 2 vol. in-8.º
Ce libraire vient d'en donner une superbe édition en
2 vol. in-fol., in-4.º , ou 3 vol. in-8.º avec 76 gravures.

CLEMENÇET , né à Painblanc en 1704 , mort à Paris en 1778,

Et Clement, né à Brezé, en 1714, mort à Paris en 1794.

L'Art de vérifier les Dates ; 3.ᵉ et dernière édition, 3 vol. in-fol. Le premier a paru en 1783, le second en 1784, le troisième en 1787, et les Tables en 1792.

Clement a laissé des manuscrits pour une nouvelle édition de l'Art de vérifier les Dates, et pour un ouvrage sur l'Art de vérifier les Dates avant J.-C.

Rozier, né à Lyon en 1734, mort en 1793.

Cours complet d'Agriculture, 1783–1796, 9 v. in-4.º, fig. Le dixième et dernier volume vient de paraître.

Le Manuel du Jardinier, 1795, 2 vol. in-18.

Beaucoup de mémoires sur l'Economie rurale.

Il a beaucoup contribué aux succès du Journal de Physique commencé par d'Agoty en 1752, et continué par Mongez.

Saint-Foix, né à Rennes en 1698, mort à Paris en 1776.

Pandore, comédie en un acte, en prose, 1721, in-8.º

La Veuve à la Mode, en 3 actes, en prose, 1725, in-8.º

Le Philosophe, dupe de l'Amour, en 1 acte, en prose, 1726, in-8.º

Le Contraste de l'Amour et de l'Hymen, en 3 actes, en prose, 1727, in-8.º

L'Oracle, en 1 acte et en prose, 1740, in-8.º

Pyrrha et Deucalion, en 1 acte, 1741, in-8.º

Le Sylphe, en 1 acte et en prose, 1743, in-8.º

L'Isle Sauvage, en 3 actes et en prose, 1743, in-8.°

Les Grâces, en 1 acte, 1744, in-8.o

Julie ou l'Heureuse Epreuve, en 1 acte, 1746, in-8.°

Egérie, en un acte, 1747, in-8.o

Arlequin au Sérail, en 1 acte, 1747, in-8.o

Les Métamorphoses, en 4 actes, 1748, in-8.o

La Colonie, en 3 actes, 1749, in-8.o

Le Rival supposé, en 1 acte, 1749, in-8.o

Les Hommes, en 1 acte, 1753, in-8.o

Le Derviche, en 1 acte, 1755, in-8.o

Le Financier, en 1 acte, 1761, in-8.o

Essais historiques sur Paris, dernière édition, 1776, 6 vol. in-12.

Lettres Turques, 1750, 1 vol. in-12.

Histoire de l'Ordre du Saint-Esprit, 1767, 2 v. in-12.

SAVERIEN, né à Arles en 1721.

Discours sur la Navigation et sur la Manœuvre des vaisseaux, 1744, 2 vol. in-4.o

Recherches historiques sur l'Origine et les Progrès de la construction des navires des anciens, 1744, 1 vol. in-4.°

L'Art de mesurer sur mer le sillage des vaisseaux, 1750, 1 vol. in-8.°

Description et usage des Sphères et Globes, 1750, 1 vol. in-12.

Traité des Instrumens pour observer les astres sur mer, 1752, 1 vol. in-12.

Dictionnaire de Mathématiques et de Physique, 1753, 2 vol. in-4.°

Histoire critique du Calcul des Infinimens petits, 1754, 1 vol. in-8.°

Dictionnaire historique , théorique et pratique de Marine , 1758, 1 vol. in-8.⁰

Histoire des Philosophes modernes , avec leurs portraits ou allégories , 1762 , 1769 , 8 vol. in-4.ª ou in-12.

Histoire des Progrès de l'esprit humain dans les sciences exactes et dans les arts qui en dépendent , 1769 , 1 vol. in-8.ª

Histoire des Philosophes anciens jusqu'à la renaissance des lettres , avec leurs portraits. 1771 , 5 vol. in-12.

SCARRON , né à Paris en 1610 , mort en 1660.

Ses Œuvres ont été recueillies par Bruzen de la Martinière , en 10 vol. in-12 , 1737 ; et par Bastien , en 7 vol. in-8.⁰ , en 1786.

Il a fait l'Enéide travestie , Typhon ou la Gigantomachie , des Comédies , le Roman comique , des Nouvelles espagnoles , des Poésies fugitives , des Lettres , etc.

SWIFT , né à Dublin en 1667 , mort en 1745.

Cadenus et Vanessa , poëme.

Les Voyages de Gulliver à Liliput , et traduits par Desfontaines , 2 vol. in-12.

Le Conte du Tonneau , par Van-Effen , 1 vol. in-12.

Le grand Mystère , ou l'Art de méditer sur la garderobe , avec des Pensées hardies sur les Etudes , la Grammaire , la Réthorique et la Poétique , traduit par Lesage , 1729 , 1 vol. in-8.⁰

Production d'Esprit, contenant tout ce que les Arts et les Sciences ont de rare et de merveilleux ; 1736 , 2 vol. in-12.

La Guerre des Livres.

Les Lettres du Drapier, Journal , etc.

THOMPSON , né à Eden en Ecosse , mort en 1748.

Les Saisons , poëme , trad. par madame Bontems, 1759 , 1 vol. in-8.º

Un Hymne au Créateur , traduit par l'abbé Yart.

Le Panégyrique de Newton , en vers.

Plusieurs pièces de Théâtre.

Ses Œuvres , en anglais , sont imprimées à Londres, 1762 , 2 vol. in-4.º

THOU (de), né à Paris en 1553 , mort en 1617.

Histoire de son tems , depuis l'an 1543 jusqu'en 1607, en 138 livres , (latin). Londres , 1733 , 7 vol. in-fol.; traduite en français , Paris , 1749 , 16 vol. in-4.º , et Hollande 11 vol. in-4.º

De re accipitraria , poëme en trois livres , 1584, 1 vol. in-4.º

Poésies sur le Chou , la Violette , le Lys et autres fleurs , 1611 , 1 vol. in-4.º

Poemata sacra. Paris , 1599 , 1 vol. in-8.º

Vie de de Thou , par Durand , 1 vol. in-8.º

TOURNEUR (le), né à Valogne en 1736 , mort à Paris en 1788.

La jeune Fille séduite et le Courtisan Hermite; contes traduits de l'anglais , 1769 , 1 vol. in 8.º

Les Nuits et Œuvres diverses d'Young , traduites de l'anglais , 1770 , 4 vol. in-8.º

Méditations sur les Tombeaux , trad. de l'anglais d'Hervey (avec Peyron ,) 1770 , 1 vol. in-8.º

Théâtre de Shakespeare, traduit de l'anglais, 1776--781, 20 vol. in-4.º, ou 20 vol. in-8.º

Ossian, fils de Fingal, poésies galliques, trad. de l'anglais, de Macpherson, an VIII, 2 vol. in-8.º, fig.

Clarisse Harlowe, traduction nouvelle, seule complète, 1784--87, 10 vol. in-8.º

Choix d'Élégies d'Arioste, trad. de l'italien, 1785, 1 vol. in-8.º

Voyage au Cap de Bonne-Espérance et autour du Monde, par André Sparmann, traduit de l'anglais, 1787, 3 vol. in-8.º

La Vie de Frédéric, baron de Trenck, traduit de l'allemand, 1788, 3 vol. in-12.

Mémoires intéressans d'une Lady, 1788, 2 vol. in-12.

Plusieurs autres ouvrages de littérature, des éloges, des discours, etc., etc.

TOUSSAINT, né à . . ., , mort à Berlin en 1772.

Les Mœurs, 1771, 3 vol. in-12.
Eclaircissemens sur les Mœurs, 1762, 1 vol. in-12.
Essai sur le Rachat des rentes, 1751, 1 vol. in-12.
Histoire des Passions, 1756, 2 vol. in-12.
La Vie du petit Pompée, traduite de l'anglais, 1752, 2 vol. in-12.
Histoire de Will. Pickle, 1753, 4 vol. in-12.

TURPIN, né en 1709, mort à Paris en 1799.

Vie de Louis de Bourbon, Prince de Condé, 1767, 2 vol. in-12.
Vie du Maréchal de Choiseuil, 1768, 1 vol. in-12.
Histoire du Gouvernement des anciennes Républiques,

où l'on découvre les causes de leur élévation et de leur dépérissement, 1769, 4 vol. in-12.

Histoire civile et naturelle du Royaume de Siam, jusqu'en 1770, 1771, 2 vol. in-12.

Cyrus, tragédie en 5 actes, 1773, in-8.º

Histoire de la Vie de Mahomet, 1773, 2 vol. in-12; En 1780, a paru le 3.º vol.

Histoire de l'Alcoran, où l'on découvre le Systême politique du faux Prophète, et les sources où il a puisé sa législation, 1775, 2 vol. in-12.

La France illustre, ou le Plutarque Français, 1775 et 1782, 4 vol.

Les Fastes de la Marine française, 1784, in-8.º

Suite des Révolutions d'Angleterre, par Dorleans, 1736, 2 vol. in-8.º

Histoire de Louis de Gonzague, 1789, 1 vol. in-8.º

Histoire des Hommes publics tirés du tiers-état; 1789, 2 vol. in-8.º

LE VAILLANT, né à Paramaribo en....

Voyage dans l'intérieur de l'Afrique par le cap de Bonne-Espérance dans les années 1780---1787. Paris, 1789, 2 vol. in-8.º

Second Voyage dans l'intérieur de l'Afrique, 1796, 3 vol. in-8.º

Histoire naturelle des Oiseaux d'Afrique, 1796, première livraison in-fol., ou in-4.º enluminé, ou en noir.

Grande carte d'Afrique.

VANIERE, né à Causse, en 1664, mort à Toulouse en 1739.

prædium rusticum, 1746, 1 vol. in-12.
Traduction par Berland, 1756, 2 vol. in-12.
Opuscula, 1 vol in-12.
Dictionnaire poétique, latin, 1710, 1 vol. in-4.o

VERTOT, né en Normandie en 1655, mort à Paris en 1735.

Histoire des Révolutions de Suède, 1768, 2 v. in-12.
Les Révolutions de Portugal, 1722, 1 vol. in-12.
Les Révolutions romaines, 1737, 3 vol. in-12.
L'Histoire de Malte, 1726, 4 vol. in-12, ou 1752, 5 vol. in-12, ou 1761, 7 vol. in-12.
Des dissertations, des mémoires, etc., etc.

VOLNEY, né en.....

Voyage en Syrie et en Egypte pendant les années 1783---85, dernière édition. Paris, an VII, 2 vol. in-8.o
Considérations sur la guerre actuelle des Turcs, 1788, 1 vol. in-8.a Cet ouvrage est joint à la dernière édition du Voyage en Syrie.
Les Ruines ou Méditations sur les Révolutions des Empires, dernière édition, an VII, 1 vol. in-8.o
La Loi naturelle, ou Catéchisme du citoyen Français, 1793, 1 vol. in-18. Cet ouvrage est joint à la dernière édition des ruines.
Simplification des Langues orientales. Paris, an III, 1 vol. in-8.o
Leçons d'Histoire, dernière édition. Paris, an VIII, 1 vol. in-8.o

PETITE BIBLIOTHÈQUE PORTATIVE,

OU COLLECTION DE FORMATS IN-18.

BIBLIOTHÈQUE universelle des Dames, renfermant les classes suivantes :

Ière. CLASSE. Voyages . . . . . 20 vol.
II°. CLASSE. Histoire ancienne . . 13
      Histoire moderne 17
IIIe. CLASSE. Grammaire 1
      Orthographe et versification . 1
      Logique et réthorique . . . 1
      Mythologie 1
      L'Odyssée, trad. 3
      Poëtes grecs, trad. . . . 3
      Poëtes latins, trad. . . . 5
IVe. CLASSE. Théâtre 13
Ve. CLASSE. Romans 24
VIe. CLASSE. Morale. 17
VII°. CLASSE. Mathématiques . . 9
VIIIe. CLASSE. Physique et Astronomie. 6
IXe. CLASSE. Histoire naturelle . . 15
Xe. CLASSE. Médecine et musique. . 5
      Atlas 2

Cette collection, qui a paru par souscription, a commencé en 1785, et renferme 156 volumes.

Œuvres complètes de Voltaire, édition de Servière, 30 vol.

Œuvres de J.-J. Rousseau, édition de Paris, 37 vol., figures.

Œuvres complettes de Montesquieu, avec des notes
l'Helvétius sur l'Esprit des lois, et des Pensées diverses, extraites des manuscrits de l'auteur. Paris,
Didot l'aîné, 1795, 12 vol.

Œuvres de Mably. Paris, Bossange, 1797, 24 vol.

Histoire philosophique et politique des Etablisse-
mens et du Commerce des Européens dans les deux
Indes, par G.-Th. Raynal. Genève, 1795, 17 vol.

Histoire naturelle de Buffon, classée par ordre,
genres et espèces, suivant le systême de Linné, avec
les caractères génériques et la nomenclature linnéenne.
Paris, Deterville, an VII, 26 vol., fig.

Œuvres complètes d'Helvétius, nouvelle édition faite
sur les manuscrits communiqués par sa famille. Paris,
Didot l'aîné, 1795, 14 vol.

Œuvres de Condillac, nouvelle édition. Paris,
Batilliot frères, an VII, 25 vol.

Œuvres philosophiques de Cicéron. Paris, Didot,
1795, 10 vol.

Œuvres complètes d'Homère, traduction nouvelle,
avec des remarques, précédée de réflexions sur Homère, et sur la traduction des poëtes, par Bitaubé.
Paris, Didot l'aîné, 1787, 14 vol.

Joseph, poëme, par Bitaubé, 1797, 2 vol., fig.

Œuvres de Jean-Baptiste Rousseau. Paris, an VI—
1797, 5 vol.

Œuvres de Racine. Paris, Didot l'aîné, 1784, 5 vol.

Œuvres complètes de Florian et sa vie. Paris, Didot,
1786—1800, 22 vol., fig., y compris le dernier des
œuvres posthumes, contenant Rosalba, plusieurs Fables,
Guillaume Tell et la Vie de Florian, par Jauffret.

Œuvres complettes de Berquin. Paris, 55 vol.

Aventures de Télémaque. Paris, Didot l'aîné, 1783, 4 vol.

Discours sur l'Histoire universelle de Bossuet. Paris, Didot, 1784, 4 vol.

Fables de la Fontaine. Paris, Didot, 1787, 2 vol.

Contes et Nouvelles, en vers, par la Fontaine. Paris, Didot, 1795, 2 vol.

Œuvres de Boileau. Paris, Didot, 1788, 3 vol.

Les Saisons, poëme par St.-Lambert. Paris, Didot, 1795, 2 vol.

Collection des Moralistes anciens, donnée par Didot, savoir :

Manuel d'Epictète, 1782, 1 vol.

Morale de Confucius, 1782, 1 vol.

Morale de divers Chinois, 1782, 1 vol.

Morale de Sénèque, 1782, 3 vol.

Morale d'Isocrate, 1782, 1 vol.

Morale de Ciceron, 1782, 1 vol.

Caractères de Théophraste, 1783, 1 vol.

Sentences de Théognis, 1783, 1 vol.

Morale de Socrate, 1783, 2 vol.

Apophthegmes des lacédémoniens, 1794, 1 vol.

Pensées de Plutarque, 1794, 2 vol.

Vies et Apophthegmes des Philosophes grecs, 1795, 1 vol.

Morale de Jésus-Christ, 1790, 2 vol.

Œuvres de Jacques - Henri Bernardin de St.-Pierre. Paris, 1793, 10 vol.

Œuvres de Gessner. Paris, Crapelet, 1797, 3 vol. figures.

Contes de Jean Bocace. Paris, Deterville, 10 vol. fig.

Contes des Fées, ou les Enchantemens des bonne

et mauvaises Fées, par madame d'Aulnoy. Paris, an v, 1797, 8 vol.

Contes et Nouvelles de Marguerite de Valois, reine de Navarre. Paris, Deterville, 8 vol., fig.

Œuvres complettes d'Henry Fielding, contenant Amélie, Tom-Jones, Roderick - Random, Joseph Andrews, David Simple, Jonatham Vild, et Voyage dans l'autre Monde. Paris, Ouvrier, 23 vol., fig.

Œuvres choisies de Tressan, contenant Roland l'Amoureux, Roland le Furieux, Petit-Jehan de Saintré, Gerard de Nevers et Zélie l'Ingénue. Paris, 13 vol., fig.

Lettres d'une Péruvienne, par madame de Graffigny, édition augmentée de 15 Lettres inédites. Paris, Didot, 2 vol. in-18, fig.

Chef-d'œuvres des auteurs dramatiques ; collection qui a paru par souscription, et qui se continue à Paris chez Belin, 100 vol. avec 33 portraits.

Œuvres de L. F. Jauffret, contenant l'Art épistolaire, les Merveilles du cops humain, le Théâtre de Famille, le Voyage au Jardin des Plantes, le Dictionnaire étymologique, les Charmes de l'Enfance et les Plaisirs de l'Amour maternel. Paris, 11 vol in-18, fig.

Cet estimable auteur a encore le Courier des Enfans, et les Voyages de Rolando, ouvrages qui paraissent par souscription et périodiquement.

Œuvres de Boulanger. Suisse, 1791, 10 vol. Promenades instructives d'un Père et de ses Enfans, trad. de l'anglais d'Elisabeth, par Lebas. Paris, 3 vol.

Histoire de Gilblas de Sentillane. Paris, Bertin, an VI, 6 vol., fig.

Voyage aux sources du Nil et en Abyssinie, traduit de l'anglais, de James Bruce, par P. F. Henry. Paris, Lepetit, an 8, 9 vol., atlas.

Œuvres de Dumarsais. Paris, Langlois, an VIII, 6 vol.

Voyage du jeune Anacharsis en Grèce, par Barthelemy. Paris, 17 vol.

Lettres sur l'Italie, par Dupaty. Paris, Crapelet, 3 vol., fig.

Œuvres de Gail, contenant Bion, Moschus, Républiques de Sparte et d'Athènes, Callimaque, Epictète et Cébès, Mythologie de Lucien, Idylles de Théocrite, Anacréon. Paris, Gail, 12 vol. avec belles gravures.

Collection de petits formats, de Casin. Paris, Richard, Caille et Ravier, rue Haute-Feuille, n.° 11, 298 vol., fig.

———————————

CETTE petite Bibliothèque, format in-18, est composée de plus de mille volumes. Nous avouons que, dans le nombre des ouvrages que nous y avons indiqués, quelques éditions sont défectueuses ; mais, comme elles sont les seules qui existent de ce format, nous avons été obligés de les citer : elles sont en très-petit nombre. Nous observerons aussi que la collection de Casin offre la répétition de plusieurs articles que nous avons fait entrer dans cette petite Bibliothèque ; mais ce qui nous a décidé à citer ces éditions particulières, c'est qu'elles sortent des presses de Didot et de Crapelet.

Les éditions stéréotypes se font remarquer par la

beauté du caractère, et par la sévère correction des épreuves. Cette collection, digne de la réputation des éditeurs, sera un jour très-intéressante.

Nous ajoutons aux catalogues précédens une note sur les parties détaillées de l'Encyclopédie méthodique, parce qu'on peut se les procurer séparément.

Agriculture, 7 vol. 54 fr.

Amusemens des Sciences physiques, 2 vol., dont un de planches, 27 fr.

Antiquités, 10 vol., 72 fr.

Architecture, 2 vol., 15 fr.

Art aratoire, 1 vol., 9 fr.

Art militaire, 8 vol., dont un de planches, 48 fr.

Arts et Métiers, 24 vol., dont 8 de planches, 198 fr.

Beaux Arts, 4 vol. 30 fr.

Botanique, 16 vol., dont 8 de planches, 288 fr.

Chasse, 1 vol., 9 fr.

Chymie, 4 vol., 48 fr.

Chirurgie, 5 vol., dont un de planches, 54 fr.

Commerce, 5 vol., 42 fr.

Économie politique et diplomatique, 8 vol., 64 fr.

Encyclopédiana, 1 vol., 15 fr.

Équitation, Escrime, Danse et Art de nager, 2 vol., dont un de planche, 15 fr.

Finances, 3 vol., 36 fr.

Forêts et Bois, 1 vol., 9 fr.

Géographie ancienne, 7 vol., dont un d'atlas, 72 fr.

Géographie moderne, 7 vol., dont un d'atlas, 72 fr.

Géographie physique, 2 vol., 15 fr.

Grammaire et Littérature, 6 vol., 48 fr.

Histoire, 10 vol., 72 fr.

Histoire naturelle, 26 vol., dont 12 de planch., 414 fr.

Histoire naturelle des Vers , 3 vol. , dont 1 de planches, 36 fr.

Jeux , 1 vol. , fig. , 10 fr.

Jurisprudence , Police , etc. , 19 vol. , 96 fr.

Logique , 8 vol , 60 fr.

Manufactures , 6 vol. , dont 1 de planches , 72 fr.

Marine , 7 vol. , dont 1 de planches , 72 fr.

Mathématiques , 6 vol. , dont 1 de planches , 72 fr.

Médecine , 13 vol. , 84 francs.

Musique , 1 vol. , 9 fr.

Pêche , 2 vol. , dont 1 de planches , 36 fr.

Philosophie ancienne et moderne, 6 vol. , 48 fr.

Physique , 1 vol. , 15 fr.

Système anatomique de Vic-d'Azir , 1 vol., 15 fr.

Théologie , 6 vol. , 42 fr.

DE L'INSTRUCTION

PUBLIQUE,

ET DE L'INTÉRÊT QU'OFFRE CHAQUE PARTIE

DE L'ENSEIGNEMENT

DANS LES ÉCOLES CENTRALES.

EXTRAIT suivi d'une liste des principaux ouvrages relatifs aux différens Cours *.

Dans une république , *l'instruction est le besoin de tous.* Cette vérité , mille fois répétée et sentie dans tous les tems par les esprits justes et éclairés , a déterminé le législateur français à remplacer les institutions gothiques de l'ancien régime , connues sous le nom d'académies , d'universités et de collèges , par des établissemens utiles , dont les uns , comme l'institut , sont destinés à entretenir le feu sacré , et les

---

* Cet extrait est tiré du discours de rentrée prononcé à l'école centrale de la Haute-Saône , le 10 brumaire an VII , par Gabr. Peig..., éditeur de ce Manuel.

autres, comme l'école polythecnique, les écoles spé-
ciales et les écoles centrales, sont destinés à le communiquer.

Parlerons-nous des avantages de l'instruction et de
sa nécessité dans un gouvernement libre, dans un
gouvernement où chaque citoyen a un droit égal aux
fonctions publiques, dans un gouvernement où, tous les
ans, il y a un concours général de lumières et de vertus
pour parvenir aux magistratures suprêmes ? Compa-
rerons-nous les institutions actuelles aux anciennes ?
en montrerons-nous la supériorité ? Non, Citoyens,
ces deux objets ont été mille fois développés dans
les nombreuses discussions sur l'instruction publique.
Qui pourrait encore douter que les ténèbres de l'ignorance favorisent la tyrannie, et qu'elle ne se soutient
qu'à la fausse lueur du flambeau des préjugés ? Qui
pourrait encore douter que l'ancienne routine scho-
lastique prenait beaucoup de tems, instruisait peu et
ne franchissait jamais les bornes étroites que le despotisme, toujours inquiet, lui avait assignées ? Ces faits
ont été démontrés jusqu'à l'évidence, nous en laisse-
rons donc de côté les preuves multipliées, pour examiner cette question. Le mode d'enseignement suivi
depuis trois ans, une fois consolidé, remplira-t-il le
but que s'est proposé le législateur ? Notre réponse
serait négative si nous écoutions les partisans des vieilles
habitudes, les ennemis nés de toute innovation quelque bonne qu'elle soit ; si nous prêtions une oreille
complaisante aux cris de la calomnie, à la voix des
passions, et si nous partagions l'impatiente animosité
de la malveillance contre tout ce qui tient à un ordr
établi. Mais si la confiance générale environne ce

institutions, si tous les bons citoyens font leurs efforts
pour les affermir et les faire prospérer, si l'on arrache
à la calomnie son dard venimeux, si l'on impose silence aux passions, si l'on comprime la malveillance ; enfin, si la jeunesse se livre d'elle-même à
l'étude, nous croyons pouvoir assurer que le législateur n'a point manqué son but, et que le mode actuel
d'enseigner est propre à remplir les vœux de la patrie,
des pères de famille et des jeunes élèves. En effet,
quelle est la branche d'instruction que la censure la
plus sévère pourrait regarder comme parasite ? Quelle
est celle sur laquelle on oserait porter le fer tranchant
de la réforme ? En est-il une seule, nous ne dirons
pas, inutile, mais indifférente ? En est-il une seule
qu'un jour on pourra se repentir d'avoir suivie ? Non ;
et, pour nous en convaincre, parcourons rapidement
les trois sections qui embrassent toutes les parties de
l'instruction dans les écoles centrales.

Iᵉʳᵉ. SECTION. Dans la première, nous trouvons
le dessin, l'histoire naturelle et les langues anciennes.

DESSIN. Le cours de dessin, l'un des plus suivis,
n'a point été à l'abri d'une critique plus amère que
réfléchie. Cet art, a-t-on dit, est futile, et par conséquent inutile. A quoi bon savoir dessiner une tête ?
à quoi bon savoir manier le crayon ? veut-on faire de
tous les citoyens des peintres ? Censeurs ignorans,
le législateur va lui-même répondre à vos reproches
mal fondés. « Il est, dit-il, une étude que la loi a
» sagement placée à côté de celle des langues, et qui,
» comme elle, semble appartenir à l'âge le plus tendre :
» je veux parler de cet art précieux qui met en quelque

» sorte l'élève en présence de la nature , qui , dans
» le moment où sa main a de la souplesse et de la
» docilité , lui fait observer et saisir les contours et les
» formes que les objets présentent à nos yeux : c'est
» ainsi qu'une agréable variété mêlera des charmes
» à la contension même qu'exige le travail ; l'enfant
» aimera à passer successivement de ses livres à ses
» crayons ; le perfectionnement de ses organes servira
» de délassement à son esprit ; et , à quelque profes-
» sion qu'il veuille ensuite se livrer , quelque métier
» qu'il embrasse , quelque soit l'art auquel il se con-
» sacre , il portera par-tout cet esprit d'observation ,
» cette justesse de coup-d'œil , cette élégance de formes
» dont le dessin lui aura donné le goût et l'habitude. »

Ajoutons que , dans ce cours , on ne se borne pas
seulement à l'art du dessin proprement dit , mais que
l'anatomie , la perspective , l'architecture , le lavis
des plans et l'art de modeler en font successivement
partie. Or, dans toutes ces connaissances, n'y en aura-t-il
pas quelques-unes qui pourront être un jour utiles ,
pour ne pas dire essentielles. Jeunes élèves , méprisez
donc l'injuste critique qui cherche à vous attiédir sur
un art que vous cultivez avec plaisir. Mais quelquefois
déposez vos crayons pour vous occuper des préceptes
des grands maîtres. Vous trouverez dans les Œuvres
des Léonard de Vinci , des Caylus , des Winkelmann,
des Mengs , des Gérard de Lairesse , des Watelet
des Cochin , des Jeaurat , des Sues ; vous trouverez
dis-je , tout ce qui peut former le gout , l'épurer e
le diriger vers le beau et l'utile.

Histoire naturelle. L'histoire naturelle est un

science nouvelle pour la jeunesse ; ce cours est un
bienfait du Gouvernement républicain , bienfait d'autant plus grand qu'il donne la clef d'un million de
connaissances agréables qu'il était honteux d'ignorer.
Dans les ci-devant colléges , avait-on jamais songé
à interroger la nature sur ses productions aussi va-
riées qu'innombrables ? Cette bonne mère était muette ,
parce qu'on ne la consultait point , et la jeunesse se
promenait en aveugle au milieu du riche et magnifique spectacle de l'univers. Jamais leur avait-on parlé
sur les bancs , de l'homme physique et de ses facultés ?
Des variétés de l'espèce humaine , et des différens
animaux qui peuplent le globe ? Jamais leur avait-on
donné les premiers élémens de la botanique , science
qui tient autant à l'utilité qu'à l'agrément. La minéralogie leur était entièrement inconnue ; ils en fou-
laient aux pieds les trésors et ne s'en doutaient pas.
Cette branche de l'instruction va donc procurer aux
élèves des connaissances usuelles et journalières dont
à chaque minute ils pourront faire l'application ; et
ces connaissances leur seront encore plus précieuses
si, aux leçons du professeur, si , à l'étude de la nature ,
ils joignent la lecture des auteurs célèbres dans cette
partie ; s'ils consultent les Linnée , les Tournefort ,
les Jussieu , les Buffon , les Daubenton , les Lacépède ,
les Réaumur , les Bonnet , les Bomare , les Lamarck ,
les Bergmann , alors les progrès seront plus surs et
plus rapides.

LANGUES ANCIENNES. L'étude des langues anciennes
ne peut être indifférente à celui qui veut briller un
jour soit dans la carrière des emplois , soit dans la

carrière des lettres ; mais , parmi ces langues, il en est
deux surtout qui doivent particulièrement fixer son
attention : ce sont les langues grecque et latine. Nous
ne parlerons que de cette dernière , parce qu'elle est
maintenant une espèce de langue universelle dans la
république des lettres ; on n'écrit plus en grec , mais
le latin est la langue usuelle de tous les savans , sur-
tout dans le nord de l'Europe ; elle a survécu à toutes
les autres. Oserions-nous la négliger sans la plus noire
ingratitude ? Elle est la mère de la nôtre ; c'est elle
qui lui a fourni toutes ses beautés ; il est évident
qu'il existe entr'elles deux une identité frappante , une
connexité de principes soutenue , une corrélation parfaite , et elles ne diffèrent que par l'inversion des
constructions , et par un laconisme dont malheureu-
sement la langue française ne pourra jamais atteindre
l'expression.

Si , sous l'ancien régime , on avait la ridicule
manie de consacrer de longues années à l'étude seule
du latin , ne tombons pas dans un excès contraire et
plus pernicieux, en le proscrivant entièrement. Jeunes
élèves , ne vous rebutez point par les difficultés que
font naître ordinairement les définitions abstraites
qui accompagnent le début dans ce travail aride et
épineux , vous en serez un jour bien dédommagés
quand vous pourrez apprécier les immortelles productions des Horace , des Virgile , des Lucrèce , des
Cicéron , des Tacite , des Tite-Live , des Quintilien.
Non , il n'existe pas un homme qui , dans le cours de
sa vie , se soit un seul instant repenti de s'être appli-
qué à l'étude des langues anciennes , et sur-tout du
latin ; et les avantages qu'il a pu en retirer sont incal-

culables : le premier de tous , est de parfaitement connaître sa langue et de la mieux parler.

IIe SECTION. A la seconde section de l'école
appartiennent les cours de mathématiques et de physique et chymie.

MATHÉMATIQUES. Jamais les mathématiques n'ont
été cultivées avec autant d'ardeur que sur la fin du 18.^e
siècle : les progrès surprenans qu'a fait cette science ,
en ont singulièrement reculé les bornes. « Aussi , comme
« l'a dit un homme instruit, les sciences exactes sont
« la mesure la plus précise de notre esprit , de son
« degré de sagacité et de profondeur; elles sont plus
« propres que toutes les autres à étendre la faculté de
« combiner et de réfléchir , à accoutumer au langage
« austère de la vérité , et elles servent de fonde-
« ment à une foule d'arts et de professions utiles. »
Voilà sans doute des motifs suffisans pour déterminer
la jeunesse à fréquenter ce cours ; et c'est après l'avoir
suivi assidûment, qu'elle se trouvera capable de converser avec les Euler, les Dalembert, les Maupertuis ,
les Clairaut , les Cousin , les Lagrange et les Laplace.

PHYSIQUE ET CHYMIE. La physique a été cultivée
dans tous les tems , et le cours dont elle est l'objet
doit être d'autant plus fréquenté , qu'elle s'est beaucoup perfectionnée , et qu'elle n'a pas moins gagné
que les autres sciences aux découvertes dont l'impatiente activité du génie les a enrichies depuis quelque
tems. « Connaître la nature des corps , dit Sigaud la
« Fond , leurs propriétés générales et particulières ,
« leurs affections diverses , les lois de leurs mouvemens,

« leurs actions réciproques ; distinguer et expliquer
« les sensations qu'ils produisent sur les organes de
« nos sens ; observer en général tous les phénomènes
« de la nature, les méditer, les approfondir, en dé-
« couvrir les causes autant qu'il est possible : tel est,
« en peu de mots, l'objet de la physique, la plus éten-
« due des sciences naturelles, et la plus satisfaisante en
« même tems, par la variété et l'utilité de ses connais-
« sances. » On peut donc regarder un cours de physique comme essentiel, puisqu'il est impossible d'ouvrir les yeux et de faire un pas sans sentir la nécessité
de cette science, et sans éprouver la douce satisfaction de la posséder. Plus cette science est attrayante,
plus l'élève doit, pour en tirer beaucoup de fruit,
suivre assidûment les leçons du professeur, étudier
l'art de la précision dans les expériences, et appeler à
son secours les Paulian, les Nollet, les Brisson, les
Sigaud : il trouvera dans l'ouvrage de ces célèbres phy-
siciens tout ce qui peut le conduire au plus haut degré
dans cette belle partie de l'instruction.

Au cours de physique se joint celui de chymie, qui
n'en est qu'une branche consacrée à considérer l'action
réciproque de tous les corps les uns sur les autres, et
les changemens qu'ils éprouvent dans cette action ; elle
fait connaitre les principes dont ils sont composés ; elle
apprend dans quel cas ils se séparent, ils se combinent,
et quel est le résultat de ces opérations ; « enfin, di
« Fourcroi, elle est aussi utile à l'artiste qui emploi
« telle ou telle substance dans ses travaux, qu'au phi-
« losophe qui veut expliquer les effets des météores et
« des révolutions du globe : loin de se borner à enseigne
« l'art de fondre et d'allier les métaux, comme elle l

« faisait autrefois, ses découvertes plus grandes et ses
» spéculations plus heureuses, ont appris à connaitre la
« nature de l'air et de l'eau; elles ont fait voir que ces
« corps n'étaient pas plus des élémens que tous les
« autres; qu'ils étaient au contraire formés de substances
« plus simples ; en un mot, cette science, en agrandis-
« sant, comme les autres, le domaine de l'esprit humain,
« mérite d'occuper un des premiers rangs parmi les
» connaissances utiles. Aussi l'étudie-t-on partout ; il
» est même très-peu de personnes qui ne désirent en
» apprendre au moins les élémens. » Voilà ce que dit
le célèbre Fourcroi ; il pouvait ajouter qu'il est peu
d'états où quelques procédés chymiques ne soient pas
de tems en tems nécessaires , et qu'il en est d'autres
qui ont cette science entière pour base. Quelle obligation la jeunesse n'aura-t-elle pas au gouvernement
dont la munificence l'aura, dès le bas-âge, familia-
risé avec les principes qui font l'objet de ce cours ?
Si la chymie est enfin sortie du cercle étroit où la
médecine la retenait, si elle est maintenant une science
exacte et qui intéresse tous les citoyens , on doit ses
progrès aux Macquer, aux Lavoisier, aux Chaptal,
aux Fourcroi aux, Guitons. Méditez donc, jeunes
élèves, les écrits de ces savans, et vous vous con-
vaincrez encore davantage des services importans
qu'ils ont rendus à l'histoire naturelle , à la physique
et à la chymie elle-même, en créant une nouvelle
nomenclature qu'on regarde , avec raison, comme un
chef-d'œuvre.

IIIe. SECTION. La troisième et dernière section
renferme quatre cours, celui de grammaire générale ,

de belles-lettres, d'histoire et de législation. Nous allons voir que ces cours ne sont pas moins intéressans que ceux dont nous venons de parler.

GRAMMAIRE GÉNÉRALE. La grammaire s'occupe des principes généraux de la formation des langues, c'est-à-dire, des principes communs à toutes les langues: dans l'application de ces principes, elle doit montrer l'influence des mots sur la vérité ou la fausseté de nos jugemens, et faire suivre ainsi la marche de l'esprit humain dans la génération de ses idées ; on peut la considérer comme une des branches de l'art de penser; et, sous ce rapport, elle renferme l'analyse des opérations de l'entendement et la logique, qui sont peut-être les parties les plus utiles de ce cours ; car, si quelques censeurs regardent comme indifférentes, ou comme au-dessus de la portée des élèves, l'étude des principes de la formation des langues et les sciences philosophiques qui en dérivent, ils ne verront sans doute pas du même œil l'art d'analyser nos facultés intellectuelles, de montrer que tout se réduit à la faculté de sentir, et que les idées simples et individuelles produites par les sensations, nous conduisent imperceptiblement et nécessairement aux idées générales. Ce n'est point sans raison qu'on appelle la logique la clef de toutes les sciences ; c'est elle qui enseigne le grand art du raisonnement, et cet art, qui donne à l'esprit et au jugement de l'aplomb et de la solidité, est applicable à tout ce qui tient à l'existence, aux besoins et au bonheur de l'homme. O vous! qui voulez penser avec justesse et parler avec précision, suivez le cours de grammaire générale, ne vous découragez point , quand même les premiers pas que vous ferez dans cette carrière un peu abstraite vous paraîtraient pénibles ! Bientôt les Loke , les Dumarsais et les Condillac vous applaniront toutes les difficultés qui pourraient vous effrayer , et vous lirez avec plaisir leurs écrits , modèles inimitables de pureté , de clarté et de raisonnement.

BELLES-LETTRES. Dans tous les tems on a senti la nécessité d'un cours de belles-lettres ; mais cette nécessité est bien plus impérieuse dans un gouvernement républicain , où l'éloquence est un si puissant levier. Nous ne parlerons point ici des prodiges de l'art de la parole chez les peuples anciens , notre sénat nous en fournit chaque jour de nouveaux. A l'aurore de la révolution , la liberté frappa le sol français , et grand nombre d'orateurs sortirent pour foudroyer les abus de la tyrannie et briser l'idole des préjugés. Oui, c'est à l'éloquence autant qu'à la philosophie que nous devons la république , que nous devons le maintien de la liberté. Pénétrons-nous donc des principes de cet art précieux qui persuade , qui subjugue , qui entraîne , qui éveille les passions , qui leur commande , et qui , se jouant des obstacles , maîtrise l'opinion et la dirige à sa volonté.

Outre l'éloquence , la poésie et tous les différens genres d'écrire appartiennent au cours de belles-lettres. Cette universalité rend ce cours absolument indispensable à tous les élèves. Si l'on n'a pas cultivé , dans sa jeunesse , l'art de bien écrire et de bien parler , la moindre lettre , le plus petit discours , un événement où il faudra porter la parole , embarrasseront et feront repentir d'avoir négligé les leçons de ce cours, infiniment intéressantes sous tous les rapports. Pénétrez-vous donc de ces vérités, jeunes gens qui voulez vous rendre utiles à la société. Soit au sénat, soit au barreau, soit dans les administrations, soit à la tête des armées, soit dans le commerce, il faut savoir écrire, il faut savoir parler le langage propre à chacun de ces emplois ; et si vous vous destinez à l'épineuse carrière d'homme de lettres, la tâche est immense. Dans tous les cas, appliquez-vous dès ce moment à la lecture et à l'analyse raisonnée des morceaux choisis de Démosthènes, de Cicéron, de Daguesseau, de Cochin, de Corneille, de Racine, de Crébillon, de Voltaire, de Molière, de Boileau, de La Fontaine, des Rousseau, de Marmontel et de quantité d'autres auteurs qui font la gloire des lettres, vous y puiserez les principes du goût le plus pur.

HISTOIRE. On n'a jamais mieux éprouvé le besoin d'un cours d'histoire et de géographie que depuis les succès multipliés des soldats de la liberté : en changeant la face de l'Europe, en faisant retentir les quatre parties du monde de la célébrité du nom français, ils ont rendu nécessaires des notions sur la géographie et sur l'histoire, soit des peuples voisins que nous affranchissons, soit des peuples éloignés que nous forçons à l'admiration et au respect. Chaque jour il est question de nations, de pays, de villes, que l'on méconnaît, et dont on ignore la position. Chaque jour on parle d'héroïsme, de gouvernemens ; on agite les intérêts des peuples, et l'on ne connaît point l'histoire, et l'on ne sait pas seulement combien il existe d'espèces de gouvernemens. N'est-ce pas juger des couleurs en aveugles et se lancer à la mer sans boussole ? L'histoire est une des parties de l'instruction qui doit être la moins négligée dans une république Outre la description géographique du globe, qui est de son ressort, combien de leçons utiles ne renferme-t-elle pas pour le citoyen et pour l'homme d'état ? Les crimes des rois y sont gravés en caractères de sang ; les usurpations de vils ambitieux, connus sous le nom de dictateurs, de triumvirs, de protecteurs, y glacent d'effroi l'imagination ; et les guerres civiles, allumées par les passions de quelques monstres, y font gémir sur le sort des peuples qui en ont été victimes. O combien d'exemples que la vertu peut mettre à profit dans un pays bien gouverné, en déroulant les pages de l'histoire ! Heureux élèves, qui sentez déjà pétiller dans vos jeunes cœurs les premières étincelles du patriotisme, fréquentez le cours d'histoire, quelque soit le poste auquel la patrie vous appelle un jour, vous vous souviendrez avec plaisir des connaissances que vous y aurez acquises. Vous sentirez doubler votre goût pour la lecture, parce qu'elle vous deviendra moins pénible ; vous ne serez plus étrangers ni égarés dans aucune partie du monde ; vous vous promenerez majestueusement à travers les siècles passés. En Grèce, vous monterez à la tribune avec l'habile et heureux Périclès, avec l'éloquent Démosthènes ; à Rome, vous entrerez au sénat avec Ciceron pour foudroyer l'audacieux Catilina, ou avec Cassius et Brutus pour y punir le premier des Césars. Vous tonnerez avec tacite et Suétonne contre la tyrannie et la débauche des usurpateurs de l'empire ; vous assisterez à la chûte du colosse romain qui , d'abord déchiré en deux lambeaux , est devenu ensuite la proie des barbares qui ont effacé jusqu'aux dernières traces de son antique splendeur , en lui faisant succéder plusieurs gouvernemens ridicules sous lesquels ont gémi nos ancêtres , et qui nous écraseraient encore si la philosophie et la liberté n'avaient dissipé les nuages épais dont l'ignorance couvrait le despotisme.

Parmi les nombreux ouvrages d'histoire , choisissez, jeunes élèves , les plus élémentaires et les plus exempts d'adulation pour les préjugés. Millot , Voltaire , Raynal , Paw , Mably, Condillac vous instruiront en vous amusant , et vous électriseront en vous présentant le tableau des peuples libres.

LÉGISLATION. Le cours de législation doit avoir beaucoup d'attraits pour l'élève qui a déjà acquis toutes les connaissances précédentes ; il va devenir homme , il est tems qu'il lève les yeux sur ses semblables. « Entouré » des soins et des bienfaits de la patrie , dit un lé- » gislateur , il faut qu'il connaisse ses droits , ses » devoirs , la nature de son gouvernement , et qu'il » l'apprécie d'après les principes généraux d'économie » politique ; et la comparaison qu'il établira entre » les lois de son pays , et celles qui ont régi les » nations qui de tems à autre ont brillé sur la sur- » face du globe. » Tel est l'objet du cours de législation , en y ajoutant cependant des développemens sur la morale de l'individu , de l'homme en famille, du citoyen , de l'homme public , sur les devoirs et les droits réciproques du citoyen et du gouvernement ,

et sur les droits mutuels des gouvernemens entr'eux.
Tous ces objets constituent la science de la législation. C'est dans ce cours que doit se former le vrai
citoyen ; c'est au sortir de ce cours que l'on doit en
prendre le titre et être en état de le soutenir digne-
ment jusqu'au dernier soupir. Mais il faut joindre aux
leçons du professeur, de profondes méditations sur
les œuvres de Montesquieu , de Rousseau-Emile , de
Burlamaqui , de Beccaria , de Filangieri , de Smith ,
de Champagne sur Aristote , d'Holbac et de Saint-
Lambert , etc. , etc.

BIBLIOGRAPHIE. A ces neuf cours que la loi a fixés
pour chaque école , le ministre de l'intérieur nous a
invité à y en ajouter un dixième qui n'est étranger
à aucun des précédens : c'est un cours de bibliographie
et d'histoire littéraire ; nous avions répondu d'avance
aux vœux du ministre , en nous occupant d'essais élémentaires sur cette partie ; dans ce cours nous trai-
terons de l'histoire des langues anciennes et modernes,
de l'histoire, de la philosophie , des belles-lettres , des
sciences et des arts , de la connaissance des livres et
des éditions , de l'histoire des bibliothèques les plus
célèbres tant anciennes que modernes. Nous parlerons
aussi des connaissances humaines en général , du rapport que les sciences ont entr'elles , de la classification des livres ; et enfin , nous terminerons par l'histoire de l'imprimerie , découverte précieuse , qui marque
du sceau de l'immortalité , les productions du génie
et qui sera désormais la sauve-garde de la liberté des
peuples.

Nous venons de présenter une légère idée de toutes

les connaissances qui composent le nouveau mode d'enseignement ; on en doit sentir l'importance : toutes sont utiles, toutes sont précieuses, et presque toutes sont indispensables ; leur division, bien combinée, promet les résultats les plus heureux ; mais il faut que tous les citoyens coopèrent à en accélerer les succès.

. . . .

. . . .

L I S T E

DES principaux ouvrages à consulter dans chaque cours des Ecoles centrales.

DESSIN.

ELÉMENS de dessin, par le cit. Moreau jeune, professeur aux écoles centrales, 1 vol. in-fol. Cette première partie contient 27 planches.

J'ignore si cet ouvrage a été continué.

Méthode pour apprendre le dessin, où l'on donne des règles générales pour s'y perfectionner, et les proportions du corps humain, d'après les antiques. Le tout accompagné de quantité d'études et de figures académiques, dessinées d'après nature, par le célèbre Cochin et autres maitres. Paris, Jombert, 1756, 1 vol. in-4.° avec 100 planches.

Les principes du dessin, ou méthode courte et facile pour apprendre cet art en peu de tems ; par Gerard de Lairesse. Amsterd., 1719, 1 vol. in-fol., fig.

Les vrais principes du dessin, suivis du caractère

des passions ; par Séb. Leclerc. Paris, Lamy, 1784 ;
1 vol. in-12 oblong avec 92 planches.

Histoire des Arts qui ont rapport au dessin ; par
P. Monnier. Paris, 1698, 1 vol. in-12.

Histoire de l'Art chez les anciens, par J. Winckelmann. Amsterdam, 1766, 2 vol. in-8.º, fig.

On a donné en 1782 une nouvelle édition de cet ouvrage en
3 vol. in-4.º ; et, dans ce moment, on travaille à une superbe
édition in-4.º de toutes les œuvres de Winckelmann. Elle sera
composée de 8 volumes.

La Science des Ombres par rapport au dessin, ouvrage dans lequel on trouve des règles démontrées
pour connaître l'espèce, la forme, la longueur et la
largeur des ombres que les différens corps portent,
et qu'ils produisent, tant sur faces horizontales, verticales ou inclinées, que sur des surfaces verticales,
plates, convexes ou concaves. Par M. Dupain l'aîné.
Paris, Cellot, 1786, 1 vol. in-8.º, fig.

Traité de Perspective où sont contenus les fondemens de la peinture, par Bernard Lamy. Amsterdam,
P. Mortier, 1734, 1 vol. in-12, fig.

Traité de Perspective à l'usage des artistes, où
l'on démontre géométriquement toutes les pratiques
de cette science, et où l'on enseigne, selon la méthode de Leclerc, à mettre toutes sortes d'objets en
perspective, leur reverbération dans l'eau et leurs
ombres tant au soleil qu'au flambeau, par Edme-Séb.
Jeaurat, ing. géogr. Paris, Jombert, 1750, 1 vol. in-
4.º avec 110 planches.

Elémens de Perspective-Pratique, à l'usage des
artistes, suivis de réflexions et conseils à un élève sur
la peinture, et particulièrement sur le genre du paysage ;

par P. H. Valenciennes, peintre. Paris, an VIII, 1 vol. in-4.° avec 35 planches.

Cours d'Architecture, qui comprend les ordres de Vignole, avec des commentaires ; les figures et les descriptions de ses plus beaux bâtimens et de ceux de Michel-Ange, etc., par d'Aviler, avec le supplément. Paris, Jombert, 1750--1755, 2 tomes reliés ordinairement en 1 vol. in-4.°, fig.

Cours d'Architecture, ou traité de la décoration, distribution et construction des bâtimens, contenant les leçons données par J. F. Blondel. Paris, 1771, 9 vol. in-8.°, fig.

Règles des cinq ordres d'Architecture, de Vignole, avec les détails d'un ordre de Pœstum ; par Lagardette, nouvelle édition, 1 vol. in-4.° avec 50 pl.

Leçons élémentaires des ombres dans l'architecture, par Lagardette, 1 vol. in-4.°, fig.

Dictionnaire d'Architecture civile, militaire et navale, antique, ancienne et moderne, et de tous les arts et métiers qui en dépendent, 3 vol. in-4.°, fig.

Exposition anatomique de la structure du corps humain, par Jac.-Begn. Winslow. Paris, 1732, 1 vol. in-4.°, fig.

Elémens anatomiques d'osteologie et de miologie, par Lavater, traduit de l'allemand par Gautier de la Peyronie, et enrichis de notes et d'observations intéressantes du traducteur. Paris, 1797, 1 vol. in-8.°, fig.

Cours de Peinture, et Vies des Peintres, par Depiles. Amsterdam, 1766, 2 vol. in-12.

Le grand Livre des Peintres, par Gerard de Lairesse, 1787, 2 vol. in-4.°, fig.

Traité de la Peinture, par Leonard de Vinci. Paris, 1796, 1 vol. in-8.° avec 58 fig.

Essai sur la Peinture, par Diderot. Paris, Buisson, an IV, 1 vol. in-8.ᵉ

Dictionnaire des Arts de peinture, de sculpture et gravure, par Watelet et Lévesque. Paris, 1792, 5 vol. in-8.°

Essai sur la Physiognomonie, destiné à faire connaître l'homme et à le faire aimer ; par Jean Gaspard Lavater, citoyen de Zurich, et ministre du saint évangile, avec cette épigraphe : *Dieu créa l'homme à son image*. La Haye, 1781, 3 vol. in-folio, fig.

L'édition allemande de cet ouvrage est de Leipsic, 1775, 4 vol. in-4.°, avec beaucoup de belles figures.

Les Règles du Dessin et du Lavis pour les plans particuliers des ouvrages et des bâtimens, et pour leurs coupes, profils, élévations et façades, tant de l'architecture militaire que civile, par Buchotte, ingénieur. Nouvelle édition avec 24 planches. Paris, chez Joubert, 1755, 1 vol. in-8.°

Iconologie par fig., ou Traité complet des allégories, emblêmes, etc. Ouvrage utile aux artistes, aux amateurs et à l'éducation des deux sexes ; composé, dessiné et gravé par les plus célèbres artistes, tels que Gravelot, Cochin, Gaucher et autres, faisant près de 500 allégories, décrites et ornées de près de 350 fig., 4 vol. in-8.°

HISTOIRE NATURELLE.

Histoire naturelle, générale et particulière, avec la description du cabinet, par Buffon, Daubenton, Montbeillard et Lacépède. Paris, de l'imprimerie royale , 1749 et suiv. , 39 vol. in-4.° , fig. , distribués ainsi :

L'histoire des animaux , . . . 15 vol.

Les oiseaux , ... 9

Le supplément , ... 7

Minéraux , ... 6 et atlas.

Ovipares et serpens , ... 2

L'édition in-12 est en 78 vol. Il en vient de paraitre une jolie édition in-18 en 26 vol. chez Déterville.

L'abrégé de Bernard , 10 vol. in-8.° , est précieux.

Le citoyen Lacèpede en publie , par souscription , une édition in-18 , où cette histoire est mise dans un nouvel ordre.

Il parait aussi par souscription une édition in-8.° , dont le citoyen Sonini est rédacteur.

Le Spectacle de la Nature , ou Entretiens sur les particularités de l'Histoire naturelle , par Noël Pluche. Paris, 1744 et suiv. 9 vol. in-12. fig.

OEuvres complettes d'Histoire naturelle et de Philosophie , par Charles Bonnet. Neufchâtel , 1781 , 10 vol. in-4.° fig.

Cours d'Histoire naturelle , ou Tableau de la Nature , considéré dans l'homme , les quadrupèdes , les oiseaux , les poissons et les insectes , par Beaurieu. Paris , 1795 , 7 vol. in-12 , avec 150 fig. en 46 planches.

Entretiens d'un père avec ses enfans sur l'Histoire naturelle , par Dubroca. Paris , Desessarts , 5 vol. in-12 , dont un de planches.

OEuvres complettes de Linné , en latin , 31 vol. in-8.° , 1 vol. in-4.° et 2 vol. in-folio.

Système de la Nature , de Linné , traduit en français par Vanderstegen , professeur d'histoire naturelle à

Bruxelles , d'après la 13.e édition latine , mise au jour par Gmelin , contenant les oiseaux, les quadrupèdes vivipares et les cétacées. Paris , an VII , 4 vol. in-8.º

La Philosophie botanique de Linné , troisième édition corrigée et augmentée par Wildenow , traduite en Français par Quesné , 1 vol. in-8.º

Système sexuel des végétaux suivant les classes , ordres , genres et espèces , avec les caractères et les différences , par Linné, première édition française, calquée sur celle de Murray , avec une concordance de la méthode de Tournefort et des familles naturelles de Jussieu , par Jolyclerc , naturaliste. Paris , 1798 , 1 vol. in-8.º

Œuvres de Fabricius , en latin , 12 vol. in-8.º

Tableau élémentaire d'Histoire naturelle des animaux , par Cuvier. Paris, an VI , 1 vol. in-8.º

Dictionnaire raisonné et universel des animaux, ou le Règne animal, consistant en quadrupèdes , cétacées, oiseaux , reptiles , poissons , insectes , vers , zoophytes ou plantes animales. La classe, la famille ou l'ordre , le genre , l'espèce avec ses variétés , ou chaque animal est rangé suivant les différentes méthodes de Linnæus , Klein et Brisson, par Lachenais-des-Bois. Paris , Bauche, 1759 , 4 vol. in-4.º

Zoologie universelle et portative, ou Histoire naturelle de tous les quadrupèdes , cétacées, oiseaux et reptiles connus ; de tous les poissons , insectes et vers ou nommés ou anonymes, mais indigènes : ouvrage destiné aux naturalistes , 1 vol. in-4.º

Elémens de Botanique , par Ventenat , 3 vol. in-8.º figures.

Flore française, ou Description succinte de toutes

les plantes qui croissent naturellement en France, par le chevalier de Lamarck. Paris, 1778, 3 vol. in-8.o figures.

Flore d'Auvergne, ou Recueil des plantes de cette province, par A. Delarbre. Clermont 1797, 1 vol. in-8.º

Flore de Bourgogne, ou Catalogue des plantes naturelles à cette province, par Durande. Dijon, 1782, 2 vol. in-8.º

Flora Atlantica, *sive Historia plantarum quæ in Atlante*, *agro tunetato et algeriensi crescunt*, *autore Renato Desfontaines*. Paris, an VIII, 2 vol. grand in-4.º, avec 263 planches.

Les Œuvres complettes de Tournefort, contenant, 1.º les Elémens de botanique, 1694, 3 vol. in-8.' fig, 2.º *Institutiones rei herbariæ*, 1700, 3 vol. in-4.º fig. 3.' L'Histoire des plantes qui naissent aux environs de Paris, 1698, 1 vol. in-12. 4.' Relation d'un Voyage du Levant, 1717, 2 vol in-4.º fig.

Tous ces ouvrages ont été imprimés au Louvre.

Dictionnaire élémentaire de botanique, ou Exposition, par ordre alphabétique, des préceptes de la botanique et de l'explication de tous les termes qu'on emploie dans cette science, par Bulliard; nouvelle édition, entièrement refondue et augmentée par Richard, de l'institut. Paris, an VII, 1 vol. in-8.º fig.

Histoire des Plantes d'Europe, rangées suivant l'ordre de Gaspard Bauhin, 2 vol. in-12, fig.

Nomenclature botanique, par Goüan, 1 vol. in-8.º figures.

Démonstrations élémentaires de botanique, 4.e édition. Lyon, 1796, 4 vol. in-8.º et 2 vol. in-4.º de figures.

Traité élémentaire de botanique à l'usage des dames, suivi des lettres de J.-J. Rousseau sur la botanique. Paris, 1786, 2 vol. in-18.

Histoire des Plantes d'Europe, ou Elémens de botanique-pratique, ouvrage dans lequel on donne le signalement précis suivant la méthode et les principes de Linné, des plantes indigènes, des étrangères les plus utiles, et une suite d'observations modernes, par Jean-Emmanuel Gilibert. Lyon, Leroy, 1798, 2 vol. in-8.º fig.

Cours complet d'Agriculture, théorique-pratique, économique et de médecine vétérinaire, suivi d'une méthode pour étudier l'agriculture par principes, ou Dictionnaire universel d'Agriculture, par Rosier. Paris, 1782 et ann. suivantes, 10 vol. in-4.º

Minéralogie, ou Description générale des substances du règne minéral, par Jean Gotschalk Wallerius, ouvrage traduit de l'allemand. Paris, 1753, 2 vol. in-8.º

Idem, de Valmont de Bomare. Paris, 1774, 2 vol. in-8.º

Opuscules chymiques et minéralogiques de Bergmann, 2 vol. in-8.º

Manuel du Minéralogiste, ou Sciagraphie du règne minéral, distribué d'après l'analyse chymique de Bergmann, traduit et augmenté de notes minéralogiques et chymiques, par Mongez jeune, seconde édition revue par Lametherie, 2 vol. in-8.º fig.

Tableau méthodique des minéraux, par Daubenton. Paris, 1788, 1 vol. in-8.º

Traité ou Description abrégée et méthodique des minéraux, par le prince Gallitzin. Neuwied, 1794, 1 vol. nouvelle édition.

Elémens de minéralogie de Kirwan , 1 vol. in-8.o,

Elémens de minéralogie de Lesage , 2 vol. in-8.o

Principes élémentaires de l'Histoire naturelle et chy-mique des substances minérales , par Brisson, 1 v. in-8.o

Dictionnaire d'Histoire naturelle , par Valmont de Bomare. Lyon , 1791 , 15 vol. in-8.o

LANGUES ANCIENNES.

De la manière d'apprendre les Langues , par Radon-villers. Paris , 1768 , 1 vol. in-8.o

Grammaire grecq.-franç. Introduction au Cours grec. Cours grec divisé en quatre parties , ou Extraits de différens auteurs , avec la traduction interlinéaire latine et française , et des notes grammaticales , par J.-D. Gail , professeur de littérature grecque au collège de France et au prytanée français. Paris , chez l'auteur.

Petite Grammaire française, latine et grecque. Paris, 1778 , 1 vol. in-12.

Extraits de différens Auteurs grecs , avec la traduc-tion française , et les explications grammaticales des mots. Paris , 1778, 6 vol. in-12.

Œuvres d'Isocrate (grec et latin), par Auger. Paris, 1782 , 2 vol. in-8.o

Œuvres d'Isocrate , traduites en français , par Auger. Paris , 1781 , 3 vol. in-8.o

Œuvres de Lysias , (grec et latin) par Auger. Paris, 1783 , 2 vol. in-8.o

Œuvres de Lysias , traduites en français , par Auger. Paris , 1784 , 1 vol. in-8.o

Harangues tirées d'Hérodote , de Thucidide , de Xenophon et autres historiens grecs , insérées dans

n abrégé de leur histoire , par Auger. Paris , 1788 ,
₂ vol. in-8.º

Œuvres complètes d'Eschine et de Démosthènes ,
par Auger. Paris , 1794 , 6 vol. in-8.º

Histoire de Thucidide , fils d'Olorus , traduite du
grec par Pierre-Charles Lévesque. Paris , Gail et Aubin ,
1795 , 4 vol. in-8.º

Histoire d'Hérodote , traduite du grec , avec des
remarques historiques et critiques , un Essai sur la
Chronologie d'Hérodote , et une table géographique ,
par Larcher. Paris , Nyon , 1786 , 7 vol. in-8.º

Œuvres d'Hésiode traduites en français par Gin.
Paris , 1785 , 1 vol. in-8.º

Œuvres complettes d'Homère , traduction nouvelle ,
avec des notes littérales , historiques et géographiques ,
suivies des imitations des poëtes anciens et modernes.
Par Gin ; Paris , Didot l'ainé , 1786 , 8 vol. in-8.º

Le même ouvrage , traduit par Bitaubé. 6 volumes
in-8.º

Collection des petits Poëtes grecs , traduits par le
citoyen Gail , 12 vol. in-18, avec de charmantes gravures.

Tragédies d'Eschile , en grec , et traduites en
français par Dutheil. Paris , imprimerie royale , 3 vol.
in-8.³ , fig.

Les tragédies de Sophocle , traduites par Rochefort.
Paris , 1788 , 2 vol. in-8.º

Théâtre des Grecs , traduit par Brumoy. Paris ,
1785 , 13 vol. in-4º. ou in-8.º

Nouvelle Méthode pour étudier la langue latine ,
par Gueroult. Paris , an 8 , 1 vol. in-8.º

Cours de Latinité , par Vanière , ou Méthode nécessaire aux personnes qui desirent apprendre la langue

latine en peu de tems , sans secours de maîtres , 4ᵉ. édition , revue et augmentée. Paris , Belin , an VIII, 3 vol. in-8.º

Essais de feuilles élémentaires pour apprendre le latin sans grammaire ni dictionnaire , selon la mé-thode de Dumarsais , Chompré et Radonvilliers. Paris, 1768 , 1 vol. in-12.

Cours de thèmes français , latin , ou nouveaux Elé-mens de la langue latine , pour les septièmes , sixièmes, cinquièmes et quatrièmes , 4 vol. in-12.

Manuel latin , contenant un choix de compositions françaises , et un recueil de petites histoires et fables latines , par Boinvilliers , professeurs de belles-lettres , 1 vol. in-12.

Grammaire élémentaire latine , réduite à ses vrais principes , à l'usage de toutes les écoles de littéra-ture , tant nationales qu'étrangères , par le cit. Boin-villiers , 1 vol. in-12.

Oraisons choisies de Cicéron , traduites , revues par d'Olivet et de Wailly , avec le latin à côté , sur l'édi-tion de Lallemand , avec des notes. Nouvelle édition Paris , Barbou , 1787 , 4 vol. in-12.

Les livres de Cicéron , de la vieillesse , de l'amitié les paradoxes , le songe de Scipion , traduction nou-velle avec le latin , revu sur les textes les plus corrects nouvelle édition , augmentée de la lettre politique Quintus, par Barett. Paris , Barbou, 1795, 1 vol. in-1.

Les Offices de Cicéron , traduct. nouvelle avec l latin , revue sur les textes les plus corrects , 4ᵉ. édi-tion , par Barrett. Paris , Barbou , 1796 , 1 vol. in 1

Les Tusculanes de Cicéron , traduites par Bouhier d'Olivet. Nouvelle édition , 2 vol. in-12.

Cornelius Népos, traduction nouvelle avec des notes, par Paul. Paris, Barbou, 1793, 1 vol. in-12.

Histoires de Salluste et des pièces entières, tirées des fragmens, trad. en français avec le latin ; des notes critiques et une table géographique. 5ᵉ. édition, revue et corrigée par Beauzée. Paris, Barbou, 1 v. in-12.

Florus, traduit par Paul. Paris, Barbou, 1794, 1 vol. in-12.

Velleius Paterculus, traduit, avec le texte latin, des notes critiques et historiques, et une table géographique, par Paul. Paris, Barbou, 1769, 1 vol. in-12.

Valere Maxime, latin et françois. Paris, Barbou, 2 vol. in-12.

Morceaux choisis de Tite-Live, latin, français, traduction de Paul. Paris, Barbou, 2 vol. in-12.

Quinte-Curce, de la Vie d'Alexandre, avec les Supplémens de Jean Freinshemius, en latin et en français, par Mignot. Paris, Didot, 1781, 2 vol. in-8.º

Tacite, traduit par Dureau de la Malle. Paris, Theophile Barrois, 1790, 3 vol. in-8.º

Les Fables de Phèdre, traduites en français, augmentées de huit fables. Nouvelle édition, Paris, Barbou, 1 vol. in-12.

Editions des auteurs latins, de format petit in-12, ornées de planches, vignettes, cul-de-lampes, fleurons, etc., dessinés et gravés par Cochin, Eisen et Longueil. Ces éditions, que les frères Barbou continuent d'imprimer, forment déjà une collection de 69 volumes, qui sont ordinairement reliés et dorés sur tranche.

MATHÉMATIQUES.

Histoire des Mathématiques par Montucla. Paris, 1758, 2 vol. in-4.o

On travaille, dans ce moment, à une nouvelle et très - belle édition de cet ouvrage, qui sera en 4 vol. in-4.°

Euclidis, Megarensis, quæ supersunt omnia. Gr. et lat. ex recensione et cum notis Davidis Gregorii. Oxoniæ, 1703, 1 vol. in-fol.

La meilleure traduction d'Euclide est celle de Dechales, 1 vol. in-12.

Les œuvres mathématiques de Newton sont composées de 6 vol. in-4.o 1.º Principes mathématiques de Philosophie naturelle. Amsterdam, 1723, 1 vol. 2.º Opuscules mathématiques, philosophiques et philologiques. Lausanne, 1744, 3 vol. 3.º L'Arithmétique universelle. Leyde, 1732, 1 vol. 4º. L'Optique, Londres, 1719, 1 vol. Ces éditions sont en latin. Buffon a traduit la Méthode des fluxions et des suites infinies. Paris, 1740, 1 vol. in-4.o Madame Duchatelet a donné les Principes mathématiques de la philosophie naturelle. Paris, 1759, 2 vol. in-4.º, et Coste a traduit le Traité d'optique. Paris, 1722, 1 vol. in-4.º

Lettre d'A. Dettonville (Pascal), contenant quelques-unes de ses inventions de géométrie, la résolution de tous les problèmes touchant la roulette, l'égalité entre les lignes courbes, etc. Paris, 1759, 1 vol. in-4.o

Traité du triangle arithmétique avec quelques autres petits Traités sur la même matière ; par Blaise Pascal. Paris, 1755, 1 vol. in-4.o

Jacobi Bernouilli Opera. Genevæ, 1744, 2 v. in-4.º

Jacobi Bernouilli Ars conjectandi ; opus posthumum. Accedit Tractatus ejusdem de seriebus infinitis , et Epistola gallicè scripta de ludo Pilæ reticularis. Basileæ , 1713 , 1 vol. in-4.o

Joannis Bernouilli Opera omnia. Lausannæ , 1742 , 4 vol. in-4.o

Danielis Bernouilli , hydrodinamica. Argentorati , 1738 , 1 vol. in-4.°

Exposition des découvertes philosophiques de Newton , traduite du latin de Maclaurin, par Lavirotte. Paris , 1749 , 1 vol. in-4.°

Traité des fluxions , traduit du latin de Maclaurin, par Pezenas. Paris , 1749 , 2 vol. in-4.°

L'Analise des infiniment petits , par le marquis de l'Hospital. Paris , 1696 , 1 vol. iu-4.°

Traité des sections coniques, par le même. Paris, 1707 , 1 vol. in-4,o

Introduction aux sections coniques, par Mauduit. Paris , 1761 , 1 vol. in-8.°

Œuvres de Maupertuis. Lyon , 1756 , 4 vol. in-8.o

On a de Clairaut beaucoup d'ouvrages de Mathématiques , tous très - bons. Les plus estimés sont : Recherches sur les courbes à double courbure, 1730 , 1 vol. in-8.° Des élémens de géométrie, 1775 , 1 vol. in-8.° Des élémens d'algèbre , 1746 , 1 vol. in-8.° La théorie de la figure de la Terre , 1768 , 1 vol. in-8.° , etc.

D'Alembert a composé beaucoup d'ouvrages sur les Mathématiques ; on distingue les suivans :

1.° Traité de Dynamique , 1743--1758 , 1 vol. in-4.°

2°. Traité de l'Equilibre et du Mouvement des fluides , 1744, 1 vol. in-4.°

3.º Réflexions sur la cause générale des Vents, 1746, 1 vol. in-4.º

4.º Recherches sur la précession des Equinoxes, 1748, 1 vol. in-4.º

5.º Essai d'une nouvelle théorie de la résistance des fluides, 1752, 1 vol. in-4.º

6.º Recherches sur différens points importans du systéme du monde; 1754--1756, 3 vol. in-4.º

7.º *Nova tabularum lunarium emendatio*, 1756, 1 vol. in-4.º

8.º Opuscules mathématiques, 8 volumes in-4.º, etc., etc.

Leçons élémentaires de Mathématiques, par Lacaille. Paris, 1756, 1 vol. in-8.º

Leçons d'optique, par Lacaille. Paris, 1766, 1 vol. in-8.º, fig.

Cours de Mathématiques à l'usage de l'artillerie et de la marine, par Sauri. Paris, 1774, 5 vol. in-8.º, fig.

Cours complet de Mathématiques à l'usage de l'artillerie et de la marine, par Bezout. Paris, an VII, 10 vol. in-8.º, fig.

Il y a quatre volumes pour l'artillerie et six pour la marine.

Cours de Mathématiques, par Bossut, 7 vol. in-8.º

Dans ces sept volumes sont compris les deux volumes du calcul différentiel et intégral, publiés en l'an VI.

Théorie des fonctions analitiques, ou Principes du calcul différentiel, dégagé de toute considération d'infiniment petits, ou d'évanouissans de limites ou de fluxions, et réduit à l'analyse algébrique des quantités finies, par Lagrange. Paris, an 5, impr. de la Rép., 1 vol. in-4.º

Traité élémentaire d'analyse mathématique ou d'algèbre, par Cousin, 1 vol. in-8.º

Tables des Logarithmes, publiées à Londres par Gardiner, augmentées et perfectionnées dans leur disposition, par Callet. Paris, Didot, 1783, 1 v. in-8.º

PHYSIQUE ET CHYMIE.

Œuvres complettes de Nollet sur la Physique, contenant ses leçons de physique, ses Lettres sur l'électricité, l'Art des expériences, etc. Paris, 1777--1783, etc., 15 vol. in-12.

Elémens de Physique théorique et expérimentale, par Sigaud de Lafond. Paris, 1787, 4 vol. in-8.º, fig.

Description et usage d'un Cabinet de Physique expérimentale, par Sigaud de Lafond. 2.e édition corrigée par Rouland. Paris, 1784, 2 vol. in-8.º, fig.

Traité élémentaire, ou Principes de physique, par Brisson, enrichi du tableau des nouveaux poids et mesures. Paris, 1797, 3 vol. in-8.º, fig.

Elémens ou Principes physico-chymiques, destinés à servir de suite aux principes de physique à l'usage des écoles centrales. Par M. J. Brisson. Paris, an VIII, 1 vol. in-8.º, fig.

Dictionnaire raisonné de Physique, par Brisson. Paris, an VIII, 6 vol. in-8.º et 1 vol. de planches in-4.º

Dictionnaire de Physique, par Aimé-Henri Paulian. Avignon, 1761, 3 vol. in-4.º, fig.

La Physique réduite en tableaux raisonnés, ou Programme du cours de Physique fait à l'Ecole polytehcnique, par Etienne Barruel. Paris, Baudouin, an VII, 1 vol. in-4.º avec 38 tableaux.

Opuscules physiques et chymiques, par Fontana,

traduits de l'italien, par Gibelin. Paris, 1784, 1 vol. n-8.o

Elémens de Chymie théorique et pratique par Guyton-Morveau. Dijon, 1777, 3 vol. in-12.

Elémens d'Histoire naturelle et de Chymie, par Fourcroy. Paris, Cuchet, 6 vol. in-8.o, dont un de tableaux.

Philosophie chymique, par Fourcroy, 1 vol. in-8.o

Tableaux pour servir de résumés aux leçons de chymie faites à l'Ecole de Médecine pendant l'an VII, par Fourcroy. Ces tableaux sont au nombre de 12.

Opuscules physiques et chymiques, par Lavoisier. Paris, 1774, 1 vol. in-8.o

Traité élémentaire de Chymie, par Lavoisier. Paris, 1774, 2 vol. in-8.o, fig.

Elémens de Chymie, par Chaptal. Paris, an V, 5 vol. in-8.o

Dictionnaire de Chymie, contenant la théorie et la pratique de cette science, son application à la physique, à l'histoire naturelle, à la médecine et aux arts dépendans de la chymie. Par Macquer, Suisse, 1779, 4 vol. in-8.o

GRAMMAIRE GÉNÉRALE.

Œuvres complettes de Dumarsais. Paris, 1797, 7 vol. in-8.o

Œuvres complettes de Condillac. Paris, an 7, 23 vol. in-8.o, fig.

Histoire naturelle de la parole, ou Précis de l'origine du langage et de la Grammaire universelle, par Court de Gebelin. Paris, 1776, 1 vol. in-8.o

Essai sur les langues en général, et sur la langue

française en particulier ; par Sablier. Paris, 1781 , 1 vol. in-8.o

Théorie nouvelle de la parole et des langues , par Leblanc. Paris, 1750 , 1 vol. in-12.

Élémens primitifs des langues , par Bergier. Paris, 1764 , 1 vol. in-12.

Traité de la formation mécanique des langues , par Desbrosses. Paris , 1765 , 2 vol. in-12.

Observations fondamentales sur les langues anciennes et modernes , par le Brigant. Paris , 1787.

Essai sur l'entendement humain , etc. *Voyez pag.* 99.

Hermès ou Recherches philosophiques sur la Grammaire universelle , traduites de l'anglais de Harris , par F. Thurot , avec des remarques et des additions. Paris , impr. de la républ. , an IV , 1 vol. in-8.o

Grammaire française générale et raisonnée , par MM. de Port-Royal , avec les remarques de Duclos , et des réflexions , par Fromant. Paris , 1756 , 1 vol. in-12.

Synonymes français par l'abbé Girard , avec les notes de Beauzée , et des Essais de Grammaire de l'abbé d'Olivet. La Haye , 1776 , 2 vol. in-12.

Synonymes français , par Roubaud , 4 vol. in-8.o

Grammaire générale par Beauzée. Paris , 1767 , 2 vol. in-8o.

Le Monde primitif , analysé et comparé avec le Monde moderne , etc. , par Court de Gebelin. Paris , 1779 , 9 vol. in-4.o

HISTOIRE.

Géographie ancienne , etc. *Voyez page* 130.
Concorde de la Géographie , etc. *V. pag.* 130.

Dictionnaire classique de la Géographie ancienne, etc. *V. pag.* 131.

Géographie moderne. *V. page* 130

Atlas général. *V. pag.* 130

Géographie universelle à l'usage des colléges, par Robert, 1767, 2 vol. in-12.

Géographie universelle, par don Vaissette, 1755, 4 vol. in-4.° ou 12 vol. in-12.

Dictionnaire géographique de Bruzen de la Martinière. Paris, 1769, 6 vol. in-fol.

Géographie de Busching. 1789, 16 vol. in-8.°

Le Manuel géographe, par d'Expilly, 1 vol. in-24.

DES CARTES GÉOGRAPHIQUES.

Les Cartes géographiques les plus estimées sont celles de Guillaume Delille, mort en 1726; de d'Anville, de Buache, de Robert Vaugondy, de Bellin, géographe de la marine; de Homann à Nuremberg; les Cartes gravées à la Calcographie de Rome; les Cartes marines de Hollande; celles de Bonne, qui composent l'Atlas moderne, publié à Paris chez Lattré en 1762 et 1771, et qui sont destinées à servir pour la lecture de la Géographie moderne de l'abbé Nicole de Lacroix; les Cartes de Buy de Mornas, de Philippe de Prétot, de Mentelle, etc.

Choix des principaux ouvrages géographiques et des principales Cartes que l'on peut avoir à consulter.

Sebastiani Munsteri Cosmographia universalis. Basileæ, Henri-Petrus, 1550, 1 vol. in-fol.

Merulæ Cosmographiæ generalis , libri III. Item ,
Geographiæ generalis libri IV. Antverpiæ , Plantin ,
1605 , 2 vol. in-4.º fig.

Pauli Merulæ Cosmographia generalis et Geogra-
phia particularis , quibus Europa , Hispania , Gallia ,
Italia , describuntur. Amstel. Blaëu , 1636 , 6 vol. in-12.

La Mappemonde et les quatre Parties du Monde ,
par d'Anville.

Les Cartes marines du Neptune français et de l'Hydrographie française , en 3 grands vol. in-folio *ma-*
ximo. A Paris , chez Belin.

Atlas général par Sanson. Paris , Mariette , 1632 ,
96 cartes in-fol. *max.*

Tabulæ geographicæ , per Gerardum Mercatoram.
Duysburgi Clivorum , 1591 , in-fol. max.

Le Théâtre du monde , ou nouvel Atlas , contenant
les chartes et descriptions de tous les pays de la terre ;
mis en lumière par Guil. et Jean Blaeu. Amsterdam ,
Blaeu , 1643 , 4 vol. in-fol. *max.*

Le grand Atlas ou Cosmographie blaviane , enrichie
de cartes et figures. Amsterdam , Blaeu , 12 vol. in-fol.

Atlas maritime , avec cartes et fig. Amsterdam ,
Jansson 1657 , 1 vol. in-fol.

Atlas celestis And. Cellarii , cum figuris. Amsteld.
Jansson , 1 vol. in-fol.

Ces trois derniers ouvrages vont ensemble.

Le nouveau et grand illuminant Flambeau de la
mer , contenant toutes les côtes maritimes connues ,
avec la description de tous les havres , baies , rades ,
etc. par Nicole , Jansz Vooght. Amsterdam , van Zeu-
len , 1729 , 2 vol. in-fol.

Neptune oriental, ou Recueil de cartes dressées sur les remarques et les observations les plus exactes des navigateurs, par Daprès de Mannevilete, nouvelle édition corrigée et augmentée, avec une instruction sur la navigation de France aux Indes. Paris, Demonville, 1775, un vol. in-fol.

Petit Atlas maritime, Recueil de Cartes et Plans des quatre parties du monde, par Bellin. Paris, 1764, 5 vol. in-fol.

Atlas universel de 108 feuilles, par MM. Robert Vaugondy. Paris, 1757, form. atlant.

Atlas topographique de la France en 174 feuilles.

Atlas de France dressé par l'Académie des sciences, sous la direction de Jacques Cassini de Thury, avec la description géométrique, en 165 feuilles in-fol.

Atlas d'Angleterre en 45 feuilles, publié par Kitchin, Bowen et Seal, en 1762.

Atlas des Provinces-unies en 34 feuilles, petit in-fol publié par Tirion, en 1753.

Atlas d'Espagne et de Portugal, en 15 feuilles, pa Nolin et Bayeul.

Atlas Russien, en 21 cartes, dressé par l'Académie des sciences de Pétersbourg en 1745.

Atlas de la Chine, de la Tartarie chinoise et d Tibet, par d'Anville, 1737, en 42 feuilles in-fol.

Atlas de Saxe et de Lusace, en 58 feuilles, publ par Schenck, 1760.

Atlas de Flandre en 24 feuilles, publié par Fri en 1712.

L'Allemagne, en 4 feuilles, par Eisenschmidt.

Cartes de différentes parties de l'Allemagne, ch Homann, Julien, Boudet, Seuter et Mortier, 1747, e

La Hongrie , en 4 feuilles., par le capitaine Muller ; a Bohëme , en 8 feuilles, par le même.

Cartes de l'Etat ecclésiastique , par le P. Boscovich et le P. Maire , à la Calcographie de Rome.

Piémont, Savoie, Dauphiné et Lyonnais, en 6 feuilles, chez Jaillot , 1706.

Duché de Milan , chez Jaillot , 1734, une feuille.

Etat de Venise , chez Jaillot , 1706.

Toscane et Etat ecclésiastique , chez Boudet , 1750.

Royaume de Naples et de Sicile , en deux feuilles , chez Boudet , 1750.

Iles de Corse et de Sardaigne , en deux feuilles , chez le Rouge , à Paris.

Les Cartes de la géographie ancienne de d'Anville , de l'Atlas de Boudet et de Delile , sont les plus estimées. Il y en a aussi de très-estimées de Sanson ; elles composent un Atlas de 306 cartes, 2 vol. in-fol.

Cartes de Bonne , à Paris , chez Lattré.

Royaume de Naples , par Zannoni.

Cartes de Pologne , en 25 feuilles , par Zannoni.

Atlas historique de Géographie ancienne , de Buy de Mornas, 3 vol. in-fol. , petit papier, 209 cartes.

Atlas cosmographique et Géographie moderne , par le même , 2 vol. in-fol. 123 cartes.

Atlas universel , par Mentelle , 160 cartes.

Atlas universel, par Philippe de Prétot. *V. pag.* 135.

Cosmographie de Mentelle. Paris , dernière édition , 2 vol. in-8.o

Dictionnaire de la France , par d'Expilly. Avignon , 1763 et années suiv. 6 vol. in-fol. Les letttes T , etc. manquent, l'ouvrage n'étant pas terminé.

VOYAGES.

Histoire générale des Voyages par l'abbé Prévot, avec la continuation de Querlon et Surgi, 1745 et suiv. 20 vol. in-4.º ou 80 vol. in-12, avec cartes et fig.

Abrégé des Voyages, par de la Harpe. Paris, 1780 et suiv. *V. pag.* 131.

Collection des Voyages autour du monde, etc. *V. pag.* 144.

Voyage autour du monde, par Bougainville. *V. pag.* 147.

Voyages de Cook. *V. pag.* 151.

Voyage de la Pérouse autour du monde. *V. p.* 176.

Les principaux Voyageurs en Asie sont :

Tavernier, 1676, 3 vol. in-4.º ou 6 vol. in-12.

Chardin, 1771, 3 vol. in-4.º

Melchisédeck Thévenot, 1727, 5 vol. in-12.

Tournefort, 1717, 2 vol. in-4.º ou 3 vol. in-8.º

Bernier, les Mémoires de l'Empire du Grand-Mogol. Paris, 1670, 4 vol. in-12.

Paul Lucas, ses Voyages du Levant. Paris, 1714, 2 vol. in-12.

Le Bruyn, Amsterdam, in-fol. Paris, 1725, 6 vol. in-4.º

Pococke. Voyages en Orient, dans l'Egypte, l'Arabie, la Palestine, la Syrie, la Grèce, la Thrace, etc. traduits par la Flotte. Paris, 1772, 7 vol. in-12.

Voyages de Shaw dans plusieurs provinces de l'Arabie et du Levant, traduits de l'anglais. La Haye, 1743, 2 vol. in-4.º

Nyébuhr. Voyages en Arabie et en d'autres pays circonvoisins. Amsterdam, 1776, 2 vol. in-4.º fig.

Description de l'Arabie , par C. Nyébuhr. Copenhague , 1773 , 1 vol. in-4.º fig.

Pausanias. Voyage historique de la Grèce , traduit
par Gédoyn. Paris , 4 vol. in-8.º

Voyage du jeune Anacharsis en Grèce , par l'abbé
Barthelemy , 7 vol. in-8.º et un atlas in-4.º

Lettres sur la Grèce , par Savary. Paris , 1788 , 1 vol.
in-8.º fig.

Lettres sur l'Egypte , par Savary. Paris , 1785 , 3 vol.
in-8.º fig.

Voyage dans l'intérieur de l'Afrique par le Cap
de Bonne-Espérance , de 1780 à 1785 , par Levaillant.
Paris , Crapelet , an 6 , 2 vol. in-8.º avec 20 fig.

Il y a un second voyage du même auteur. Paris , an
III , 3 vol. in-8.º avec 22 planches.

Ajoutez à ces deux Voyages la grande Carte d'Afrique , par le
même auteur.

Voyage de Sparman en Afrique. Paris , 3 vol. in-8.º
figures.

Voyage du professeur Pallas en Russie , 8 vol. in-8.º
et un Atlas , in-fol.

Voyage dans les deux Indes , dans les Deux-Siciles ,
et dans quelques parties des Appenins , par l'abbé Lazare
Spallanzani , 4. vol. in-8.º fig.

Lettres sur l'Italie , par Dupaty , 1 vol. in-8.º

Voyage en Espagne , par de Langle , 1 vol. in-8.º
figures.

Voyage en Suisse , par Villiams Coxe , 3 vol. in-8.º
figures.

Voyage du même en Pologne , Russie , Suède et
Danemarck , 4 vol. in-8º fig.

Le Voyageur français , ou la Connaissance du Nouveau-Monde , par l'abbé de Laporte , continué et terminé par Domairon , ancien professeur de belles-lettres. Paris , 1772 et suiv. , 42 vol.

Recherches sur les Américains , par Paw , 1771, 3 vol. in-8.º

Mémoires historiques, philosophiques et physiques, concernant la découverte de l'Amérique , par don Ulloa, 1787 , 2 vol. in-8.º

Voyages chez différentes Nations de l'Amérique septentrionale , par J. Long , traduits par Billecoq. Paris , 1794 , 1 vol. in-8.º

L'Art de vérifier les dates , par dom Clement et Clémencet , bénédictins. Paris , 1787 , 3 vol. in-fol.

Tablettes chronologiques de Lenglet Dufresnoy. Paris, 1778 , 2 vol. in-8.º

Le Chronologiste Manuel. Paris , 1770 , Lejay , 1 vol. in-24.

Traité sur les différentes sortes de preuves qui servent à établir la vérité de l'Histoire. Liége , 1770, 1 vol. in-12.

Méthode pour étudier l'Histoire , avec le Supplément et les cartons , par Lenglet Dufresnoy. Paris, 1729 , 7 vol. in-4.º , cartes.

Histoire universelle , depuis le commencement du monde jusqu'à présent , traduite de l'anglais par une société de gens de lettres (Georges Psalmanasar et autres). Amsterdam , 1747 à 1792 , 45 vol. in-4.º, ou 126 vol. in-8.º , avec cartes et fig.

Discours sur l'Histoire universelle , par Bossuet, 1 vol. in-12.

Il y a une suite en un volume par J. de la Barre, qui n'est pas fort estimée. L'Essai sur les mœurs et sur les caractères des

Nations, de Voltaire, peut faire suite au Discours de Bossuet. Le Tableau de l'Histoire moderne, par Méhégan, est encore un ouvrage qui peut se lire après Bossuet.

Elémens d'Histoire générale, ancienne et moderne, par l'abbé Millot. Paris, 1789, 9 vol. in-12.

Histoire ancienne par Rollin, etc. *Voyez pag.* 132.

Histoire des Empires et des Républiques, depuis le déluge jusqu'à J.-C., par l'abbé Guyon. Paris, 12 vol. in-12.

Atlas pour l'étude de l'Histoire ancienne, etc. *V. p.* 132.

Histoire romaine, depuis la fondation de Rome jusqu'à l'année 705, par les PP. Catrou et Rouillé. Paris, 1725 -- 37, 20 vol. in-4.º, fig.

Histoire des Révolutions de la République romaine, par l'abbé de Vertot. Paris, 1752, 3 vol. in-12.

Histoire des Révolutions de l'Empire romain, pour servir de suite à celle des Révolutions de la République. Par Linguet, 2 vol. in-12.

Histoire de la décadence et de la chûte de l'Empire romain, par Gibbon, trad. de l'anglais par Leclerc de Septchênes, 18 vol. in-8.º

Histoire des Empereurs romains, depuis Auguste jusqu'à Constantin. Par Crevier, 6 vol. in-4.º ou 12 vol. in-12.

Histoire des Empereurs, etc., par Lenain de Tillemont. Paris, 1720, 6 vol. in-4.º

Histoire du Bas-Empire, par Lebeau, etc. *V. p.* 133.

Histoire moderne des Chinois, etc. *V. pag.* 133.

Histoire générale des Huns, des Turcs, des Mogols et autres Tartares occidentaux, avant et depuis J.-C. jusqu'à présent, précédée d'une introduction contenant des Tables chronologiques et historiques des princes qui ont regné dans l'Asie. Ouvrage tiré des livres chinois et des manuscrits orientaux de la bibliothèque nationale, par Deguignes. Paris, 1756, 6 vol. in-4.o

Introduction à l'Histoire de France, etc. *V.* pour ce qui regarde l'Histoire de France, les *pag.* 133--34.

Abrégé chronologique de l'Histoire de France, par Mezeray, dernière édition, 1755, 14 vol. in-12.

Abrégé chronologique de l'Histoire de France, par le président Hénault, 5 vol. in-8.o

Abrégé chronologique de l'Histoire d'Espagne, par Macquer, 1765, 2 vol. in-8.°

Il existe encore un abrégé de la même Histoire, par Désormeaux, 1759, 5 vol in-12.

Histoire des Révolutions de Portugal, par Vertot, 1 vol. in-12.

Histoire du Stathoudérat, par Raynal, 1 vol. in-12.

Elémens de l'Histoire d'Angleterre, depuis son origine sous les Romains jusqu'au règne de George II, par l'abbé Millot, 1789, 3 vol. in-12.

Histoire de Marie Stuart, reine d'Ecosse et d'Irlande, décapitée à Londres. Par Mercier, D. C. 2 vol. in-18.

Histoire d'Olivier Cromwel, par Dugour, 2 v. in-18.

Abrégé chronologique de l'Histoire et du Droit public de l'Allemagne, par Pfeffel, 1766, 2 v. in-8.o

Annales de l'Empire, par Voltaire, 2 vol. in-8.o

Histoire de l'empereur Charles-Quint, traduit de l'anglais, de Robertson, par Suard. Paris, 1775, 6 vol. in-12.

Abrégé chronologique de l'Histoire générale d'Italie, depuis la chûte de l'Empire romain en occident, c'est-à-dire, depuis l'an 476 de l'ère chrétienne jusqu'au traité d'Aix-la-Chapelle, en 1748, par de St.-Marc, 5 vol. in-8.o

Histoire de la République de Venise, par Laugier, 1759, 12 vol. in-12.

Histoire des Révolutions de Gênes, par Bréquigny, 1751, 3 vol. in-12.

Histoire des Révolutions de Corse, par Germanes. Paris, 1771, 3 vol. in-12.

Etat ancien et moderne des Duchés de Florence, Modène, Mantoue et Parme, et Relation de Bologne. Utrecht, 1711, 1 vol. in-8.o, cart.

Histoire de Naples, par Giannone, trad. en français. Trèves, 1742, 4 vol. in-4.o

Histoire des Helvétiens, aujourd'hui connus sous le nom de Suisses, par le baron de Tieffenthal, 1754, 10 vol. in-12.

Histoire des Révolutions de Suède, par l'abbé de Vertot, 1768, 2 vol. in-8.o

Abrégé chronologique de l'Histoire du Nord, des états de Danemarck, de Russie, de Suède, de Pologne, de Prusse, de Courlande, etc., avec des Remarques particulières sur le génie, les mœurs, les usages de ces nations, sur la nature et les productions de leurs climats; ensemble un Précis historique concernant la Laponie, les Tartares, les Cosaques, les Ordres militaires des chevaliers Teutoniques et Livoniens; la notice des Savans illustres, des Métropolitains et des Patriarches de Russie, des Archevêchés et Duchés de Pologne, des Princes contemporains, etc., etc., etc., par Lacombe, 1762, 2 vol. in-8.o

Histoire de l'Amérique, par Robertson. Paris, 1778, 2 vol. in-4.o

Essai sur l'Histoire des Belles Lettres, des Sciences et des Arts, par Carlencas. Lyon, Duplain, 1757, 4 vol. in-8.º

Les trois Siècles de la Littérature. etc. *V. p.* 136.

Le citoyen Desessarts travaille à un ouvrage très-étendu, sous le titre de Siècles Littéraires : il paraîtra sous peu.

Dictionnaire historique, par Moreri, 1759, 10 vol. in-fol.

Nouveau Dictionnaire historique, par une société de gens de lettres. (Chaudon,) 1789, 9 vol. in-8.º

Nouveau Dictionnaire historique, par Feller, 1797, 8 vol. in-8.º

Dictionnaire d'Antiquité, par Monchablon, 1 vol. in-8.º

Antiquités d'Herculanum, dessinées et gravées par David, 9 vol. in-4.º

Antiquités étrusques, dessinées et gravées par le même, 5 vol. in-4.º

Museum de Florence, par le même, 4 vol. in-4.º

Dictionnaire abrégé d'Antiquités, par Barral, etc. *Voyez page* 135.

Recueil des Antiquités égyptiennes, étrusques, grecques, romaines et gauloises, par Caylus. Paris, 1752 et suiv., 7 vol. in-4.º, fig.

L'Antiquité expliquée, par Bernard de Montfaucon. Paris, 1719—24, 15 vol. in-fol., belles grav.

Mœurs, coutumes et usages des anciens Peuples par Sabathier. Châlons-sur-Marne, 1770, 3 vol. in-12

Coutumes et cérémonies observées chez les Romains traduites du latin de Nieuport. Paris, 1741, 1 v. in-12

BELLES-LETTRES.

Manière d'étudier les Belles-Lettres , par Rollin. Paris , 2 vol. in-4.º , ou 4 vol. in-12.

Ecole de Littérature , etc. *Voyez page* 111.

Tropes et Exposition d'une Méthode raisonnée pour apprendre la langue latine , par Dumarsais. Paris , 1730, 1 vol. in-8.º

Dictionnaire du vieux langage , par Lacombe. Paris, 1766, 2 vol, in-8.º

Manuel lexique , ou Dictionnaire des mots français dont la signification n'est pas familière à tout le monde, par Prévot. Paris , 1755, 2 vol. in-8.º

Grammaire française simplifiée, ou Traité de l'Ortographe , avec des notes sur la prononciation et la syntaxe , des observations et un nouvel Essai de Prosodie, par Domergue. Lyon , 1778, 1 vol. in-12.

Tout ce que cet auteur a fait sur la Grammaire est à consulter.

Nouvelle Grammaire raisonnée , dite Grammaire de Panckoucke. Paris, Plassan, an III de la Républ. , 1 vol. in-8.º

Réthorique d'Aristote , traduite par Cassandre. La Haye , 1718 , 1 vol. in-12.

Traité des Institutions oratoires , traduit du latin de Quintilien, par Gédoyn. Paris , 1752, 4 vol. in-12.

Réthorique française , de Crevier. Paris , 2 vol. in-12.

Essai sur le Beau , par André. Paris , 1763, 2 vol. in-12.

Le Lycée, par la Harpe , 8 vol. in-8.º

Cours de Belles-Lettres , par Batteux, 1760 , 5 vol. in-12.

Leçons de Réthorique , par Blair , 4 vol. in-8.º

Œuvres de Démosthènes et d'Eschine , trad. en français , par Auger. Paris , 6 vol. in-8.º

Oraisons de Ciceron , etc. *Voyez pag.* 113.

Œuvres de Sénèque , traduites par Lagrange. Paris , 7 vol. in-8.º , y compris l'Essai sur les règnes de Claude et de Néron , par Diderot , qui forme le 7.ᵉ volume.

Lettres de Pline le jeune , suivies du Panégyrique de Trajan , trad. par Sacy. Paris , 17..... 3 vol. in-12.

Oraisons funèbres de Fléchier , 1 vol. in-12.

Oraisons funèbres de Bossuet , 1 vol. in-12.

Oraisons funèbres de l'abbé Prévot , 1765 , 1 vol. in-12.

Eloges des Académiciens de l'Académie des sciences, morts depuis 1699 , par Fontenelle et Fouchy. Paris , 1766 , 3 vol. in-12.

Eloges lus dans les séances de l'Académie française , par d'Alembert , 1779 , 1 vol. in-12.

Mélanges de Littérature , d'Histoire et de Philosophie , par d'Alembert. Amsterdam , 1770 , 5 vol. in-12.

Œuvres de Thomas , etc. *Voyez pag.* 113.

On peut compter parmi les hommes les plus éloquens du siècle, les Fontenelle , les J.-J. Rousseau , les Voltaire , les Marmontel, Laharpe , Servan , Dupaty , Cochin , Mauleon , Gerbier , Linguet Helvétius , Raynal , l'abbé Barthelemy , Buffon , Bernardin de Saint-Pierre , Mirabeau , François de Neufchateau , et enfin le principaux orateurs qui ont brillé à la tribune pendant le cours de la révolution.

Mélanges de Littérature étrangère , par Millin. Paris 1785 , 6 vol. in-12.

Les quatre Poétiques. *Voyez pag.* 113.

Poétique de Voltaire. Genève, (Paris) 1766, 1 vol. in-8.º

Poétique de Marmontel. Paris, 1767, 2 vol. in-12.

POÈTES GRECS. Œuvres complètes d'Homère, etc. *Voyez pag.* 114.

Origine des Dieux du Paganisme et le sens des Fables, découvert par une explication suivie des Poésies d'Hésiode, par Bergier. Paris, 1774, 2 vol. in-12.

Gin a aussi traduit Hésiode. Paris, 1785, 1 vol. in-8.º

Théâtre des Grecs, trad. par Brumoi. Paris, Cussac, 13 vol. in-8.

Anacréon, Sapho, Bion et Moscus, traduction suivie de la Veillée des Fêtes de Vénus, et d'un choix de pièces de différens auteurs, par M. M.... C.... Paris, Le Boucher, 1773, 2 vol. in-8.

POÈTES LATINS. Traduction de trois comédies de Plaute, l'Amphitryon, le Rudens et Lépidicus, 3 vol. in-12.

Il serait à désirer que nous eussions une bonne traduction de toutes les Comédies de Plaute ; mais on ne mettra jamais de ce nombre celles de Limiers, 1719, Amsterdam, 10 vol. in-12, et de Gueudeville, même nombre de volumes publiés dans la même année.

Les Comédies de Térence, trad. par mad. Dacier, avec des notes. Paris, 1717, 3 vol. in-8.º

Le même ouvrage, trad. par Lemonnier, 1771, 3 vol. in-8.º

Le Poëme de Lucrèce, (*De Rerum naturâ*) trad. par Lagrange, avec de savantes notes. Paris, 1767, 2 vol. in-8.º

Il existe encore une traduction de ce poëme par Panckoucke, 1768, 2 vol. in-8.º On ne parle plus de celle du baron Descoutures.

Catulle, Tibulle et Gallus, traduits par Pezay. Paris, 1771 , 2 vol. in-12.

Elégies de Tibulle, suivies des Baisers de Jean second , des Contes et Nouvelles , par Mirabeau , ornées de 14 magnifiques gravures , et les portraits de Mirabeau et de Sophie. Paris, an VI , 3 vol. in-8.º

La Chabeaussière a réclamé cette traduction.

Sentences de Publius Syrus , traduites par M. Accarias de Sérione , 1736 , 1 vol. in-12.

Œuvres de Virgile , traduites en français, le texte vis-à-vis la traduction , avec des remarques , par M. l'abbé Desfontaines. Paris , Plassan , 1796 , 4 vol. in-8.º.   18 fig.

Cette édition, faite avec soin , est recherchée des amateurs. On estime encore celle dite des quatre Professeurs, 4 vol. in-12, petit papier. Les bonnes traductions en vers de Virgile , sont celles des Bucoliques par Gresset , et des Géorgiques par l'abbé de Lille : l'Enéïde de ce dernier est , dit-on , sous presse. On ne parle plus de celle de Segrais , et guère plus de l'Enéïde travestie, dont Scarron a fait les 6 premiers livres, et Moreau de Brasey le reste.

Œuvres d'Horace traduites en français par Tarteron. Amsterdam , 1710, 2 vol. in-12.

Œuvres d'Horace , traduites en vers , par Daru, Paris , an VI , 2 vol. in-8.º

Poésies d'Horace en vers français , avec le texte latin et des extraits des auteurs qui ont travaillé sur cet auteur. 1752 , 5 vol. in-12.

Œuvres complètes d'Ovide , traduites en français , auxquelles on a ajouté la vie de ce poëte ; les hymnes de Callimaque , le *Pervigilium Veneris* , l'Epître de Lingendes sur l'exil d'Ovide , et la traduction en vers de la belle Elégie d'Ovide , sur son Départ , par le

Franc de Pompignan. Ouvrage enrichi de gravures dessinées par feu Queverdo, et gravées par les meilleurs artistes de Paris, 7 vol. in-8.

Elégies de Properce, traduites par l'abbé de Longchamp, 1772, 1 vol. in-8.º

Fables de Phédre, trad. par l'abbé l'Allemand, avec des remarques, 1758, 1 vol. in-12.

Satyres de Perse, trad. par Selis, 1776, 1 vol. in-8.º

Satyres de Juvenal, trad. par Dusaulx, 1770, 1 v. in-8.º

La Pharsale de Lucain, trad. par Marmontel. Paris, 1766, 2 vol. in-12.

On estime aussi la traduction de M. Masson donnée en 1768, 2 vol. in-8.º M. de la Harpe en a traduit plusieurs morceaux en vers.

Pétrone, latin et français, traduction entière suivant le manuscrit trouvé à Belgrade en 1688, avec plusieurs remarques et additions qui manquent dans les premières éditions. Nouvelle édition. Paris, Gide, an VII, 2 vol. in-8.º fig.

Epigrammes de Martial, trad. par l'abbé Le Mascrier. 1754, 2 vol. in-12.

Poésies bucoliques de Némésien et Calpurnius, trad. par Mairault, 1744, 1 vol. in-12.

Œuvres d'Ausone, traduites par l'abbé Jaubert. Paris, 1769, 4 vol. in-12.

Poëme contre les Ingrats, traduit du latin de St. Prosper, par Lemaistre de Sacy, 1717, 1 vol. in-12

Les poëtes latins modernes sont, parmi les plus marquans :

Jean Second, hollandais, connu par ses dix-neuf baisers. *Voyez* Tibulle.

Théodore de Bèze, par plusieurs poésies.

Muret, par ses *Juvenilia* : des modernes, c'est lui qui a le mieux écrit en latin.

Bonnefons, par sa Pancharis.

Sidronius Hossch, par plusieurs poésies d'une latinité pure.

Sarbiewsky, Jés. polonais, par différentes poésies.

Dufresnoy, par son Poëme sur la Peinture.

Sautel, par ses Jeux allégoriques.

Santeuil, par ses Hymnes.

Commire, par plusieurs poésies.

Quillet, par la Callipédie, ou la manière d'avoir de beaux Enfans.

Brumoi, par ses deux Poëmes, des Passions et de l'Art de la verrerie.

Scevole Sainte-Mathe, par un grand nombre de poésies latines, entr'autres, 3 livres de Pædotrophie, ou de la Manière de nourrir et d'élever les enfans, 2 livres de poésies fugitives, etc.

Vaniere, par son célèbre *Prædium rusticum.*

Larue, par un Poëme sur les conquêtes de Louis XIV.

Sanadon, par plusieurs ouvrages lyriques, élégiaques, etc.

L'abbé de Marsy, par deux Poëmes ; le Temple de la Tragédie et la Peinture.

Le P. Doissin, par un Poëme sur la Sculpture et sur la Gravure.

Desbillons, par des Fables.

Huet, évêque d'Avranches, par des Métamorphoses, des Odes, et une Relation de son Voyage de Suède.

Fraguier, par son Poëme intitulé : l'Ecole de Platon.

Massieu, par un Poëme sur le Café.

La Monnoye , par des Fables , Epigrammes ; Contes , etc.

Polignac , par l'Anti-Lucrèce , etc. , etc. etc.

Il existe chez Coustelier et les frères Barbou une collection des éditions les plus correctes et les plus soignées des auteurs latins.

Poètes italiens. Le Dante , connu par sa Comédie de l'Enfer , du Purgatoire et du Paradis.

L'Enfer de Dante , italien et français , par Moutonnet de Clairfons. Paris , 1776 , 1 vol. in-8.°

Œuvres choisies de François Pétrarque, trad. du latin et de l'italien , par l'abbé de Sade , avec des mémoires sur sa vie, tirés de ses œuvres et des auteurs contemporains, des notes ou dissertations , et les pièces justificatives. 1764 , 3 vol. in-4.º

Roland l'Amoureux, traduit de l'italien de Boiardo , par Lesage , 1717, 2 vol. in-12. Tressan a aussi traduit ce poëme , 2 vol. in-8.° , fig.

Roland le Furieux , traduit de l'italien de l'Arioste , par Tressan , 6 vol. petit in-8.° avec 12 fig. d'après les dessins de Marillier et Binet. Panckouke a aussi traduit l'Arioste , en petit format.

Les Abeilles , Poëme traduit de l'italien de Ruccellai , par M. Pingeron , 1770 , 1 vol. in-12.

Le Trissin est auteur d'un Poëme épique, dont le sujet est l'Italie délivrée des goths par Bélisaire, sous l'empire de Justinien. On ne connaît point de traduction française de ce poëme. Le marquis de Maffei a donné une édition des Œuvres du Trissin 1729, en 2 vol. in-fol.

Le Pulci a composé un Poëme intitulé : *Morgante magiore*. Paris , 1768 , 3 vol. in-12.

Folengo (Théophile) a donné deux poëmes burlesques., l'un l'Orlandino, et l'autre qui est satyrique, la Macaronée. Ces deux poëmes ont été traduits en français et réimprimés en 1734, 2 vol. in-12.

La Jérusalem délivrée, traduit de l'italien du Tasse, par Lebrun, 1774, 2 vol. in-8.°, fig.

Cette traduction, que l'on attribuait à J. J. Rousseau, est bien préférable à celle de Mirabeau. Le Tasse est encore connu par son Aminte.

Guarini est connu par le *Pastor fido*, ou le Berger fidèle, traduit par Pecquet. Paris, 1733, 2 vol in-12.

La Philis de Scire, de Bonarelli, a été traduite par Dubois de Saint-Gelais. Bruxelles, 1707, 3 vol. in-12.

Adonis, poëme de Marin, dont Fréron a imité le huitième chant.

Le Sceau enlevé, traduit de l'italien de Tassoni, par M. de Cedors. 1758, 3 vol. in-12.

Maffei est connu par sa Mérope.

Œuvres de Métastase, édition de l'abbé Pezzana, 1782. Paris, 12 vol. in-4.°, ou in-8.°

M. Richelet a donné en 1751, une traduction des Œuvres de Métastase en 12 vol. in-12.

Gorini, connu par beaucoup de pièces de théâtre, toutes médiocres ou mauvaises.

Goldoni, bon auteur; il a un grand nombre de pièces qui ont toutes eu du succès, quoiqu'il n'ait pas toujours respecté les règles du théâtre.

Apostolo Zeno a huit de ses drames traduits par Bouchaud, 1758, 2 vol. in-12.

POÈTES ESPAGNOLS. Araucana, poëme en 36 chants par dom Alonzo d'Ercill-ya-Cunega. Madrid, 1632, vol. in-12.

On ne connaît point de traduction de ce poëme, qui est beaucoup trop long. Le sujet est la guerre que l'auteur soutint sur les frontières du Chili contre des provinces révoltées, qu'il soumit à la fin.

Théâtre espagnol, traduit par Linguet. Paris, 1770, 4 vol. in-12.

La Lusiade de Louis Camoens, trad. par de la Harpe. Paris, 1776, 2 vol. in-8.°, fig.

Le sujet de ce poëme héroïque est la découverte des Indes orientales. Les portugais ont peu de poëtes dramatiques. Voici les principaux : Mello, Gomez, Mathos, Fragoso et Cordeyro : ils s'attachent principalement aux pièces espagnoles.

POËTES ANGLAIS. Paradis perdu de Milton, traduit par Dupré de St.-Maur. Paris, 1753, 4 vol. in-12.

Hudibras, poëme de Samuel Butler, trad. en vers. Paris, 1757, 3 vol. in-12.

Œuvres de Pope, trad. de l'anglais. Paris, 1779, 8 vol. in-8.°, fig.

Le Dispensary, Poëme en six chants par Samuel Garth.

Le sujet de ce poëme est une bataille entre les médecins et les apothicaires. Voici comme Voltaire en a traduit l'exorde.

> Muse, raconte-moi les débats salutaires
> Des médecins de Londre et des apothicaires,
> Contre le genre humain si long-tems réunis.
> Quel Dieu, pour nous sauver, les rendit ennemis ?
> Comment laissèrent-ils respirer leurs malades,
> Pour frapper à grands coups sur leurs chers camarades ?
> Comment changèrent-ils leur coëffure en armet,
> La seringue en canon, la pilule en boulet ?
> Ils connurent la gloire : acharnés l'un sur l'autre,
> Ils prodiguaient leur vie et nous laissaient la nôtre.

Ce poëme est tantôt burlesque, comme il le paraît par ce début, et tantôt sérieux à l'excès.

Téonadis, trad. de l'anglais de Glover. Genève, 1738, 1 vol. in-12.

Méditations d'Hervey, trad. par Le Tourneur. Paris, 1771, 1 vol. in-12.

Les Nuits et Œuvres diverses d'Edouard Young, traduit par Le Tourneur. Paris, 1769, 4 vol. in-12, fig.

Les Saisons, par Thompson, trad. en prose par madame Bontems. 1759, 1 vol. in-8.º, et en vers par St.-Lambert.

Philips, connu par ses trois Poëmes : Pomone ou le Cidre ; la bataille de Bleinheim ou d'Hochtet, et le précieux Chelin, traduits par l'abbé Yart.

Wilmot, connu par ses Satyres de l'Homme et du mauvais Repas.

Steele, par un Poëme sur la mort de la reine Marie, etc., etc.

Denham, par sa tragédie du Sophi, etc.

Chaucer, par des poésies pleines de naïveté.

Spencer, par son Poëme de la Reine des Fées.

Cowley, par son Poëme des Infortunes de David.

Waller, par ses poésies galantes.

Pomfret, par son Poëme du Choix de la vie.

Prior, par ses Odes, Ballades, etc.

Parnell, par son Conte de l'Hermite, etc.

Montague, par des Eglogues.

Walsh, par ses poésies pastorales.

Swift, par son Poëme de *Cadenus et Vanessa*, etc.

Les Poëtes tragiques anglais sont :

Shakespear. Ses Œuvres complètes ont été trad. par Le Tourneur en 20 vol. in-4.º ou in-8.º

Congreve, le meilleur auteur comique d'Angleterre ; ses pièces les plus estimées sont : Le Fourbe, e vieux Garçon , Amour pour Amour , l'Epouse du matin , le Chemin du monde.

Farquhard , connu par sa comédie du Chevalier Henri Widlair.

Dryden , par beaucoup de tragédies , de comédies , etc.

Adisson , par Caton d'Utique.

Otway , par l'Orphelin ; Venise sauvée et dom Carlos.

Wicherley , par son Mysanthrope , imité de Moliere.

Gay , par son Opera des Gueux , etc. ; et des Fables qui ont eu beaucoup de succès. Londres , 1753 , 2 vol. in-8.° , fig.

Théâtre anglais , trad. par Laplace. Paris , 1746 , 8 vol. in-12.

Ossian, fils de Fingal, barde du 3.ᵉ siècle ; poésies galliques , trad. de l'anglais de Macpherson , par Le Tourneur. Paris, Dentu , an VII , 2 vol. in-8.° , fig.

Choix de Contes et de Poésies erses , trad. de l'anglais. Paris , 1772 , in-12 , 1 vol.

POÈTES ALLEMANDS. Zacharie a fait, 1.° un Poëme intitulé les Métamorphoses, Poëme héroïque traduit en français , en 1764; 2.° le Phaéton renversé , traduit par de Lagrange, et 3.° Raton aux enfers , dont il y a deux versions , dont l'une en vers et l'autre en prose , ont paru en 1774. On a encore de lui le charmant Poëme des quatre parties du jour.

Œuvres de Gessner, etc. *Voyez pag.* 115.

Gessner était poëte, imprimeur, dessinateur et graveur; de sorte que les éditions de ses propres ouvrages, sorties de ses presses , offrent la réunion de ces différens talens.

Poésies d'Haller, trad. en français , 2 vol. in-12.

M. Gellert, poëte allemand, connu avantageusement dans la république des lettres par des fables,
des contes, un roman, une pastorale, des poëmes, etc.

M. Jacobi, poëte aimable, tient une place distinguée
sur le Parnasse germanique.

Choix de poésies allemandes trad. par Huber. Paris,
1766, 4 vol. in-12.

L'art dramatique a été fort négligé en Allemagne ; ce n'est que
depuis cinquante ans que la scène est purgée des farces ridicules
qui la déshonoraient. C'est Gottsched qui, le premier, a cherché
à remédier à ces abus. Il est connu par son Caton mourant, et
par beaucoup d'autres pièces, la plupart médiocres.

Le Messie, poëme en dix chants, trad. de l'allemand de Klopstock Paris, 1769, 2 vol. in-12.

POÈTES CHINOIS. Le Poëme de Kien-Long sur la
ville de Moukden et ses environs, traduit par le père
Amyot, missionnaire à Pekin, et publié par M. de
Guignes. Paris, 1770, 1 vol. in-8.º

Hau-Kiou-Choan, Histoire chinoise, traduite par
M. Eidous. Lyon, 1766, 4 parties, in-12.

Contes et Fables indiennes, de Bidpaï et Lokman,
trad. par Galland. Paris, 1724, 2 vol. in-12.

Fables du même, et ses Conseils sur la conduite
des grands et des petits. Bruxelles, 1725, 1 vol. in-12.

POÈTES FRANÇAIS. Histoire de la Poésie française,
par Massieu. Paris, 1739, 1 vol. in-12.

Cette histoire est bien préférable à celle sous le même titre par
Mervesin, 1706, 1 vol. in-12.

Recherches sur les Théâtres de France depuis 1161
jusqu'à présent, par Beauchamps. Paris, 1735, 1 vol.
in-4.º

Dictionnaire des Théâtres par Léris. Paris , 1763 ,
1 vol. in-8.°

Commençons la liste des ouvrages poétiques français , par les Poëmes épiques.

Ceux qu'on ne lit plus , sont : *le Clovis* de Des-
marets , *la Pucelle* de Chapelain, *le Moïse* de Saint-
Amand , *l'Alaric* de Scudery et *la Louisiade* du pere
Lemoine.

Les suivans jouissent d'une réputation justement
acquise :

Le Lutrin , de Boileau.

La Henriade , de Voltaire.

La Pucelle , du même.

Le Vert-vert , de Gresset.

Le Paradis terrestre , de madame Dubocage.

L'Art d'aimer , de Bernard.

Jumonville , de Thomas.

L'Elève de Minerve , ou Télémaque
travesti ,

Caquet Bon-Bec , ou la Poule à } de Jonquières.
ma tante ,

Zélis au bain , de Pezay.

Richardet , de Dumourier.

La Dunciade, de Palissot, édition de Didot, 1797,
in-18.

Les Saisons , de St.-Lambert.

Les Tourterelles de Zelmis , de Dorat.

Le Jugement de Pâris , d'Imbert.

La Henriade travestie , de Monthron.

L'Art de peindre , de Watelet.

La Peinture , de Lemierre, et un petit Poëme sur
le même sujet , par Michel d'Avignon.

Les Romans épiques, écrits en prose poétiques sont:

Télémaque.

Bélizaire

Les Incas.

Numa Pompilius.

Gonzalve de Cordoue.

Guillaume Tell.

Joseph.

Les Bataves , etc. etc. etc.

On ne désigne pas les éditions des ouvrages ci-dessus en particulier, parce que la plupart se trouvent déjà indiquées dans le cours de ce Manuel.

Auteurs dramatiques.

Œuvres de Pierre Corneille , etc. *Voyez pag.* 119.

Le même ouvrage, 1774, 8 tomes in-4.º , fig. Disc. encad.

Œuvres complètes de J. Racine. Paris , 1796 , Didot, 13 gravures , 4 vol. in-8.º

Œuvres compèltes de Crébillon. Paris, Desray, an VII, 2 vol. in-8.º, belles fig.

Théâtre de Voltaire, 8 vol. in-8.º *Voyez ses œuvres complètes.*

Tels sont les quatre auteurs qui tiennent le premier rang sur la scène tragique : voici la liste de ceux qui ont couru la même carrière, sans atteindre ces quatre modèles.

Campistron , connu principalement par ses tragédies d'Andronic, d'Alcibiade , de Tiridate , etc.

Son Théâtre , souvent réimprimé l'a été , pour la dernière fois, en 1750 , 3 vol. in-12.

La Chapelle , auteur de Cléopâtre , de Zaïde , etc.

Thomas Corneille , connu par le comte d'Essex , et Ariane.

La Fosse, par Manlius.

Lagrange, par Amasis.

La Motte, par Inès de Castro.

Piron, par Gustave et Callisthène.

Lefranc de Pompignan, par Didon.

Chateaubrun, par les Troyennes, Philoctète, et Astyanax.

La Place, par Adèle de Ponthieu.

Saurin, par Spartacus.

Colardeau, par Astarbé et Caliste.

Du Belloi, par le Siège de Calais, Gaston et Bayard, et Gabrielle de Vergy.

Le Mierre, par Hypermnestre, Guillaume Tell et la Veuve du Malabar.

La Harpe, par Warwick, Philoctète et Mélanie.

L'abbé Leblanc, par Manco Capac, Albert premier et les Druides.

Champfort, par Mustapha et Zéangir.

Ducis, par Hamlet, Roméo et Juliette, Othello, Abufar, etc.

Chénier, par Charles IX, Caïus Gracchus, Fénélon, etc.

François de Neufchateau, par Paméla, etc.

Œuvres complètes de Molière, avec les commentaires de Bret. Paris, 1772, 6 vol. in-8.°, fig.

Œuvres complètes de Regnard. Paris, (Didot j°.) veuve Duchesne, 1789, 6 vol. in-8.°, fig.

Œuvres de Nericault Destouches. Paris, 1758, 10 vol. in 12.

On en a un abrégé en trois volumes in-12.

Théâtre de Dancourt. Paris, 1760, 12 vol. in-12.

Théâtre de Legrand. Paris , 1742 , 4 vol. in-12.

Théâtre de Palaprat. Paris , 1712 , 2 vol. in-12.

Théâtre de Brueys. Paris , 1735 , 3 vol. in-12.

Œuvres de Riviere Dufresny. Paris , 1747 , 4 v. in-12.

Théâtre de Lesage. Paris , 1774 , 2 vol. in-12.

Œuvres de Nivelle de la Chaussée. Paris , 1762 , 5 vol. in-12.

Théâtre de Boissy. Paris , 1738 , 10 vol. in-8.°

Théâtre de Quinault. Paris , 1778 , 5 vol. in-12.

Théâtre de Danchet. Paris , 1751 , 4 vol. in-8.°

Œuvres de Lagrange Chancel. Paris , 1758 , 5 v. in-12.

Théâtre de la Noue. Paris , 1765 , 1 vol. in-12.

— de Marivaux. Paris , 1740 , 8 vol. in-12.

— de Pannard. Paris , 1763 , 4 vol. in-12.

Chef-d'œuvres dramatiques d'Alexis Piron. Paris , 1773 , 3 vol. in-12.

Théâtre de Saint-Foix. Paris , 1748 , 2 vol. in-12.

. Cet auteur est encore connu plus avantageusement par ses Essais sur Paris , 1766 , 5 vol. in-12.

Théâtre de Marmontel , suivi de l'Apologie du théâtre. Paris , 1787 , 2 vol. in-12.

Théâtre de Palissot. Paris , 1763 , 3 vol. in-12.

— de Favart , 1763 , 10 vol. in-8.°

— de Poinsinet de Sivry. Bouillon , 1773 , 10 v. in-12.

— de Rochon de Chabannes. Paris , 1776 , 1 v. in-8.°

— de Lemierre , contenant une notice nécrologique sur l'auteur , les tragédies d'Hypermenestre, Idomenée , Tercée , Artaxerce , Guillaume Tell et la Veuve du Malabar. Paris , Duchesne , an 8 , 2 vol. in-8.°

— de Cailhava. Paris , 1781 , 2 vol. in-8.°

— de Fenouillot de Falbaire de Quingey. Paris 1787 , 2 vol. in-8.°

Théâtre de Diderot , 2 vol. in-12.

— de Beaumarchais , 1 vol. in-8.ª

— de Collin d'Harleville.

— de Sédaine.

— de Piis et Barré.

— de Mercier.

— de Monvel.

— de Picart.

— de Fabre d'Eglantine.

— de Pigaut le Brun.

etc. , etc. , etc.

Satyres et autres Œuvres de Regnier , avec des remarques par Brossette. Amsterdam , 1730, 1 v. in-4.º

Poésies de Malherbe , rédigées par Querlon. Paris , 1757 , 1 vol. in-8.º

Œuvres d'Honorat de Breuil , seigneur de Racan. Paris , Coustelier , 1724 , 2 vol. in-12.

Œuvres de Chapelle et de Bachaumont. Paris , 1755 , 1 vol. in-12.

Œuvres de Benserade. Paris , 1697, 2 vol. in-12.

Poésies de Saint-Pavin , de Charleval , de Lalane et de Montplaisir. Paris , 1759 , 2 vol. in-12.

Œuvres de madame et Mlle. Deshoulieres. Paris , 1747 , 2 vol. in-12.

Desray vient d'en donner une superbe édition en 2 vol. in-8.º fig.

Fables et Œuvres diverses de La Fontaine. V. p. 116.

Les quatre volumes des Œuvres diverses renferment tous les ouvrages de la Fontaine, excepté ses Fables et ses Contes. On y trouve les Amours de Psyché ; le Florentin , comédie en un acte ; l'Eunuque , autre comédie ; un poëme sur le Quinquina ; un autre sur Saint Malch ; celui d'Adonis, des pièces anacréontiques , etc. etc. etc.

On connaît une édition des Fables de la Fontaine en 6 vol. in-8.º dont le discours est gravé, avec fig. elle est peu recherchée. Paris, 1764--1775.

Œuvres de Ségrais. Paris, 1755, 2 vol. in-12.

Œuvres de Pavillon. Paris, 1720, 1 vol. in-8.º

Œuvres de Boileau Despréaux avec des éclaircissemens rédigés par Brossette, et des remarques par de St.-Marc. Paris, 1747, 5 vol. in-8.º, fig.

Poésies de la Farre. Paris, 1755, 1 vol. in-12.

Poésies de Regnier des Marais. Paris, 1753, 2 v. in-12.

Poésies de Sanlecque. Paris, 1726, 1 vol. in-12.

Œuvres de Chaulieu. Paris, 1774, 2 vol. in-8.º

Poésies du chevalier d'Aceilly (de Cailly), 1680, 1 vol. in-12.

Œuvres de Vergier. Paris, 1731, 2 vol. in-12.

Poésies de Lamonnoye. Paris, 1716, 1 vol. in-8.º

Poésies de Ducerceau. Paris, 1733, 2 vol. in-12.

Odes de la Motte. Paris, 1709, 1 vol. in-12.

Œuvres de J.-B. Rousseau. *V. p.* 115.

— de Desmahis. Paris, 1775, 1 vol. in-8.º

— de Bernard, 1 vol. in-8.º avec 7 belles grav.

— de Colardeau. Paris, 1779, 2 vol. in-8.º

— de Gresset. Paris, Voland, 1793, 2 v. in-8.º, fig.

— de Gilbert. Paris, 1788, 1 vol. in-8.º

— d'Arnaud. Paris, 1751, 3 vol. in-12.

Idylles de Berquin, 2 vol. in-18, fig.

Idylles de Léonard, 1 vol. in-18.

Œuvres de Dorat, 4 vol. in-18, fig.

Les Œuvres complètes de Dorat sont en 20 vol. in-8.º

Œuvres de Boufflers, 1 vol in-18, fig.

Les Mois, poëme par Roucher. Paris, impr. roy. 2 vol. in-4.º, belles fig.

Œuvres pastorales de Merthghen, 2 vol. in-18.

Fables d'Imbert, 1 vol. in-8.° fig.

Œuvres de Moncrif, 1761, 4 vol. in-12, fig.

Fables de M. de Nivernois. Paris, Didot, 1797, 1 v. in-8.°

Le Fablier français, ou élite des meilleures fables depuis La Fontaine. Paris, 1771, 1 vol. in-12.

On a beaucoup de pièces fugitives en vers de Piis, de Darnaud, de François de Neufchateau, de Dorat-Cubières, de Légier, de Voisenon, de Saint-Lambert, de Tressan, de Champfort, d'Andrieux, de Lebrun, de Chénier, de Pipelet, etc. etc. etc.; ceux qui aiment ce genre de poésies peuvent consulter l'Almanach des Muses, le Porte-feuille d'un Homme de goût, l'Elite de Poésies fugitives et la Décade philosophique; on trouvera dans ces recueils ce que l'on peut désirer.

Comme la partie des romans n'est pas la plus essentielle à cultiver, sur-tout dans les écoles centrales, nous renvoyons les jeunes élèves à la petite Bibliothèque méthodique; ils y trouveront quelques romans qui peuvent servir de modèles dans ce genre. Nous nous réservons de donner ailleurs un ample catalogue des meilleurs romans, tant anciens que modernes.

LÉGISLATION.

De la Science de la législation par Filangieri. Paris, 1786 à 1791, 7 vol. in-8.°

Œuvres de Montesquieu. Paris, Gueffier, 1796, 5 vol. in-8.°

Recherches sur la Science du Gouvernement, par Joseph Gorani. Paris, Guillaume, an IV, 2 vol. in-8.°

Recherches sur la nature et les causes de la Richesse des Nations, traduites de l'anglais d'Adam Smith. Par J. A. Roucher. Paris, Buisson, an III, 5 v. in-8.°

Des Délits et des peines, par Beccaria. Paris, 1 v. in-8.°

Science du Gouvernement, par de Real. Paris, 1761 et suiv., 8 vol. in-4.°

Discours sur le Gouvernement, par Sydney. *V.p.* 104.

La Politique d'Aristote, etc. *V. pag.* 103.

Agathocles et Monck. *V. pag.* 104.

Bibliothèque philosophique du Législateur, du Politique, du Jurisconsulte, par Brissot de Warville. Paris, 1782, 1786, 10 vol., gr. in-8.º

Considérations sur l'Homme, par Benjamin Maublan, professeur de législation. Paris, an VI, 1 v. in-8.º

Etudes de l'homme physique et moral, considéré dans ses différens âges, par J. A. Perreau. Paris, Dufart, an VI, 1 vol. in-8.º

Principes des mœurs chez toutes les Nations ou Catéchisme universel, par St.-Lambert. Paris, Agasse, 1798, 3 vol. in-8.º

Discours politiques, historiques et critiques sur quelques Gouvernemens de l'Europe, par le comte d'Albon. Neufchâtel, 1779, 1 vol. in-8.º

BIBLIOGRAPHIE.

Nous indiquons d'abord sur cette partie les ouvrages de Debure qui se trouvent à la page 137 de ce Manuel ; c'est-à-dire, la bibliographie instructive, le Catalogue de Gaignat et la Table des anonymes. Ceux qui suivent sont aussi très-curieux, et seront toujours consultés avec avantage par les Bibliophiles.

Musœum typographicum, seu collectio in quâ omnes ferè libri, in quâ vis facultate ac linguâ rarissimi, notatuque dignissimi accuratè recensentur, à Guill. Fr. Debure, juniore, bibliopolâ Parisiensi. Parisiis, 1755, 1 vol. in-12.

Catalogus codicum manuscriptorum Bibliothecæ regi Parisiensis. (Studio et labore Aniceti Mellot.) Parisiis, à typographiâ regiâ, 1739 *et seq.,* 4 vol. in-fo

Catalogue des livres imprimés de la Bibliothèque royale, (disposés par MM. les abbés Sallier, Boudot et autres gens de lettres.) Paris, imprimerie royale, 1739 et suiv. , 6 vol. in-fol.

Petri Lambecii commentariorum de augustissimâ Bibliothecâ cæsareâ Vindobonensi, libri VIII, cum annotationibus et figuris. Vindobonæ, 1665 -- 1679, 8 vol. in-fol.

Il faut joindre à cet ouvrage les deux suivans.

Danielis de Nessel Breviarium, et Supplementum eorumdem commentatorium, cum novis annotationibus, additamentis, indicibus et figuris. Vindobonæ, 1690, 6 parties en 2 vol. in-fol.

Joannis Friderici Reimanni Bibliotheca acromatica, comprehendens recensionem specialem omnium codicum manuscriptorum Bibliothecæ cæsareæ. Vendobonensis, Hanoveræ, 1712, 1 vol. in-8o.

Catalogus impressorum librorum Bibliothecæ Bodleianæ, in Academiâ Oxoniensi. Oxonii è theatro Sheldoniano, 1738, 2 vol. in-fol.

Jos.-Sim. Assemani Bibliotheca orientalis, Clementino-Vaticana recensens MSS. Codices Syriacos, Arabicos, Persicos, Turcicos, Hebraïcos, Samaritanos, etc. , ex oriente, jussu Clementi XI, conquisitos et Bibliothecæ Vaticanæ additos cum singulorum auctorum vitâ. Romæ, 1719, et ann. seq. , 4 volumes in-fol.

Steph. Evodii Assemani Catalogus codicum orientalium MSS. Bibliothecæ mediceæ Laurentianæ et Palatinæ, studio Ant. Francisci Gorii. Florentiæ, 1742, 1 vol. in-fol.

Catalogue des livres de M. le duc de la Valliere, Paris , 1784. Première partie , 3 vol. in-8.º

Catalogue des livres de M. le duc de la Valliere. Paris , 1788. Seconde partie, 6 vol. in-8º.

Catalogue des livres de Girardot de Préfond. Paris, Debure jeune, 1757, 1 vol. iu-8.º

Bibliothèque curieuse , historique et critique , ou catalogue raisonné de livres rares et difficiles à trouver. Par David Clément ; Gottingen , 1750 et suiv. , 9 vol, in-4.º

Cet ouvrage n'est pas terminé.

Martini Lipenii Bibliotheca realis Theologica. Francofurti ad Mœnum , 1685 , 2 vol. in-fol.

Ejusdem -- Realis Juridica. Francof. ad Mœn. , 1679, 1 vol. in-fol.

Ejusdem -- Realis Philosophica. Francof. ad Mœn., 1682 , 2 vol. in-fol.

Ejusdem -- Realis Medica. Francof. ad Mœn., 1679, 1 vol. in-fol.

Joannis Fabricii Historia Bibliothecæ Fabricianæ, quâ singuli ejus libri eorumque contenta , etc. , aliaque ad rem librariam facientia , recensentur. Wolfenbutelli, Freytag , 1717 *et seq.* , 6 vol. in-4.º

Guillelmi Saldeni , de libris variorumque eorum usu et abusu , libri duo , cum indicibus. Amstelod., 1688, 1 vol. in-8.º

Dictionnaire typographique , historique et critique des livres rares , singuliers , estimés et recherchés en tous genres, etc. Par J. B. L. Osmont , libraire à Paris. Paris, Lacombe , 1768 , 2 vol. in-8.º

Dictionnaire bibliographique , historique et critique

des livres rares , précieux , singuliers , curieux , estimés et recherchés , qui n'ont aucun prix fixes , etc.
par Cailleau. Paris , 1790 , 3 vol. in-8.º

Bibliothèque historique de la France , contenant le
catalogue des ouvrages imprimés et manuscrits qui
traitent de l'histoire de ce royaume , etc., par Jacques
Lelong , et augmentée par Fevret de Fontette. Paris ,
Hérissant , 1768 , 5 vol. in-fol.

*Bibliotheca sacra seu syllabus omnium fermè sacræ
scripturæ editionum ac versionuum , cum notis criticis ;
auctore Jac. Lelong. Parisiis , Pralard , 1709 , 2
vol. in-8.º*

Discours historique sur les principales éditions des
Bibles polyglottes , par J. Lelong. Paris , 1715 , 1 vol.
in-12.

Jugemens des Savans sur les principaux ouvrages
des auteurs , par Adrien Baillet ; revus , corrigés et
augmentés par de Lamonnoye. Paris, 1722, 8 vol. in-4°.

*Philippi Labbe nova Bibliotheca manuscript. libro-
rum seu collectio variorum Historiæ ecclesiasticæ Fran-
cicæ monumèntorum , ex manuscript. codicibus eruta et
edita. Parisiis , Cramoisy , 1657 , 2 vol. in-fol.*

*Antonii Sanderi Bibliotheca belgica manuscripta.
Insulis , 1641 -- 1644 , 2 tomes in-4.º*

*Catalogus Bibliothecæ Harleianæ. Londini , Osborne ,
1743 , 5 vol. in-8.º*

Catalogue des livres du cabinet de M. de Boze.
Paris , impr. roy. , 1745 , 1 vol. in-fol.

*Catalogus librorum rarissimorum ab artis typogra-
phicæ , inventoribus , ante annum 1500 excussorum ,
ordine alphabetico , 1 vol. in-8.º*

*Scipionis Tettii Bibliotheca scholastica. Londini ,
1618 , 1 vol. in-8º.*

Justi Lipsi de bibliothecis syntagma. Antverpiae , ex officina Plantiniana , 1602 , 1 vol. in-4.º

C'est cet ouvrage dont on trouve la traduction en tête de ce livre. Baillet , en pariant de ce Traité , dit : le nom seul de l'auteur de ce petit livre , lui tient lieu d'éloges et d'approbation.

Augusti Beyeri Memoriæ historico-criticæ librorum rariorum. Dresdæ et Lipsiæ , 1734 , 1 vol. in-8.º

Cognitio bonorum librorum , seu examen plurium autorum gall. Parisiis et Amstelod. , 1667 , 1 vol. in-12.

Catalogus librorum facultatum in usum Philobibliorum. Argentor. , 1669 , 1 vol. in-4.º

Jac. Acontii Epist. de ratione edendorum librorum. Basil. , 1569 , 1 vol. in-8.º

L. Allatius , de libris et rebus ecclesiasticis Græcorum. Paris. 1646 , 1 vol. in-8.º

Th. Bartholini Dissert. librariæ de legendis libris. Hafn., 1675 , 1 vol. in-8.º

Richardi de Bury Ep. Dunelmensis , cancell. angl. Philobiblon , seu de amore librorum et institutione. Oxon. , 1599 , 1 vol. in-4.º

Thomæ Campanelli de libris propriis et rectâ ratione studendi syntagma. Paris. 1642 , 1 vol. in-8.º

Dan. Elzevirii catalogus universalis omnium librorum qui in officinâ Elzevirianâ venales prostant. Amstel. , 1674 , 1 vol. in-12.

Cl. Galeni liber de propriis libris. Venet. , 1625 , 1 vol. in-fol.

Pag. Gaudentii obstetrix litteraria , seu de componendis et evulgandis libris dissertationes XI. Florent., 1638 , 1 vol. in-4.º

Petr. Lambecii catalogus librorum quos ab anno 1647 ad 1673 , edidit. Viennæ , 1674 , 1 vol. in-4.º

Julii Nigronidiss. De lectione librorum amatoriorum.
Coloniæ , 1624 , 1 vol. in-12.

Sim. Pauli Historia litteraria , seu dispositio libro-
rum omnium facultatum ac artium secundum materias.
Arg. , 1671 , 1 vol. in-8.º

Erycius Puteanus , de usu fructuque librorum et
Bibliothecâ ambrosianâ. Mediol. , 1606 , 1 vol. in-8.º

Theoph. Raynaudi Erotemata de libris bonis et
malis. Lugduni seq. , 1653 , 1 vol. in-4.º

Franc. Sacchini , de ratione libror. cum profectu
legendi. Herbipoli , 1639 , 1 vol. in-12.

Index librorum prohibitorum et expurgandorum ,
jussu Alexandri VII , editus. Romæ , 1667 , 1 vol. in-fol.

Joa.-Henr. Bœcleri , Oratio de inventione artis typo-
graphicæ. Argent. , 1641 , 1 vol. in-4.º

M. Z. Boxhornii Dissert. de typographicæ artis in-
ventione et inventoribus. Lugd. Batav. 1641 , 1 vol. in-4.º

Recherches historiques , littéraires et critiques sur
l'origine de l'imprimerie , particulièrement sur ses
premiers établissemens au XV.ᵉ siècle , dans la Bel-
gique; par Lambinet. Bruxelles , an VII , 1 vol.
in-8.º , fig.

Gerardi Meerman origines typographicæ ,°cum figuris
Æneis. Hagæ-Comitum ; 1765 , 2 vol. in-4.º

Bernardini à Malinkrot , de Ortu et progressu artis
typographicæ. Colon. agrippinæ , 1639 , 1 vol. in-4.º

Georg. Draudii typographicus discursus experimen-
talis , cum præcipuorum typographorum insignibus ,
eorumdemque expositionibus conjecturalibus Francof. ,
1625 , 1 vol. in-8.º

Jacobi Mentelii , de verâ typographiæ origine Pa-
rænesis. Paris , 1650 , 1 vol. in-4.º

Ant. Vitré, brevis excursus de loco, tempore, autore et inventione typographicæ. Paris., 1644, 1 vol. in-4.0

Michælis Maittaire, Annales typographici ab artis inventæ origine ad annum 1550. Editio secunda. Amstelodami, 1733, 2 vol. in-4.0

Eorumdem, Annalium typographicorum, pars secunda et tertia, ad annum 1557, cum appendice ad annum 1664. Hagæ comitum, 1722 et 1725, 2 parties en 4 vol. in-4.0

Eorumdem typographicorum tomus quintus et ultimus indicem complectens. Londini, 1741, 2 vol. in-4.0

Ces trois articles réunis forment la collection complette des Annales typographiques de Maittaire : on peut y joindre aussi la première édition du premier article. Mais, en 1797, on a donné une nouvelle édition de Maittaire sous ce titre :

Annales typographici ab artis inventione, origine, ad annum M. D. post Maittairii aliorumque doct. viror. curas in ordine redacti, emend. et aucti operâ G. W. Panzer. Noremb., 5 vol. in-4.0

Michaelis Maittairii Historia Stephanorum ipsorum vitas ac libros complectens. Londini, 1709, 2 tom. en 1 vol. in-8.0

Michaelis Maittaire Historia Typographorum aliquot Parisiensium; scilicet: Simonis Colinæi, Mich. Vascosani, Guill. Morellii, etc. ipsorum vitas ac libros complectens. Londini 1717, 2 tomes en 1 vol. in-8.0

Histoire de l'origine et des progrès de l'Imprimerie, par Prosper Marchand. La Haye, 1740, 1 vol. in-4.

Supplément à l'Histoire de l'Imprimerie, de Prosper Marchand, ou additions et corrections pour cet ouvrage, par Mercier de St.-Léger. Paris, 1775, 1 vol. in-4.0

Pierre Didot l'aîné a fait une Épître sur les progrès de l'imprimerie ; elle se trouve à la suite de ses fables imprimées par lui. Paris , 1 vol. in-12.

L'Histoire de l'Imprimerie et de la Librairie , où l'on voit son origine et son progrès, jusqu'en 1689 ; par Jean de la Caille l'aîné , imprimeur et libraire de Paris. Paris , 1689 , 1 vol. in-4.º

Eruditissimus Poema regiæ scientiarum Academiæ sociis, ut in suam Societatem artem Typorum coaptent. Paris , Thibout, 1699, 1 vol. in-4.º

La Science-Pratique de l'Imprimerie , contenant des Instructions très-faciles pour se perfectionner dans cet Art , par M. D. Fertel. Saint-Omer , 1723 , 1 vol. in-4.º

Histoire générale de l'Imprimerie , (en anglais) par Palmer. Londres, 1729, 2 vol. in-4.º

Monumens typographiques , ou Recueil des ouvrages faits sur l'origine et les progrès de l'Imprimerie , sur son utilité , ses avantages et ses abus ; par Volfius, professeur de l'Université de Hambourg. Hambourg , Herold , 1740 , 2 vol. in-8.º (Cet ouvrage est écrit en latin.)

Traité sur l'origine et les progrès de l'Imprimerie , par Fournier le jeune. Paris , 1764 , 1 vol. in-8.º

Manuel typographique , par Fournier le jeune. Paris, Barbou , 1764 , 2 vol. in-8.º , fig.

Recueil de différens Traités sur l'imprimerie et les caractères , par Fournier le jeune. Paris , 1759 , 1 vol. in-8.º

Le Traité élémentaire de l'Imprimerie , ou le Manuel de l'Imprimeur , avec 36 planches. ; par A. F. Momoro. Paris , Tilliard , 1796 , 1 vol. in-8.º

Traité de l'Imprimerie , par le citoyen Bertrand Quinquet , imprimeur du Pritanée français. Paris', an VII , 1 vol. in-4.º

Dan. Maichelii , de præcipuis Bibliothecis Parisiensibus. Cantabrigiæ , 1720 --- *Lipsiæ* , 1721 , 1 volume in-8.º

Bibliotheca Historiæ litterariæ , autore J.-Fr. Jugler. Jenæ , 1754 , 3 vol. in-8.º

L'Origine de l'Imprimerie de Paris , Dissertation historique et critique , par André Chevillier , docteur et bibliothécaire de Sorbonne. Paris , Delaulne , 1694 , 1 vol. in-4.º

Jo.-Danielis Schœpflini , Vindiciæ Typographicæ. Argentor. , 1760 , 1 vol. in-4.º

Josephi - Christophori Wolfii Bibliotheca hebræa , seu Notitia Auctorum hebræorum. Lipsiæ , 1715 , 4 vol. in-4.º

Avis pour dresser une Bibliothèque , par Gabriel Naudé. Paris , 1644 , 1 vol. in-8.º , seconde édition.

Traité des plus belles Bibliothèques publiques et particulières qui ont été et qui sont à présent dans le monde , par le P. Louis Jacob. Paris , 1644 , 1 vol. in-8.º

Traité des plus belles Bibliothèques de l'Europe , par Legallois. Paris , 1680 , 1 vol. in-12.

Bibliotheca Belgica , sive virorum in Belgio Vitâ scriptisque illustrium catalogus , librorumque nomenclaturâ continens scriptores , etc. *Curâ et studio Joannis Francisci Foppens. Bruxellis* , 1739 , 2 vol. in-4.º

Bibliotheca curiosa in quâ plurimi rarissimi atque paucis cogniti scriptores , interque eos antiquorum Ecclesiæ Doctorum præcipuorum et classicorum ferè omnium œtas , officium , professio , obitus , scripta , horum-

que optimœac novissimœ editiones indicantur; à Joan. Hallervordio Regiomontano Prusso. Regiomonti et Francofurti, 1676, 1 vol. in-4.°

Bibliotheca exquisitissima insignium et prœstantissimor. in omnibus facultatibus et linguis ; per Adrianum Moetjens. Hajœ-Comitum, 1732, 1 vol. in-8.°

Joan. Alberti Fabricii Bibliotheca grœca , sive notitia scriptorum veterum Grœcorum , etc. , editio tertia , cui accedit Empedóclis sphœra , et Marcelli Sidetœ carmen de Medicamentis et Piscibus ; gr. et lat. , cum brevibus notis. Hamburgi, 1780 *et seq. ;* 14 vol. in-4.°

Joan. Alberti Fabricii Bibliotheca latina , sive notitia auctorum veterum latinorum , etc. Venetiis, 1728 *,* 2 vol. in-4.°

Joan. Alberti Fabricii Bibliotheca latina mediœ et infimœ latinitatis , cum supplem. Christiani Schœttgenii , ex editione et cum notis Dominici Mansi. Patavii , 1754, 6 vol. in-4.°

Joan. Alberti Fabricii Bibliotheca antiquaria , editio secunda auctior. Hamburgi , 1760 *,* 1 vol. in-4.°

Bibliotheca ecclesiastica in quâ continentur antiqui scriptores varii Ecclesiastici , ex recensione Johan. Alberti Fabricii. Hamburgii , 1718, 1 vol. in-fol.

Bibliotheca Septentrionis eruditi , etc. , auctoribus Alb. Bertholino , Joh. Scheffero et Joh. Mollero. Lipsiœ, 1699, 1 vol. in-12.

Burcardi Gotthelffi Strupii Bibliotheca historica selecta in suas classes distributa , cum additionibus Christiani Gottlieb Buder. Ienœ , 1740, 2 volumes in-8.°

Mémoires pour servir à l'Histoire des Hommes

illustres dans la République des Lettres ; avec un Catalogue raisonné de leurs ouvrages , par Niceron. Paris , 1729 -- 1744, 43 vol. in-12.

Essai historique sur la Bibliothèque du roi , et sur chacun des dépôts qui la composent , avec la Description des bâtimens et des objets les plus curieux à voir dans ces différens dépôts. Paris , Belin , 1782, 1 vol. in-12.

Les Bibliothèques françaises de Lacroix du Maine et de Duverdier , sieur de Vauprivas ; nouvelle édition, revue et augmentée d'un discours sur le progrès des Lettres en France , et des Remarques historiques, critiques et littéraires de Lamonnoye , de Bouhier et de Falconnet , par Rigoley de Juvigny. Paris, 1772 , 6 vol. in-4.º

NOTICE ABRÉGÉE

DES PRINCIPAUX OUVRAGES

CONSIDÉRABLES OU RARES,

Qui ne se trouvent ordinairement que dans les grandes Bibliothèques.

On a cru devoir borner aux ouvrages précédemment cités le nombre de ceux qui peuvent entrer dans une bibliothèque de choix pour les jeunes élèves des écoles centrales ; on en a beaucoup passé sous silence, sans doute, et des précieux ; mais, lorsque l'on considère la quantité immense de volumes * que contiendrait la seule nomenclature des bons ouvrages imprimés, il ne faut pas être surpris des omissions

---

* Struvius, célèbre bibliographe, prétend qu'il serait plus aisé de porter le mont Atlas, que de faire une histoire littéraire universelle.

La Bibliothèque historique du père Lelong, édition de Fontette, qui indique seulement les ouvrages concernant l'Histoire de France, est en cinq volumes in-folio, contenant quarante-huit mille deux cent vingt-trois articles ; de plus, environ six mille de supplément, et il en manque encore plusieurs mille. Cela fait présumer qu'une Bibliographie générale formerait une masse de plus de cent cinquante volumes in-folio. Un prince allemand ayant formé le projet de réunir toutes les éditions de la Bible en a déjà huit mille ; il lui en manque encore deux mille.

Un anglais a trois cent soixante-cinq belles éditions d'Horace.

(*Rapport du cit.* GREGOIRE, *sur la Bibliographie.*)

indispensables dans un simple catalogue si abrégé: Cependant on se permettra de reculer les bornes que l'on s'était imposées en commençant ces notices bibliographiques, pour donner une liste des ouvrages précieux, soit par leur étendue, soit par leur rareté ou par leur singularité. On a puisé cette liste dans les Bibliographies et les Catalogues les plus accrédités.

HISTOIRE BIZANTINE.

Ce corps d'histoire est précieux; il est rare de le trouver complet, comme il serait trop long de détailler ici tous les volumes qui le composent, nous nous contenterons de dire qu'il doit avoir 41 vol. in-folio et 2 vol. in-12. On trouvera les titres et la date de chaque partie de cette collection dans le Dictionnaire d'Osmont, tome 1, pag. 146. On trouvera les mêmes détails dans Debure, vol. 6, pag. 615; mais il fait monter cette collection à 36 vol. in-fol. auxquels on peut ajouter quelques ouvrages dont il donne les titres, et qui sont au nombre de 7 vol. in-folio, 10 vol. in-4.° et 3 vol. in-12.

Acta Sanctorum omnium, ex latinis et græcis monumentis collecta, et notis illustrata à Patribus Societatis Jesu; studio Joan. Bollandi God. Henschenii, Dan. Papebrochii, F. Baertii, Conr. Janningi, J. B. Sollerii, Joan. Pinii, Guill. Cuperii, Petr. Boschii, Joann. Stillengii, Joan. Limpenii, Joan. Veldii, etc., etc., etc. *à mense januario ad diem septimam octobris. Antverpiæ, Meursius,* 1643 *et ann. seq.,* 48 vol. in-fol.

On ajoute à cet ouvrage :

Exhibitio errorum quos Daniel Papabrochius suis in notis ad Acta Sanctorum commisit; per Sebastianum à Sancto Paulo. Coloniæ Agrippinæ, 1693, 1 vol. in-4.°

C'est une espèce de critique du précédent, à laquelle on a fait l'excellente réponse suivante, dont les exemplaires sont rares.

Examen Juridico - theologicum præambulorum Seb. à S. Paulo ad exhibitionem errorum Dan. Papebrochio ab illo imputatornm ; auctore Nic. Bayœo , cum responsionibus Dan. Papebrochii. Antverpiæ , 1698 , 4 vol. in 4.°

Ces trois articles forment un corps d'ouvrage ; on désire avec impatience la suite de l'*Acta Sanctorum.* Cette collection renferme des morceaux précieux d'histoire et d'ancienne littérature, que l'on chercherait vainement ailleurs.

Bibliotheca fratrum Polonorum quos unitarios vocant, etc. Irenopoli , 1656 *et seq. ,* 9 vol. in-fol.

Maxima Bibliotheca veterum Patrum , per Margarinum de la Bigne *collecta et digesta , deinde à Colon. Doctoribus locupletata ; nunc verò à Phil. Despont aucta. Lugduni, Anisson ,* 1677 , 27 vol. in-fol.

Index Bibliothecæ maximæ veterum Patrum à Simeone à Sancta-Cruce digestus. Genuæ , 1707 1 vol. in-fol.

Apparatus ad bibliothecam maximam veterum Patrum à Nicol. Lenourry digestus. Parisiis , Anisson , 1703 *, et de Lespine ,* 1715, 2 vol. in-fol.

Ces trois articles joints ensemble forment la Bibliothèque complette des Pères en 30 vol. in-fol. On peut encore y ajouter l'ouvrage ayant pour titre :

Sanctorum bibliotheca Patrum , primitivæ Ecclesiæ , etc. Lugduni , Huguetan , 1680 , 1 vol. in-fol.

On ne trouve ordinairement que dans les grandes bibliothèques les éditions particulières des Pères de l'Eglise : on sait que les Pères de l'Eglise sont des écrivains ecclésiastiques grecs et latins qui ont fleuri dans les six premiers siècles du christianisme. On en compte vingt-trois, auxquels on ajoute saint Bernard qui a vécu dans le douzième siècle.

En voici la liste chronologique, à laquelle on a ajouté la date des meilleures éditions de leurs ouvrages.

St. Justin, de Naplouse en Palestine, mort en 167. *Paris, gr.-lat., 1698, 3 vol. in-fol., vel 1742, 1 vol. in-fol.*

St. Irénée, né en Grèce, Evêque de Lyon, mort en 202. *Venetiis, gr.-lat., 1734, 2 vol. in-fol., vel Parisiis, 1710, 1 vol. in-fol.*

Athénagore, d'Athènes, florissait dans le 2e. siècle. *Oxonii, gr.-lat., 1706, 1 vol. in-8.º*

St. Clément d'Alexandrie, mort en 220 -- *Oxonii, gr.-lat., 1715, 2 vol. in-folio.*

Tertullien de Carthage, mort en 216 -- *Parisiis, gr.-lat., 1664, 1 vol. in-fol.*

Origène d'Alexandrie, mort en 254 -- *Parisiis, gr.-lat., 1733, 4 vol. in-fol., vel 1740 - 1759, 4 vol. in-fol.*

St. Cyprien, Evêque de Carthage, mort en 258 -- *Parisiis, 1726, 1 vol. in-fol.*

Minutius Félix florissait en 250 -- *Cantabrigiœ, 1712, 1 vol. in-8.º*

Lactance vivait en 350 -- *Parisiis, 1748, 2 v. in-4.º*

St. Hilaire, Evêque de Poitiers, mort en 368 -- *Parisiis, gr. - lat., 1693, 1 vol. in-folio.*

St. Athanase, Patriarche d'Alexandrie, mort en 373 -- *Parisiis, gr.-lat, 1698, 3 vol. in-fol.*

St. Cyrille, Patriarche d'Alexandrie, mort en 444 -- *Parisiis, gr.-lat., 1638, 7 vol. in-fol.*

St. Cyrille, Patriarche de Jérusalem, mort en 386 -- *Parisiis, gr.-lat., 1720, 1 vol. in-fol.*

St. Basile le Grand, Evêque de Césarée, mort en 379 — Parisiis , gr.-lat. , 1721 , 3 vol. in-fol.

St. Grégoire , de Naziance , Evêque de Constantinople , mort en 391 — Parisiis , gr.-lat., 1630, 2 v. in-fol.

St. Grégoire , Evêque de Nysse , mort en 396 — Parisiis , gr.-lat. , 1638, 3 vol. in-fol.

St. Ambroise , Evêque de Milan , mort en 397 — Parisiis , 1686 et 1690 , 2 vol. in-fol.

St. Jean Chrysostome , Patriarche de Constant., mort en 407. — Parisiis , gr. — lat. , 1718 , 13 vol. in-fol.

St. Jerôme de Stridon , mort en 420. — Parisiis , 1693 , 5 vol. in-fol.

St. Augustin , né à Tagaste , mort an 430. — Parisiis , 1679 , 11 tom. , 8 vol. in-fol.

St. Léon , Pape , mort en 461. — Romæ , 1753 , 3 vol. in-fol.

St. Grégoire I , dit le Grand , Pape , mort en 604.— Parisiis , 1705 , 4 vol. in-fol.

Theodoret , évêque de Cyr , né en 386 — Parisiis , 1642 — 84 , 5 vol. in-fol.

St. Bernard , mort en 1153. - Parisiis. 1690, 2 v. in-fol.

Nous ajouterons à ces éditions :

Collectio Patrum Græcorum , Eusebii Cæsariensis , Athanasii et Cosmæ Ægyptii , gr.—lat. — Parisiis , 1706 , 2 vol. in-fol.

S. Prosperi. — Parisiis , 1711 , 1 vol. in-fol.

Cassiodori. — Rothomagi , 1679 , 2 tom. , 1 vol. in-fol.

S. Gregorii Turonensis. — Parisiis , 1699 , 1 vol. in-fol.

S. Isidori , Hispalensis. — Gr. — lat. , Parisiis , 1601 , 1 vol. in-fol.

S. Joannis Damasceni. — Gr. — lat. , Parisiis , 1712 , 2 vol. in-fol.

S. Anselmi. — Parisiis, 1721, 1 *vol. in-fol.*

Hidelberti et Marbodii. — Parisiis, 1708, 1 *v. in-fol.*

Guiberti. — Parisiis, 1651, 1 *vol. in-fol.*

Tous ces ouvrages formeraient une collection bien précieuse, sous le rapport des éditions, qui toutes sont presque données par les Bénédictins.

Encyclopédie, etc. *V. pag.* 124.

Cette édition est la seule bonne ; on la distingue par le mot *différent*, qui termine la seconde colonne de la feuille Gg du tome premier. Ce mot doit être imprimé à moitié seulement, et le portrait de Louis XV est au tome IX ; au lieu que dans les éditions étrangères, *différent* est imprimé en entier, et Louis XVI est au lieu de Louis XV.

Thesaurus antiquitatum græcarum congestus et editus à Jacobo Gronovio, cum figuris Æneis. Accedunt Joannis Potteri Archeologia græca, necnon indices in corpus Antiquitatum. Lugd. Batav., 1697 *et ann. seq.* 14 vol. in-folio.

Thesaurus. Antiquitatum romanarum congestus à Joan. Georg. Grævio, cum figuris Æneis. Lugd. Bat. 1694 *et ann. seq.*, 12 vol. in-fol.

Alberti Henrici de Sallengre novus Thesaurus Antiquitatum romanarum, cum figuris Æneis. Hagæ Com., 1716 *et ann. seq.*, 3 vol. in-folio.

Samuelis Pitisci Lexicon Antiq. romanarum. Leovardiæ ; 1713, 2 vol. in-folio.

Ces quatre articles forment ensemble la collection entière des antiquités grecques et romaines, publiées par Grævius et Gronovius en 31 volumes in-folio. On y a ajouté les quatre ouvrages suivans.

Utriusque Thesauri Antiquitatum græcarum et romanarum nova Supplementa, cum figuris Æneis, et editione Jo. Poleni. Venetiis, 1737, 5 vol. in-folio.

Inscriptiones Antiquæ totius orbis Romani, à Jano Grutero collectæ ; editio nova multis accessionibus locupletior, curante Georgio Grævio. Amstelodami, 1707, 4 vol. in-folio.

Thesaurus Antiquitatum et Historiarum Italiæ Mari ligustico et Alpibus vicinæ ; collectus curâ Joann. Georg. Grævii, et editus cum Præfationibus Petri Burmanni. Lugd. Batav., 1704 et ann. seq., 9 tomes en 30 vol. in-folio, selon Osmont et Debure.

Thesaurus Antiquitatum et Historiarum Siciliæ, Sardiniæ, Corsicæ aliarumque insularum adjacentium ; digeri cœptus à Joann. Georg. Grævio, et editus à Petro Burmanno, cum figuris Æneis. Lugd. Batav., 1723 *et ann. seq.* 15 vol. in-folio.

Tel est le corps d'ouvrage entièrement complet des Antiquités grecques et romaines. Il est rare de rencontrer tous ces articles réunis.

L'Antiquité expliquée et représentée en figures, par dom Bernard de Montfaucon. Paris, Florentin de Laulne et compagnie, 1619, 10 vol. in-fol.

Supplément à l'Antiquité expliquée, par Montfaucon. Paris, veuve Florentin de Laulne et compagnie, 1724, 5 volumes in-folio.

Les Monumens de la Monarchie française, que l'injure du tems a épargnés, représentés en figures et expliqués par dom Bernard de Montfaucon. Paris, 1729 et an. suiv., 5 vol. in-fol.

Corps universel diplomatique du Droit des Gens, ou Recueil des Traités de paix, d'alliance, de trèves, etc. faits en Europe, depuis le règne de Charlemagne, jusqu'à présent, avec les capitulations impériales et

royales et autres actes, publiés par Jean Dumont;
Amsterdam, 1726 et suiv., 8 tomes en 16 vol. in-fol.

Supplément au Corps universel diplomatique du Droit
des Gens, etc. avec le Cérémonial diplomatique des
Cours de l'Europe, par Dumont et Rousset. Amsterdam, 1739, 5 tomes reliés en 6 vol. in-fol.

Histoire des Traités de paix et autres Négociations
du 17ᵉ. siècle, depuis la paix de Vervins jusqu'à celle
de Nimègue, etc., ouvrage qui peut servir d'introduction au Corps diplomatique, par Jean-Yves de
St.-Prest. Amsterdam, 1725, 2 vol. in-fol.

Négociations secrettes touchant la paix de Munster
et d'Osnabrug, depuis 1642 jusqu'en 1648, etc. Le tout
tiré des manuscrits les plus authentiques. Ouvrage
nécessaire au Corps diplomatique. La Haye, 1725,
4 vol. in-fol.

Ces quatre articles forment ensemble ce qu'on appelle la collection entière du corps diplomatique en 28 volumes in-fol.

*Fœdera, Conventiones, Litteræ cujuscumque generis
acta publica, etc. ab ineunte seculo XII ad nostra
usque tempora habita aut tractata ; et in lucem missa,
de mandato nuperæ Reginæ, accurantibus Thomâ
Rymer, et post illum Roberto Sanderson ; editio tertia
curis Georgii Holmes. Hagæ-Comitum, Joan. Neaulme,
1745 et seq., 20 tom. en 10 vol. in-fol.*

La première édition est de Londres 1704, 20 vol. in-fol., et la
seconde est encore de Londres 1727, 17 vol. in-fol.

*Sæpolæ et Ludovici Sammarthanorum fratrum Gallia
Christiana, seu series omnium Archiepiscoporum, Epis-
coporum et Abbatum Franciæ, etc. ; aucta et edita
à Petro Abelio et Nicolao Sammarthanis, ac demùm*

continuata per Dionysium Sammarthanum et alios Benedictos. Parisiis , Coignard et ex typ. reg. , 1715 , et ann. seq. , 13 vol. in-fol. , fig.

Baronii Cardinalis , Annales ecclesiastici , à Christo nato ad annum usque 1198. Romœ , 1588 , 12 vol. in-fol.

Odorici Raynaldi eorumdem Annalium post Baronium continuatio ab anno 1198 ad annum 1565. Romœ , 1646 , 10 vol. in-fol.

Iidem Odor. Raynaldi Annales in Epitomen redacti. Romœ , 1667 , 1 vol. in-folio.

Jacobi Laderchis eorumdem Annalium post Baronium et Raynaldum , continuatio ab anno 1566 ad annum 1571. Romœ , 1728 , 3 vol. in-fol.

Antonii Pagi critica historico-Chronologica in universos Annales ecclesiasticos Cœsaris Baronii. Antverpiœ , (Genevœ) 1705 , 4 vol. in-fol.

Apparatus Annalium ecclesiasticorum , Cœsaris Baronii cum Criticâ Ant. Pagi continuatione Odor. Raynaldi necnon notis Georgi et Joan. Dominici Mansi , in Pagium et Raynaldum. Lucœ , 1740 , 1 vol. in-fol.

Ces six articles forment la collection complette des Annales ecclésiastiques du **cardinal Baronius.** Cette édition de Rome est la seule estimée.

Critici sacri , sive annotata doctissimorum virorum in vetus ac novum Testamentum , etc. Amstelodami , 1698 , 9 vol. in-folio , 2ᵉ. édition.

Thesaurus Theologico-Philologicus , sive Silloge Dissertationum , etc. *à Theologis protestantibus conscriptarum. Amstelodami , Boom , 1701 , 2* vol. in-folio.

Ludovici Capelli Critica sacra. Parisiis , Cramoisy , 1650 , 1 vol. in-folio.

Ces douze volumes forment la Collection des grands Critiques.

Extraits des Registres des grands jours du Parlement, 23 vol. in-folio.

Table raisonnée des registres du Parlement, rédi-
gée par titres et selon l'ordre de l'alphabet des tems
et des matières, 6 vol. in-fol.

Ces deux manuscrits forment une collection connue sous le nom
des *Olim.*

*Collectiones Peregrinationum in Indiam orientalem
et Indiam occidentalem, XXV partibus comprehensæ ;
opus illustratum figuris Æneis fratrum de Bry et Meriani.
Francofurti ad Mœnum, 1590 et ann. seq. ad ann. 1634,
7 vol. in-fol.*

On appelle ce recueil la *Collection des grands et des petits Voyages.*
Cette Collection, très-précieuse, est composée d'un nombre considérable de pièces et de relations qui concernent, tant la découverte et la description du Nouveau-Monde ou des Indes occidentales, que l'histoire particulière et détaillée des Indes orientales.
Elle est l'assemblage d'une infinité de traits singuliers fort curieux,
publiés originairement en différentes langues, exécutés indifférem-
ment dans toutes sortes de formes et imprimés en différens temps ;
elle est divisée en XXV parties, dont XIII renferment les voyages
qui regardent l'Amérique ou les Indes occidentales, et XII qui
concernent les Indes orientales, et qui ont été imprimées d'un
format plus petit ; et c'est la différence de format qui a fait donner
à ces Voyages le nom de grands et petits. Cette notice est tirée
de Debure qui, dans sa Bibliographie, a consacré 118 pages à la
description de cette Collection, qu'il est infiniment rare de trouver complette et parfaite.

*Collectiones topographicæ, seu Descriptiones plu-
rimarum regionum, urbium et locorum, à diversis
authoribus, tàm latino quàm germanico idiomate cons-
criptæ ; variisque annis in lucem publicata cum figuris
Æneis. Sumptibus Matth. et Gasp. Meriani. 31 vol.
in-folio.*

On trouve dans la Bibliographie de Debure les titres, la date et le lieu de l'impression de chacun de ces 31 vol. Les quatre premiers sont de Jean-Louis Godefroy ; les cinq suivans de Martin Zeiller ; les quatre qui suivent, de Jean-Pierre Lotichius, et les dix-huit derniers du même Martin Zeiller.

Recueil des Historiens des Gaules et de la France, etc. Le tout accompagné de préfaces, de sommaires, de notes et de tables, par le R. P. dom Martin Bouquet et autres Bénédictins. Paris, 1738 et ann. suiv. , 12 vol. in-folio.

Cérémonies religieuses et Coutumes religieuses de tous les peuples du monde, représentées par des figures gravées en taille-douce par Bernard Picart, avec des explications historiques et des dissertations curieuses. Amsterdam , 1723 et suiv. , 9 vol. in-folio.

Superstitions anciennes et modernes , Préjugés vulgaires qui ont induit les peuples à des usages et à des pratiques contraires à la Religion, etc. Amsterdam , 1733 -- 1736 , 2 vol. in-fol. , fig.

Biblia sacra Polyglotta complectentia , vetus Testamentum , hebraïco , græco et latino idiomate ; novum Testamentum græcum et latinum , et Vocabularium hebraïcum et chaldaicum veteris Testamenti, cum Grammaticâ hebraïcâ necnon Dictionnario græco ; studio , operâ et impensis Cardinalis Francisci Ximenes de Cisneros , complucti de Brocario , 1514 , 1515 et 1517 , 6 vol. in-folio.

Cette édition , qui est rare, ne contient que quatre langues ; savoir : l'hébreu, le chaldéen, le grec et le latin.

Biblia sacra Poliglotta , Philippi II , Hispaniarum Regis jussu edita ac impressa ; curâ Benedicti Ariæ Montani, Antverpiæ , Plantinus , 1569 , 1572 , 8 vol. in-folio.

*Biblia sacra Polyglotta , studio Guy Michaelis Lejay,
Parisiis , apud Antonium Vitray , 1628 et ann. seq. ad
1645 , 10 vol. in-fol. , max. formâ atlanticâ.*

Cette édition contient , outre ces quatre langues précitées , le
syriaque et l'arabe.

*Biblia sacra Polyglotta , complectentia textus ori-
ginales , hebraïc. , chaldaïc. et grœc. , Pantateuchum,
samaritanum et versiones antiquas cum apparatu ,
appendicibus et annotationibus ; studio et operâ Briani
Walton. Londini , Roycroff , 1657 et ann. seq. 6 vol.,
in-folio.*

*Lexicon Heptaglotton , Hebraïcum , Chaldaïcum,
Syriacum , Samaritanum , Æthiopicum , Arabicum et
Persicum , digestum et evulgatum ab edmundo Castello.
Londini , 1786 , 2 vol. in-fol.*

*Biblia maxima versionum ex linguis orientalibus , etc.
cum annotationibus diversorum , edita à Joanne de la
Haye. Parisiis , Billaine , 1660 , 19 vol. in-folio.*

La sainte Bible en latin et en français , avec un
commentaire littéral et critique , par August. Calmet.
Paris , 1724 , 8 tom. en 9 vol. in-fol.

Dictionnaire historique et critique de la Bible , par
August. Calmet , ouvrage enrichi de 300 fig. Paris ,
Emery , 1730, 4 vol. in-fol.

Discours historiques , critiques , théologiques et moraux , sur les événemens les plus mémorables du vieux
et du nouveau testament , par Jac. Saurin , avec des
fig. en taille-douce. La Haye , de Hondt , 1728--1739,
6 vol. in-fol.

Histoire du vieux et du nouveau Testament , enrichie de plus de 400 fig. en taille-douce , gravées par

les plus habiles maîtres ; avec des explications par David Martin. Anvers (Amsterdam), Mortier, 1700, 2 vol. in-fol.

Physique sacrée, ou Histoire naturelle de la Bible, traduite du latin, de Jean-Jacques Scheuchzer, et ornée de figures, gravées en taille-douce, par Jean-André Pfeffel. Amsterdam, Mortier, 1732, 8 v. in-fol.

L'édition latine est d'Ausbourg, 1731, en 4 vol. in-fol. Les épreuves des figures sont préférables à celles de la traduction.

L'édition allemande, antérieure à la latine, quoique de la même date, est en 5 vol. in-fol.

Histoire ecclésiastique, depuis J.-C. jusqu'en 1414, par Fleury, et continuée jusqu'en 1595, par Fabre. Paris, 1691 et suiv., 36 vol. in-4.° auxquels on a ajouté la table générale. Paris, 1758, 1 vol. in-4.°

Collectio maxima Conciliorum, per Philippum Labbe et Gabrielem Cossart, cum Dominici Jacobati, et aliorum Tractatibus de concilio. Parisiis, societas 1672, 18 vol. in-fol.

Cette édition est préférable à celle de l'imprimerie royale de 1644, 37 vol. in-fol. et à celle de la même imprimerie par Hardouin, 1715, 12 vol. in-fol.

Pour ne pas donner trop d'étendue à cet article, nous allons nous borner à la simple nomenclature de quelques grands ouvrages que nous ne croyons pas devoir passer sous silence.

Musœum Florentinum. Florentiœ, 1731, 10 v. in-fol.

Oiseaux enluminés, de Buffon, 10 vol. in-fol.

Description du Danube, par Marsigli. La Haye, 1744, 6 vol. in-fol., atlas.

Œuvres de Bayle, en 12 vol. in-fol., ainsi qu'il suit :

Le dictionnaire , 1720 , 4 vol.

Supplément , par Chauffepied , 1750 , 4 vol.

Œuvres diverses de Bayle , 1727, 4 vol.

Dictionnaire géographique de la Martinière , dernière édition , 1768 , 6 vol. in-fol.

Dictionnaire historique de Morery , dernière édition , 1759 ; 10 vol. in-fol.

Dictionnaire de Trevoux , dernière édition , 1771, 8 vol. in-fol.

Dictionnaire géographique de la France , par d'Expilly , 6 vol. in-fol.

Œuvres de Duhamel du Monceau ; elles renferment les huit articles suivans , en 10 volumes in-4.°

L'Art de la Corderie. Paris , 1747 , 1 vol.

Architecture navale. Paris , 1752 , 1 vol.

Traité des arbres arbustes. Paris , 1755 , 2 vol.

Physique des arbres. Paris , 1758 , 2 vol.

Semis et plantations. Paris , 1760 , 1 vol.

Exploitation des bois. Paris , 1764 , 1 vol.

Transport des bois , etc. Paris , 1767 , 1 vol.

Arbres fruitiers. Paris, 1768 , 1 vol.

Description exacte des principales curiosités naturelles du magnifique cabinet d'Albert Séba. Paris, Michel , Didot et Lamy , an VIII ; 8 vol. in-folio avec 450 planches.

Herbier de la France , par Bulliard , 15 vol. in-fol.

Description des Arts et Metiers , 1771 , 19 vol. in-4.°

Il en existe aussi une édition in-fol. Paris , 1761 et suivantes.

Collection académique , 33 vol. in-4.°

Dictionnaire universel de Médecine. Paris , 1746, 6 vol. in-fol.

Fables de la Fontaine avec les fig. d'Houdry. Paris, 1755, 4 vol. in-fol.

Le Glossaire de Ducange. Paris, 1733 -- 1766, 10 vol. in-fol.

Histoire et Mémoires de l'Académie des sciences, depuis 1666, date de son origine, jusqu'en 1789, avec les ouvrages qui doivent completter ce corps d'Histoire, 161 vol. in-4.º

Histoire et Mémoires de l'Académie des Inscriptions et Belles-Lettres. Paris, 49 volumes, y compris les notices et extraits des manuscrits de la Bibliothèque nationale.

Journal des Savans. 1678 -- 1790, 100 vol. in-4.º

Acta eruditorum Lipsiensium, anno 1682 *ad annum* 1731, 50 *vol. Nova acta* 1732 -- 1776, 43 *vol. ; Supplementum*, 10 *vol. ; ad nova acta Supplementum*, 3 *vol. Index generalis*, 6 *vol.* Total 117 vol. in-4.º

Collection très-rare à trouver complette.

Abrégé des Transactions philosophiques de la Société royale de Londres, trad. de l'anglais, par Gibelin. Paris, 1787, 15 vol. in-8.º fig.

Cet abrégé est extrait du grand ouvrage anglais qui a commencé à paraître en 1665, et qui, en 1792, formait déjà une collection de 80 vol in-4.º fig.

Histoire d'Angleterre, par Rapin Thoyras. La Haye, 1749, 16 vol. in-4.º

Histoire de France, par Daniel. Paris, 1755, 17 vol. in-4.º

Histoire d'Espagne, par d'Hermilly. Paris, 1741, 10 vol. in-4.º

Histoire d'Allemagne, par Barre. Paris, 1748, 15 vol. in-4.º

Histoire universelle, 126 vol. in-8.º, ou 45 vol. in-4.º

Collection des Auteurs grecs et latins, traduits par Auger, 29 vol. in-8.º

Collection de Barbou, 69 vol. in-12.

Collection complète du Journal de Médecine jusqu'en 93, 95 vol. in-12.

Collection des Mémoires relatifs à l'Histoire de France, 64 vol. in-8.º

Collection des Elzevirs, telle qu'elle se trouve détaillée dans Osmont, tome II, pag. 404, 66 vol. in-12, 2 vol. in-8.º, 6 vol. in-4.º et 2 vol. in-fol. On trouvera aussi dans Debure, vol. VII, page 678, une Notice des Auteurs grecs, latins et français, imprimés dans le 17.e siècle par les Elzevirs.

Collection des auteurs dits *Variorum*, ainsi qu'elle est détaillée dans Osmont, tome II, pag. 411, 141 vol. in-8.º

Les éditions des auteurs anciens, *cum notis variorum*, données par Grævius, dit Osmont, sont plus estimées, parce qu'il a ramassé quantité de commentateurs qu'il a donné tout entiers, et non par fragmens, comme a fait Schrevelius, qui s'en acquittait sans goût et sans discernement, laissant souvent le meilleur pour prendre le pire. On trouve dans Debure, tome VII, page 680, une notice des auteurs *variorum*.

Collection des Auteurs *ad usum*, ainsi qu'elle est détaillée dans Osmont, tome II, pag. 418, 62 vol. in-4.º

Voyez Debure, tome VII, pag. 686.

Collection complète des Mémoires du Clergé de France, détaillés par Osmont, en 87 articles, tome II, page 425, 165 vol. tant in-folio qu'in-4.º, partie imprimée, partie manuscrite.

Collection des meilleurs Auteurs italiens , imprimée par Prault , 36 vol. in-12.

Collection des Poëtes anglais , de Johnson. Londres , 58 vol. in-12.

Collection de David , en 30 vol. in-4.º , ainsi qu'il suit :

Antiquités d'Herculanum , 11 vol. in-4.º

Antiquités Etrusques , 5 vol. in-4.º

Museum de Florence , 6 vol. in-4.º

Histoire de France , 5 vol. in-4.º

Histoire d'Angleterre , 2 vol. in-4.º

Histoire de Russie , 1 vol. in-4º.

Dictionnaire universel des Sciences morale , économique , politique et diplomatique , ou Bibliothèque de l'Homme d'état et du citoyen ; par Robinet. Londres , 1777 , 30 vol. in-4.º

Grand Vocabulaire français. Paris , Panckoucke , 1767, 30 volumes in-4.º

Observations sur la Physique , l'Histoire naturelle et les Arts , ou Journal de Physique , par Rozier, 46 vol. in-4.º

Tableaux topographiques , pittoresques , physiques , historiques , moraux , politiques et littéraires de la Suisse ; par Laborde. Paris , Clousier , 1780 , 4 vol. grand in-folio , dont 2 de fig.

Voyage pittoresque , ou Description des royaumes de Naples et de Sicile , par Saint-Non. Paris , 1781 et suiv. , 5 vol. in-fol. Sup. , fig.

Voyage pittoresque de Sicile , Malthe et Lipari , par Houel , 4 vol. in-fol. Sup. , fig.

Voyage de la Grèce , par Choiseul-Gouffier , tome I , in-fol. Sup. , fig.

On continue cet intéressant ouvrage.

Le Voyage historique et pittoresque de l'Istrie et de la Dalmatie
par le citoyen Cassas , artiste , et rédigé par Lavallée , peut, lorsqu'il sera terminé, figurer à côté de ceux de Saint-Non et Choiseul
Gouffier.

Il existe encore une Notice très-précieuse pour les bibliothécaires,
c'est celle des éditions du quinzième siècle, suivie de celle des
éditions du même siècle, sans indication de ville , sans date d'année,
et sans nom d'imprimeur. *Voyez* Debure , tome VII, pag. 583.

Collection des éditions de Baskerville , de Didot,
de Coustelier , de Crapelet , de Kelh , de Bastien,
de Casin , etc. , etc. , etc.

NOTICE
D'OUVRAGES
DONT LES TITRES SONT ORIGINAUX,
ET DONT LA PLUPART
SONT TRÈS-RARES.

Recueil des Caquets de l'*Accouchée*, 1623, 1 vol. in-8.º

Le Livre de la Diablerie, par maître Éloi d'*Amerval*. Paris, 1508, 1 vol. in-fol. (Très-rare, en rimes françaises et lettres gothiques.)

Bélial en français, c'est-à-dire, le Procès de Bélial, procureur d'Enfer, à l'encontre de Jésus; traduit en français par Pierre Serget. Lyon, 1482, 1 vol. in-fol.

Genealogia Antichristi *filii Diaboli, inventa in Bibliothecâ romanâ. Anno* 1513, 1 *vol.* in-4.º

De Purgatorio igne adversùs Balaam, Petri Arcudii, græcè et latinè. Romæ, 1637, 1 *vol.* in-4.º

La Puttana errante, e la Zaffeta in rime. In Vinegia, 1531, 1 vol. in-12, trad. sous ce titre : *La P....* errante, ou Dialogue de Magdelaine et de Julie, 1 vol. in-12; sans date ni nom de ville. On doute que l'*Arétin* soit auteur de cet ouvrage italien.

La Poste royale du Paradis, par *Arnoulx*. Lyon, 1635, 1 vol. in-12.

L'Echelle du Paradis, pour, au sortir de ce monde, écheller les cieux ; par le même Arnoulx. Rouen, 1661, 1 vol. in-12.

Mythistoire baragouyne de Fanfreluche et Gaudichon, trouvée depuis naguères, d'un exemplaire écrit à la main ; par Guillaume des *Autels*. Lyon, 1574, 1 vol. in-16.

Histoire des quatre fils *Aymon*, et de leur cousin le subtil Maugis, lequel fut pape de Rome, ensemble la Chronique de Mabrian, roi de Hierusalem. Paris, 1525, in-fol., goth., 1 vol.

Les Après-dînés et Propos de table, dialogisés entre un Prince et sept Savans, avec douze propositions pour passer plaisammeut et honnêtement les jours carêmaux. St.-Omer, 1624 ; par Antoine Balinghen, 1 vol. in-12.

Laurentii Banck *de tyrannide Papæ, in Reges et Principes christianos, cui in fine addita est, Laurentii Vallæ Declamatio.* Francofurti, 1649, 1 vol. *in-12.*

L'Histoire et plaisante chronique du noble et vaillant Baudoyn, comte de Flandre, lequel épousa le Diable. Paris, 1 vol. in-4.°, , goth., avec fig.

Le Fouet divin des Jureurs et Blasphémateurs du st. nom de Dieu ; par le père Jean *Bernard*. Douai, 1718, 1 vol. in-12.

Le moyen de parvenir, par François *Béroalde* de Verville, 1732, 2 vol. in-12. Cet ouvrage a encore eu pour titre : Salmigondis ou le Manège du genre-humain, ainsi que Coupe-Cul de la Mélancolie, ou Vénus en belle humeur.

Le Roman de Merlin l'Enchanteur, avec ses Prohéties : ouvrage attribué à Robert de *Borron*. Paris, 498 , 3 vol. in-fol.

La Démonomanie des Sorciers , par Jean *Bodin*. Paris , 1581 , 1 vol. in-4.°

Les Regnards traversant les voies périlleuses des Folles fiances de ce monde ; par Jean Bouchet. Paris, sans date , 1 vol. in-fol. , gothiq.

Le Triomphe de la noble Dame amoureuse et l'Art de honnêtement aimer , par le même. Paris , 1536, 1 vol. in-fol.

Les Angoisses et Remède d'amour , par le même. Poitiers , 1536 , 1 vol. in-4.°

Le Nouveau Monde , avec l'Estrif , mise en rime françoise , et par Personnaiges ; par le même. Paris, sans date , 1 vol. in-8.° , goth.

Formulaire fort récréatif de tous contrats, etc. , fait par *Bredin* le cocu. Lyon , 1594 , 1 vol. in-16.

La Navigation du compagnon de la bouteille , avec les prouesses du merveilleux géant Bringuenarille. Troyes , 1 vol. in-16 , sans date.

Les Œuvres de *Bruscambille*, contenant ses fantaisies et autres discours comiques tirés de l'escarcelle de ses imaginations. Rouen , 1635 , 1 vol in-12.

Le chariot spirituel , durant lequel il est parlé de neuf genres d'amour divin , unique moyen pour faire rouler l'épouse céleste dans les grands chemins du ciel , par *Catinat* , 1723 , 3 vol. in-12.

Liber moralis , italicâ linguâ scriptus , qui dicitur Puellarum decor. *Venetiis* , 1471 , (et non pas 1461 , ainsi que le porte le titre), 1 vol. in-8.° Ce volume s'est vendu chez Girardot de Préfond , 700 livres. On prétend que c'est le premier ouvrage imprimé en italien.

Discours facétieux des hommes qui font saler leurs femmes, parce qu'elles sont trop douces, mais en rimes françoises, et par personnaiges. Rouen, 1 vol. in-8.

Dissertatio jucunda, quâ anonymus probare nititur mulieres homines non esse. Hagæ-Comitis, 1632, 1 vol. in-12.

Lss Allumettes du feu divin, pour faire ardre les cœurs humains en l'amour de Dieu; par frère Pierre *Doré*. Paris, 1538, 1 vol. in-8.º, goth.

Le Collège de Sapience, fondé en l'Université de Vertu, auquel s'est rendue écolière Magdelaine, disciple et apôtre de J.-C.; par le même *Doré*. Paris, 1555, 1 vol. in-16.

La plaisante et amoureuse Histoire du Chevalier Doré, et de la Pucelle surnommée Cœur-d'Acier. Lyon, 1577, 1 vol. in-16.

Le royal syrop de Pommes, Antidote des Passions mélancoliques; par Gabriel Drouin. Paris, 1615, 1 vol. in-8.º

La grande Nef des Fous du monde, traduite de l'allemand en français, par Drouin. Lyon, 1491, 1 vol. in-fol., gothique.

Controverses des sexes masculin et féminin, avec la requête, le plaidoyer et l'arrêt, par Gratian *Dupont*, 1536, 1 vol. in-16.

Le Roman d'Epidus, fils du roi Laïus, lequel tua son père, et depuis épousa sa mère et en eut quatre enfans; et parle de plusieurs choses excellentes. Paris, 1 vol. in-4.º, gothique.

Augustini Eleutherii, *Tractatus de Arbore scientiæ, boni ac mali, ex quo Adamus mortem comedit. Muskefii*, 1561, 1 *vol. in-8.º*

Histoire des Tromperies des Prêtres et des Moines ; par d'Emiliane. Roterdam, 1712, 2 vol. in-12.

La Moralité de l'Enfant de Perdition, qui tua son père, pendit sa mère, et enfin se désespéra. Lyon, 1 vol. in-16.

Traité des Danses, auquel il est démontré qu'elles sont des accessoires et dépendances de paillardises, et par conséquent ne doivent point être admises parmi les Chrétiens. Paris, 1564, 1 vol. in-8.°, (par Fr. *Etienne.*)

Les Evangiles des Connoilles, faites en l'honneur et exaulcement des dames, (sans nom de ville ni date) 1 vol. in-fol.

Les Ruses et Finesses de Ragot, jadis Capitaine des Gueux et de ses successeurs, avec plusieurs discours plaisans et récréatifs ; par Noel Dufail, sieur de la *Hérissaye.* Lyon, 1576, 1 vol. in-16.

L'Histoire d'Aurelio et d'Isabelle, en laquelle est disputé, qui baille plus d'occasion d'aimer, l'homme à la femme ou la femme à l'homme ; par *Fiori,* en italien et en français. Lyon, 1555, 1 vol. in-16.

Missa latina, quæ olim ante romanam circa annum Domini 700, in usu fuit, edita à Flaccio illyrico, *cum additionibus ejusdem argumenti. Argentinæ, 1557, 1 vol. in-8.ª*

Missæ ac Missalis Anatemia, hoc est, dilucida ac familiaris ad minutissimas usque particulas Missæ ac Missalis enucleatio, 1571, 1 vol. in-8.º

Le Champion des Dames, contenant la Défense des Dames contre Malbouche et ses consorts ; par Martin *Franc.* Paris ; 1730, avec fig., 1 vol. in-8.º, lettres rondes.

Le Glaive du géant *Goliath*, ou Recueil de preuves par lesquelles il sera aisé à tous les Fidèles qui le liront de voir que le Pape a la gorge coupée de son propre glaive. 1579, 1 vol. in-8.ᵉ

Cinq livres de l'Imposture et Tromperies des Diables, trad. du latin de Jean de Vier, par Jacques *Grevin*, 1577, 1 vol. in-8.°

Le Miroir des Alchymistes, où l'on fait voir les erreurs qui se font en la pierre philosophale, avec une instruction aux dames pour dorénavant être belles sans user de leur fard venimeux, par le chevalier *Impérial*, 1609.

La Quenouille spirituelle, en rimes françaises, par Jean de *Laeu*. Paris, (sans date) 1 vol. in-16.

Antithèse de J.-C. et du Pape de Rome, dédiée aux Champions et Domestiques de la foi, par François de *Lancluse*, 1619, 1 vol. in-8.°

Tableau de l'inconstance des mauvais Anges et Démons, par Pierre de *Lancre*. Paris, 1613, 1 vol. in-4.°, avec une figure qui représente le Sabbat.

Livret contenant plusieurs honnêtes demandes et réponses sur le fait et métier d'amours, et touchant le fait des dames. 1 vol. in-folio, gothiq.

Discours et Histoires des spectres, visions et apparitions des esprits, anges et démons, etc., par Pierre de Loyer. Paris, 1605, 1 vol. in-40.

La grant Danse *Macabre* des hommes et des femmes, représentée par des figures gravées en bois, avec le texte latin, et des Explications en rimes françoises, avec le Débat des trois morts, des trois vifs, et la complainte de l'ame damnée. Paris, 1486, 1 vol. in-folio, goth.

Le Triomphe de très-haute et puissante dame V..., Royne du Puy d'Amour , par Jean *le Maire* de Berges. Lyon, 1539 , 1 vol. in-8.0

Le Martyre de Frère *Jacques Clément*. Paris, 1589 , 1 vol. in-8.0

Histoire macaronique de Merlin Cocaie , avec l'horrible bataille des Mouches et des Fourmies , trad. en françois. Paris , 1606 , 1 vol. in-12.

Histoire véritable de ce qui s'est passé sous l'exorcisme de trois filles possédées au pays de Flandres ; avec un Traité de la Vocation des Sorciers et des Magiciens , par Sébastien *Michaelis*. Paris , 1623, 2 vol. in-12.

Moralité , ou le Mystère de Notre-Dame , à la louange de la très-digne Nativité d'une jeune fille , laquelle voulut s'abandonner à péché pour nourrir son père et sa mère en leur extrême pauvreté , mise en rimes françoises , à 18 personnages. Lyon , 1543 , 1 vol. in-12.

Moralité nouvelle d'une pauvre fille villageoise , qui aima mieux avoir la tête coupée par son père, que d'être violée par son seigneur , faite à la louange et honneur des chastes filles , mise en rimes françoises , et à quatre personnages. Paris , 1 vol. in-16.

Le Mystère du Chevalier qui donna sa femme au diable , mise en rimes françoises , et par personnages , 1 vol. in-16.

La Nef des Follés , selon les cinq sens de nature , composée selon l'évangile de monseigneur saint Mathieu , des cinq Vierges qui ne prirent point d'huile avec elles pour mettre en leurs lampes. Paris , 1 vol. in-4.0

L'origine des Masques , Momeries , Bernès et Ravannès , ès jours gras de carême-prenant , menés sur l'âne , à rebours , et charivary ; avec le jugement des anciens pères et philosophes sur les mascarades ; extrait de la Momerie de Cl. *Noirot*. Langres , 1609, 1 vol. in-8°.

De la Lycantropie , transformation et extase des sorciers ; par J de *Nynauld*. Paris , 1615, 1 v. in-8.°

Alphabet de l'imperfection et malice des femmes , augmenté d'un friand dessert ; par Jacques *Olivier*. Paris , 1619 , 1 vol. in-12.

Le Voyage du *Puits-St.-Patrice* , auquel lieu on voit les peines du Purgatoire et aussi les joies du Paradis. Lyon , 1506 , 1 vol. in-4.° , goth.

Le Théâtre des bons Engins , auquel sont contenus cent emblêmes moraux , en vers , par Guill. de la Perriere. Lyon , 1646 1 vol. in-16, fig.

Le grand Empire de l'un et l'autre Monde , divisé en trois royaumes. Le royaume des aveugles , des borgnes et des clair-voyans ; par Jean de la Pierre. Paris , 1625 , 1 vol. in-12.

Trésor admirable de la sentence de Ponce-Pilate contre J.-C. , trouvée miraculeusement écrite sur du parchemin , en lettres hébraïques , dans la ville d'Aquila, trad. de l'italien. Paris , 1581 , 1 vol. in-8.°

Cinq Sermons de Jean *Portaise* , touchänt la simulée conversion de Henri IV. Paris , 1594 , 1 vol. in-8.°

Les douze Portes de la bienheureuse Eternité, et la Clef qui les ouvre. 1647 , 1 vol. in-12.

Les très-merveilleuses Victoires des Femmes du nouveau monde , et comment elles doivent , par raison, à tout le monde commander , et même à ceux qui auront la Monarchie du monde vieil , (par Postel)

Paris, 1553, 1 vol. in-16. (Cet ouvrage est connu sous le nom de *la Mère Jeanne*).

Le *Rasoir* des Rasés, lequel traite de la tonsure et de la rasure du Pape et de ses Papelards, 1562, 1 vol. in-8.

Les Regrets d'amour, faicts par ung amant, dict le Déconforté ; contenant le mal et le bien des femmes, etc., auquel est ajouté le Dard de Jalousie et l'Histoire de l'amour parfaite de Guiscardus et de Sigismonde, par laquelle est cognue la fin d'amour être souvent variable. Paris, 1538, 2 vol. in-8.⁰

La Vie du terrible *Robert-le-Diable*, lequel fut nommé l'Omme-Dieu. Lyon, 1496, 1 vol. in-4.⁰, goth.

Satyre Ménippée, de la Vertu du Catholicon d'Espagne. Ratisbonne, 1709, 3 vol. in-8.⁰, fig.

Torrent de feu sortant de la face de Dieu, pour dessécher les eaux de Mara, enclose dans la chaussée d'Ablon, où est amplement prouvé le Purgatoire ; par Jacques Suarez, 1606, 1 vol. in-8.⁰

Recherches sur la nature du feu de l'Enfer, et du lieu où il est situé, par Swinden ; trad. de l'anglais par Bion. Amst. 1728, 1 vol. in-8.⁰, ou 1757, 1 v. in-12.

Les Roses du Chapelet, envoyées du Paradis, pour être jointes à nos fleurs de lys, marque du bonheur de la France ; par Jean *Testefort*, 1620, 1 vol. in-8.⁰

Orchésographie, ou Méthode et Théorie pour apprendre à danser, battre le tambour, jouer du fifre et artigot, tirer des armes et escrimer, avec autres honnêtes exercices ; par *Toinot-Arbeau*. Langres, 1596, 1 vol. in-4.⁰

La Chasse de la Bête romaine, où est recherché

et évidemment prouvé que le Pape est l'Antechrist ;
par Georges Tomson. La Rochelle, 1611, 1 vol. in-8.°

La Famine, ou les Put.... à cul, par de *la Valise.*
Paris, 1649, 1 vol. in-4.°

Le Livre de la Toute-Belle, sans pair, qui est la
Vierge-Marie. Paris, 1 vol. in-12.

La Peau de Bœuf, ou Remède universel pour faire
une bonne femme d'une mauvaise. Valenciennes, 1710,
1 vol. in-12.

La Polymachie des Marmittons, en laquelle est
amplement décrit l'ordre que le Pape veut tenir en
l'armée qu'il veut mettre sur pied pour le lèvement
de sa marmitte. 1562, 1 vol. in-8.°

L'Extrême-Onction de la Marmite papale ; petit
Traité auquel est amplement discouru des moyens
par lesquels la Marmite papale a été jusqu'ici entre-
tenue à profit de ménage. 1561, 1 vol. in-8.°

Livres d'Amours auquel est relatée la grant Amour
et Façon par laquelle Pamphille peut jouir de Gala-
thée, et le moyen qu'en fist la Macq..... Paris,
Ant. Vezard, 1494, in-folio, goth. Autre édition,
de 1545, in-8.°, fig.

L'Enfer de la Mer Cardine, traitant de la cruelle
et horrible bataille qui fut aux enfers entre les Diables
et les Macq....: de Paris, aux nôces du portier
Cerberus et de Cardine ; avec une chanson sur certaines
Bourgeoises de Paris, qui, feignant d'aller en voyage,
furent surprises au logis d'une mac.... à St.-G.-D.-P.
Imprimé à Paris en 1583, 1 vol. in-8.°, 300 liv.

Enfant Sans-Souci divertissant son père Roger Bontems et sa Mère Boute-tout-cuire. Villefranche, 1682,
1 vol. in-12.

Le Chancre ou Couvre-sein féminin , ensemble le Voile ou Couvre-chef féminin ; par Jean Polman. Douay, 635 , 1 vol. in-8.º

Chante – Pleure d'eau-vive , Cœur componet fait oyeux en larmoyant , *seu penitentiale irriguum cum Focario et scintillantibus Focariis* , ou le Fusil de énitence avec ses allumettes. Paris , 1537 . 1 v. in-8.º

Le petit Chien de l'Evangile aboyant contre les rreurs de Luther et Calvin. Marseille , 1675 , 1 v. in-12.

Le Cochon mitré , Dialogue. 1689 , 1 vol. in-12.

Complainte de M. le Cul , contre les Inventeurs des vertugalles ; Réponse de la Vertugalle au Cul , en forme d'invective. Paris , 1 vol. in-8.º

L'Épître du Chevalier Gris envoyé à la très-noble , très-auguste et souveraine princesse , et très-sacrée Vierge Marie. Lyon , in-8.º

Epistola Luciferi , missa Clementi Papœ VI , data in centro terrœ , ac in Palatio tenebricoso , prœsentibus Dœmonibus , sub nostri terribilis signi caractere , in robur prœmissorum. 1 vol. in-4.º , sans date et sans lieu d'impression.

Antologia Papœ , hoc est de corrupto Ecclesiœ statu , et totius Cleri papistici perversitate , cum Prefatione Wolfangi Wuissemburgii. Bazileœ , 1555 , 1 vol. in-8.º

Le Printems d'hiver contenant plusieurs histoires discourues en une noble compagnie , au château de Printems, par Jacques Yver. Paris , 1752 , 1 vol. in-16.

La Sphère de la Lune , composée de la Tête de la Femme ; par madame de B . . . . Paris , Sommaville , 1652 , 1 vol. in-8.º

L'Art de rendre les Femmes fidelles , par M . . . . . Paris, 1713 , 1 vol. in-12.

Satyres sur les Femmes bourgeoises qui se font appeler *madame* , avec une distinction qui sépare les véritables d'avec celles qui ne le sont que par le caprice de la fortune , la bizarrerie et la vanité du siècle. *Sans date* , 1 vol. in-8.ᵉ

Paradoxe sur les Femmes , où l'on tâche de prouver qu'elles ne sont pas de l'espèce humaine. Cracovie, 1766 , 1 vol. in-8.ᵉ

Satyres chrétiennes de la Cuisine papale , avec un colloque , en note duquel sont interlocuteurs M. notre maistre Friquandouille , Frere Thibaut et messire Nicaise ; par Viret. Lyon , imprimé par Conrad Badius , 1560 , 1 vol. in-8.º

Le Livre du Faulcon des Dames , 1 vol. in-8º. , goth.

La Malice des Femmes , avec la farce de Martin-Bâton. Paris , 1 vol. in-12 , etc. , etc. , etc.

NOTICE

DE QUELQUES LIVRES
QUI ONT ÉTÉ PAYÉS
EXORBITAMMENT CHER,

TANT chez les anciens que chez les modernes.

TROIS Traités de Philolaüs, philosophe pythagoricien, ont été payés par Platon, qui n'était pas fort riche, la somme de 4627 liv.

Un volume assez petit, composé par Speusippe, neveu de Platon, a été payé par Aristote, trois talens attiques, c'est-à-dire, 6940 liv.

Les originaux des tragédies de Sophocle, d'Euripide et d'Eschyle ont été payés, par Ptolomée-Philadelphe, 15 talens d'argent, c'est-à-dire, 34,703 l. 10 s. C'est Demetrius de Phalere qui fit acheter ces originaux à Athènes, par Ptolomée, pour les placer dans sa bibliothéque d'Alexandrie.

Laertius offrait à Pline quarante mille écus de ses ouvrages.

Dans les commencemens de l'imprimerie, Becatelli *dit* Bologna, de Palerme, vendit une terre pour acheter un Tite-Live écrit de la main de Poge, florentin. Celui-ci acheta une belle terre près de Florence, en 1455, du prix de son Tite-Live.

Jacques Picolomini, cardinal de Pavie, a payé quatre-vingts écus d'or, un Plutarque et 25 Epîtres de Sénèque.

On a payé jusques à cinq cents écus un exemplaire de l'édition de la Vulgate de Sixte V, que Clément VIII avait tâché de supprimer.

Le Traité de la véritable Religion, (in-4.º) par Volkelius, dont une édition entière a été brûlée à Amsterdam, par autorité du magistrat, s'est vendu à Paris 250 liv.

Les Poésies diverses de Jean de la Fontaine, manuscrit sur vélin, exécuté en lettres rondes par Monchaussé, en 1745, et décoré de tableaux, vignettes et culs-de-lampes peints en miniature par Marolles, (2 vol. in-4.º) se sont vendues en 1769, chez Gaignat, 7200 liv.

Heures de Notre-Dame, écrites à la main, 1647, par Jarry, parisien, 1 vol. in-8.º

Ce superbe manuscrit est un chef-d'œuvre d'écriture et de peinture : il contient 120 feuillets de vélin d'une blancheur éclatante, écrit en lettres rondes et bâtardes, dont plusieurs sont peintes en or, enrichi de sept grandes et belles miniatures. Vendu chez M. de la Vallière, en 1784, la somme de 1601 liv.

La Guirlande de Julie, pour mademoiselle de Rambouillet Julie-Lucienne Dangennes; écrite par N. Jarry, in-folio, 1641.

Vendu chez M. de la Vallière, en 1784, la somme de 14,510 liv.

Recueil de fleurs et d'insectes, peints sur vélin, par Daniel Rabel, en 1624, in-fol.

Ce volume a 100 feuillets de vélin, peints seulement d'un côté, et chaque page, entourée d'un filet d'or, représente une fleur dont le nom est écrit en or. Vendu chez le duc de la Vallière, en 1784, la somme de 7400 liv.

Speculum humanæ Salvationis. Editio primæ vetus-

tatis , tentamen artis impressoriæ , absque loco et anno.
Petit in-folio.

Ouvrage rare, curieux et singulier, composé de 63 feuillets
marqués et imprimés d'un côté seulement, où sont représentés les
mystères par 58 estampes en forme de vignettes, et vendu chez
Gaignat 1600 liv.

Les Statuts de l'Ordre du Saint-Esprit au droit désir ,
ou du nœud , institué à Naples en 1352 , par Louis I
du nom, roi de Jérusalem , de Naples et de Sicile ,
et renouvellé en 1579 , par Henri III , roi de France ,
sous le titre de l'ordre du Saint-Esprit.

Manuscrit original et très-précieux de l'année 1352 , sur vélin,
décoré de belles miniatures , in-fol. Vendu chez le duc de la Vallière, en 1784, 1510 liv.

Liber Comitum.

Manuscrit sur vélin vers 850. Le vélin est pourpre ; les lettres
sont en argent et paraissent avoir été écrites avec un fer chaud.
Cet ouvrage renferme les épîtres et les évangiles de toute l'année
dans un autre ordre que celui actuel : il a été vendu chez M. de
Soubise , en 1789, 2000 liv.

Liber Moralis italicâ linguâ conscriptus , qui dicitur
Puellarum decor. Venetiis , per Nicolaum Jenson ,
1461 (1471) , in-4.°

Cet ouvrage, célèbre autant par le doute de sa date que par sa
rareté, a été vendu , en 1757, chez Girardot de Préfond , 700 liv.
et 740 liv. 1 s. chez Gaignat.

Recueil de Poésies des Troubadours, grand in-fol.

Ce manuscrit sur vélin , du 14e siècle , a 151 feuillets ; les tourneures en sont peintes en couleurs, et il y en a plusieurs qui sont
historiées et rehaussées d'or. Non-seulement il est le seul connu
en ce genre , mais encore il offre une collection de poésies des
troubadours plus complettes qu'aucune de celles de la bibliothèque

ci-devant du roi, du Vatican, de Florence, etc. Il a été vendu chez le duc de la Vallière 1500 liv.

Le Roman de Gerard, comte de Nevers, et de la belle Euryant de Savoie, sa mie.

Superbe manuscrit sur vélin, vendu chez le duc de la Vallière 910 liv.

La Vie abrégée des 12 Césars, in-4.°

Superbe manuscrit sur vélin du dix-septième siècle, avec les portraits en médaillon des douze Césars peints en miniature, vendu à l'hôtel de Bullion 3351 liv.

Livres d'Heures du comte de Bussy-Rabutin, in-16, avec figures en miniatures.

Ouvrage précieux que l'on peut regarder comme un chef-d'œuvre de peinture en miniature. Vendu 2400 liv. chez le duc de la Vallière.

Recueil de Peintures antiques, imitées fidèlement pour les couleurs et pour le trait, d'après les dessins coloriés, fait par Pierre Santi Bartoli, avec une description par MM. le comte de Caylus et Mariette. Paris, 1757. — La Mosaïque de Palestrine, expliquée par l'abbé Barthelemy. Paris, 1760. Ces deux ouvrages formant un volume grand in-folio, ont été vendus chez M. Gouttard, en 1780, 2272 liv.

Ce volume est de la plus grande rareté : il n'y en a eu que trente exemplaires de tirés et de coloriés.

Heures latines de François de France, duc d'Alençon, un vol. in-16, manuscrit, fig.

Officium B. Mariæ Virginis, Pii V, Pont. max. jussu editum, 1 vol. in-8.° , fig.

Orationes selectæ et officia quædam particularia ad

isum Guillelmi Marchionis Badensis variis, authore Friderico Brentel, ornata picturis, anno 1647, 1 vol. in-8.o

Ces trois ouvrages ont été achetés ensemble 6000 liv. pour la bibliothèque du roi.

Heures de Henri III, de Henri IV et de Louis XIII, 1 vol. in-8.o

Ouvrage ni écrit ni imprimé, mais percé à jour. Chaque feuillet est doublé d'un papier rougeâtre. Vendu 380 liv. chez la Vallière.

Heures.

Manuscrit sur vélin, avec miniatures, vendu 800 liv.

Breviarum ad usum Fratrum Minorum.

Manuscrit sur vélin, petit in-folio. Vendu 840 fr. chez Gaignat.

Breviarium secundum usum sarum, sive Ecclesiæ Sarisburiensis.

Manuscrit in-4.o fort épais de 712 feuillets, avec 45 grandes miniatures, et au moins 4300 petites. Vendu chez le duc de la Vallière 5000 liv. en 1784.

Breviarium parisiense, cum calendario, 1 v. in-4.o

avec 57 superbes miniatures.

Vendu chez le duc de la Vallière 600 liv.

Biblia sacra latina, Vulgatæ editionis. Parisiis, per ulricum Gering, Martinum Crantz, et Michaelem Friburger, anno (ut creditur) 1476, 2 vol. in-fol.

Vendue 536 liv. 6 s. chez Gaignat.

Biblia sacra, Vulgatæ editionis. Editio primæ vetustatis, æneis characteribus, absque loci et anni notâ, sed typis Moguntinis Joannis Fust evulgata, circà annum 1450 -- 1455, 2vol. in-folio. Ch. Mag.

Vendue 2100 liv. 1 s. chez Gaignat : imprimée sur vélin.

Eorumdem Bibliorum sacrorum, editio altera, Moguntia per Joannem Fust, et Petrum Schoyffer de Gernsheym. Anno incarnationis Domini, 1462, 2 vol. in-fol.

Cette Bible, connue sous le nom de Bible de Mayence, a été vendue chez M. de la Vallière, en 1784, 4086 liv. imprimée sur vélin.

Biblia sacra latina, vulgatæ editionis. Moguntiæ, per Petrum Schoyffer de Gernsheym, anno 1742, 1 vol. in-folio.

Vendue 305 liv. chez Gaignat. C'est une autre Bible de Mayence qui tient lieu de la précédente à ceux qui ne peuvent se la procurer.

Ars moriendi. Editio primæ vetustatis ; tentamen Artis Typographicæ ; opus rarissimum, abque ullà loci vel anni indicatione.

Petit in-folio de 24 pages, imprimé à la manière des estampes, c'est-à-dire, d'un seul côté. Vendu 1610 liv. chez le duc de la Vallière.

Ars moriendi, in-4o, fig.

Vendu chez le même 240 fr.

L'Art de mourir. Paris, in-folio, goth.

Vendu 151 liv. avec 24 miniatures.

L'Art de la Porcelaine, tel qu'il est pratiqué à la Chine, in-folio de 26 feuillets peints sur papier à la Chine.

Vendu 250 livres chez la duc de la Vallière.

Cérémonies et Coutumes religieuses. *Voyez pag.* 279.

Ces onze volumes ont été vendus 1439 liv. chez le duc de la Vallière. On a fondu ces deux ouvrages dans l'édition de Paris 1741 *Voyez page* 93.

Ci commence les Chroniques de France , in-folio , manuscrit. sur vélin.

Vendu chez le duc de la Vallière 605 liv.

Chroniques de France , *dites* les Chroniques de St. Denis , continuées jusqu'en 1514. Paris, Eustace , 1514 , 3 vol. in-folio.

Un exemplaire, imprimé sur vélin , a été vendu 860 liv. chez le duc de la Vallière.

Collectio Evangeliorum , manuscrit in-4.° sur vélin , écrit vers l'an 1100.

A la tête se trouve la préface *Exultet jam Angelica turba* , etc. notée. Vendu 500 fr. chez M. de Soubise.

Les Commentaires de Jules-César , translatés en la ville de l'Isle , l'an 1474 , in-fol.

Manuscrit sur vélin orné de 334 figures , avec miniatures : vendu 530 liv.

La très-élégante , délicieuse , melliflue et très-plai-sante Histoire du noble roi Perceforest , roi de la Grande-Bretagne , etc. ; ensemble les entreprises et faits belliqueux de Gadiffer , roi d'Ecosse. Paris , Galliot-Dupré , 1528, 6 tomes reliés en 3 vol. in-folio.

Un exemplaire de cette édition, imprimé sur vélin avec minia-tures et autres ornemens , a été vendu 1601 liv. chez le duc de la Vallière.

Historia Beatœ Mariœ Virginis , ex Evangelistis et patribus excerpta et per figuras demonstrata.

Petit in-folio sans date ni lieu d'impression , 16 feuillets : vendu chez Gaignat 351 liv. 19 s.

Le Mystère intitulé du Bien Advisé et du Mal-Ad-visé , composé en rimes françoises et par personnaiges.

Paris, P. le Caron, pour Ant. Verard, sans date, petit in-folio, goth.

Vendu 6o3 liv. chez M. Gaignat.

Le Mystère de la Vengeance de Notre Seigneur Jésus-Christ, par personnaiges, divisé en quatre journées. Paris, Ant. Verard, 1493, in-folio, goth.

Exemplaire imprimé sur vélin avec miniatures, vendu 1500 liv. chez M. de la Vallière.

Officium beatœ Mariœ Virginis, cum calendario, 1 vol. in-4.o

Manuscrit fait par ordre de François I, et orné de toutes sortes de magnifiques miniatures : vendu 3o12 liv. chez M. de la Vallière.

Preces Piœ, cum calendario, 1 vol. in-fol.

Ce manuscrit est enrichi de quantité de belles miniatures et de lettres tourneures rehaussées d'or : vendu 185o liv.

Prosa Cleri Parisiensis, ad ducem de Mena post cœdem Henrici III. Parisiis, 1589. Traduction de la même, par Pigenat, curé de St.-Nicolas-des-Champs, 1 vol. in-8.o

Ce livre, monument du plus horrible fanatisme, est très-rare. Il a été vendu 36o liv. chez l'abbé Sepher en 1786.

Etc. etc. etc. etc. etc. etc.

PETITE
BIBLIOTHÈQUE
DE DROIT.

INTRODUCTION A L'ÉTUDE DU DROIT EN GÉNÉRAL.

B URCH. Gott. Struvii Bibliotheca juris selecta. Editio nona , curante Budero , 1758.

Les Vies des plus célèbres Jurisconsultes de toutes les nations , etc. , par M. Taisand de Dijon. Paris , Sévestre, 1721, in-4.º La plus ample édition est celle de 1737, 1 vol. in-4.º

TRAITÉS GÉNÉRAUX SUR LES LOIS , LEUR ORIGINE ET LEURS PRINCIPES.

De l'Origine des Lois , du progrès des Arts et des Sciences pour servir d'introduction à l'Esprit des lois , par Goguet. Paris , 1758 , 3 vol. in-4.º

De l'Esprit des Lois, par Montesquieu , 1769 , 4 vol. in-12.

TRAITÉS DU DROIT NATUREL , DU DROIT PUBLIC ET DU DROIT DES GENS.

Essai sur l'Histoire du Droit naturel , 1758 , 2 vol. in-8.º

Droit des Gens , ou Principes de la Loi naturelle , par Vatel , 1758 , 2 vol. in-4.º

Le Droit de la Nature et des Gens , traduit du latin de Samuel Puffendorf, par Jean Barbeyrac, etc., Leyde , 1771 , 2 vol. in-4.°

Les Devoirs de l'homme et du citoyen , tels qu'ils lui sont prescrits par la Loi naturelle , traduits du latin de S. Puffendorf; par J. Barbeyrac. Amsterdam, 1760 , 2 vol. in-12.

De Legibus Naturæ disquisitio philosophica , etc, autore R. Cumberland. Londini , 1675, 1 *vol. in-4.°* Cet ouvrage a été traduit en français par Barbeyrac. Paris , Huart , 1744 , 1 vol. in-4.°

Principes du Droit de la Nature et des Gens , par Burlamaqui. Yverdun , 1768, in-8.°, 8 vol.

Elémens du Droit naturel, par feu Burlamaqui. Lausanne , 1774 , 1 vol. in-8.°

Christiani Volfii Institutiones Juris Naturæ et Gentium. Halæ , 1754, 1 *vol. in-8.°*

DROIT ROMAIN.

Jos. Vinc. Gravinæ origines Juris civilis, seu de ortu et progressu Juris civilis. Venetiis , 1578 , 1 *v. in-4.°*

Jos. Gott. Heineccii , antiquitatum romanarum Jurisprudentiam illustrantium syntagma , 1755 , 2 *v. in-8.°*

Vocabularium utriusque Juris, autore Vicat. Neapoli, 1760 , 4 *vol. in-8.°*

Jurisprudentia vetus ante-Justinianea , ex recensione et cum notis Scultingii. Lipsiæ , 1737 , 1 *vol. in-4.°*

Repertorium sententiarum et regularum , itemque definitionum .... dictionum denique omnium ex universo Juris corpore .... collectarum à P. C. Brederodio. Francof. , 1664, 1 *vol. in-4.°*

Pandectæ Justinianeæ cum legibus codicis et novel-rum quæ Jus Pandectarum confirmant. Autore R. Pothier, 1748, 3 *vol. in-fol.*

Nova et Methodica Juris civilis Tractatio, autore l.-Jos. Deferriere, 1734, 2 vol. in-12.

Les Loix civiles dans leur ordre naturel, par Domat, 1767, 2 vol. in-fol.

Perezii Institutiones imperiales erotematibus distinc-tæ. 1682, 1 *vol. in-*12.

Arnoldi Vinnii Commentaria in quatuor libros ins-tutionum cum notis Heineccii, 1767, 2 *vol. in-*4.⁰

Jacobi Cujacii Opera omnia, cum Indice generali et novis additionibus. Neapoli, 1758, 11 *vol. in-folio.*

Ant. Perezii annotationes in codicem. Col., 1740, 2 *vol. in-*4.⁰

Ant. Perezii annotationes in Pandectas. Venetiis, 1738, 1 *vol. in-*4.⁰

Jo. Gottlieb, Heineccii Opera ad universam Juris-prudentiam, Philosophiam et litteras humaniores per-tinentia. Genevæ, 1771, 9 *vol. in-*4.⁰

Gerardi Nood Opera omnia. Curante Barbeyracio. Lugd., Batav., 1760, 2 *vol. in-fol.*

Arnoldi Vinnii Questiones Juris cum Tractatibus de pactis, jurisdictione, collationibus et transactionibus. Trajecti-ad-Rhenum, 1722, 1 *vol. in-*4.⁰

Nouvelle traduction des Instituts de Justinien, avec des Observations pour l'intelligence du texte, l'ap-plication du Droit français au Droit romain, et la conférence de l'un avec l'autre ; par C. J de Ferriere, 1770, 7 vol. in-12.

Epitome Juris et Legum romanarum frequentioris usus juxta seriem digestorum, cum brevissimis addi-

tionibus et notis , tàm ex pragmaticis quàm ex usu forensi selectis. Autore Andrea Barriga D. de Montvalon , Aquis-Sextiis , 1756 , 1 vol. in-8.º

Précis historique et chronologique du Droit romain, traduit de l'anglais de Schombert , par Boulard , 1 vol. in-8.º

Codex legum antiquarum , in quo contineutur leges Wisigothorum , edictum regis Theodorici regis , Lex Burgundionum , Lex salica , etc., etc. ; quibus accedunt formulæ solennes priscæ , etc. ex bibliothecâ Frid. Lindenbrogi J. C. Françofurti. 1613 , 2 vol. in-fol.

DROIT FRANÇAIS.

Lettres historiques sur les Parlemens, les Pairs et les Lois fondamentales du Royaume, par M. le Paige Amsterdam , (Paris) 1753 , 2 vol. in-12.

Mémoires de M. Omer Talon , avocat-général, L Haye , 1732 , 8 vol. in-12.

Institution au Droit français , par Argou , augmen tée par Boucher d'Argis , 1787 , 2 vol. in-12.

Capitularia Regum Francorum , accedunt Marcu et aliorum formulæ veteres , et notæ doctissimoru virorum , edente Steph. Baluzio. Parisiis , 1677 , 2 v in-fol. Il y en a une nouvelle édition de Paris , 178 2 vol. in-folio.

Compilation chronologique des Ordonnances d rois de France, par Guillaume Blanchard. Paris , 171 2 vol. in-fol.

Ægidii Bordini Paraphrasis in Constitutiones regi Parisiis , 1628 , 1 vol. in-8.º

Nouveau Commentaire sur l'Ordonnance de 166 par Jousse. Paris , 1767 , 2 vol. in-12.

Nouveau Commentaire sur l'Ordonnance de 1670. Paris , 1763 , 1 vol. in-12 ; par Jousse.

Nouveau Commentaire sur l'Ordonnance de 1669 et 1673 ; par Jousse. Paris, , 1761, 1 vol. in-12.

Recueil chronologique des Ordonnances et Régle-mens cités dans ces Commentaires (de Jousse). Paris, 1757 , 3 vol. in-12.

Commentaire sur l'Ordonnance des eaux et forêts, de 1669. Paris , 1770 , 1 vol. in-12.

Recueil des Questions proposées par M. d'Agues-seau , avec les Réponses du Parlement de Toulouse. Toulouse , 1749 , 1 vol. in-4.º

Commentaire de l'Ordonnance de Louis XV sur les substitutions ; par M. Furgole. Paris , 1767 , 1 vol. in-4.º

Institutes coutumières de Loisel , avec les notes de Delauriere , 1758. Paris , 2 vol. in-12.

Assises de Jérusalem , publiées par la Thaumassière. Bourges . 1690, 1 vol. in-fol.

Le grand Coutumier de France, publié par Carondas-le-Caron. Paris , 1598, 1 vol. in-4.º

Coutumier général , par Bourdot de Richebourg. Paris , 1724 , 8 tomes in-fol.

Conférence des Coutumes de France , par P. Genoys. Paris , Chaudière, 1596 , in-fol. , 1 vol.

Les Coutumes du Duché de Bourgogne , avec les Observations du Président Bouhier, 1746 , 2 vol. in-fol.

Recueil d'Arrêts du Parlement de Paris, pris des Mémoires de M. Louet , augmenté par Julien Bro-deau , et revu par du Rousseau de la Combe. Paris, 1742 , 2 vol. in-fol.

Journal du Palais , ou Recueil des Décisions des

Parlemens et Cours souveraines de France ; par Blondeau, Gueret et autres. Paris, 1755, 2 vol in-folio.

Recueil de Jurisprudence civile, par du Rousseau de la Combe, 1769, 1 vol. in-4.°

Collection de Décisions nouvelles et de Notions relatives à la Jurisprudence, par Denisart, 4 vol. in-4. . Paris, 1771.

Œuvres de d'Aguesseau. Yverdon, (Lyon) 1759, 24 vol. in-8.°

Recueils de Mémoires, Factums et Harangues, par Louis de Sacy. Paris, 1724, 2 vol. in-4.°

Œuvres de Cochin, contenant ses Plaidoyers, Factums, Mémoires, etc. Paris, 1751, 6 vol. in-4.°

Mémoires et Plaidoyers de Simon-Henri-Nicolas Linguet, avocat à Paris. Liège, Bassompierre fils, 1776, 11 vol. in-12.

Plaidoyers et Mémoires de M. Loiseau de Mauleon, 1780, 3 vol. in-8.°

Plaidoyers et Mémoires, contenant des Questions intéressantes, tant en matière civile, criminelle, que de police et de commerce, par Mannory, 1759, 8 vol. in 12.

Mémoires de Caron de Beaumarchais, 1780, 3 vol. in-8.°

Principes de Jurisprudence française, par M. Prévot de la Jannès. Paris, 1759, 2 vol. in-12.

Caroli Molinæi Opera quæ extant omnia. Parisiis, 1681, 5 *vol. in-folio.*

Œuvres de Charles Loiseau, avec les Remarques de Cl. Joly. Paris 1701, 1 vol. in-fol.

Opuscules de Loisel, publiés par Cl. Joly. Paris, 1652, 1 vol. in-4.°

Œuvres de Cl. Henrys , contenant son Recueil d'Arrêts , ses Plaidoyers , Harangues , etc. , avec les Observations de Barth.-Jos. Bretonnier. Paris , 1774 , 2 vol. in-folio.

Recueil des principales Questions de Droit qui se jugent dans les différens tribunaux du royaume, avec des Réflexions pour concilier la diversité de la Jurisprudence , par M. Bretonnier. Paris , 1769 , 2 vol. in 12.

Œuvres de Pothier , conseiller au Présidial d'Orléans , et professeur de Droit français à l'Université de la même ville. Paris . Debure , 1773 , 7 vol. in-4.° , ou (1772) , 23 vol. in-12.

Œuvres de Renusson , contenant ses Traités de la Communauté, du Douaire, de la Garde noble et bourgeoise , des Propres et de la Subrogation ; nouvelle édition , augmentée de la nouvelle Jurisprudence , par M. Serieux. Paris , 1760 , 1 vol. in-folio.

Œuvres de J. M. Ricard , contenant le Traité des Donations , la Coutume de Senlis , les Traités du Don mutuel , des Dispositions conditionnelles , des Substitutions , de la Représentation et du Rappel ; 1754, 2 vol. in-folio.

Mémoires sur les Matières domaniales , ou Traité du Domaine : Ouvrage posthume de M. Lefevre de la Planche , avec une Préface et des Notes de l'éditeur , (M. Lorry). Paris , 1764, 3 vol in-4.°

Traité de la Personnalité et de la Réalité des Lois , Coutumes et Statuts , par Louis Boullenois , 2 vol. in-4.°

Traité de la Communauté , par Lebrun , 1757 , 1 vol. in-folio.

Traité des Successions , par Lebrun , avec les Remarques de François-Bernard Espiard de Saux. Paris, 1775 , 1 vol. in-fol.

Jo. Mabillonii de Re diplomaticâ, libri 6. Parisiis, 1681 , 1 vol. in-fol. pl. *Supplementum* , 1704, 1 *vol. in-fol.*

Nouveau Traité de Diplomatique , où l'on examine les fondemens de cet art , on établit des règles sur le discernement des titres , etc. ; par dom Tassin et dom Toustain , Bénédictins de St. Maur. Paris , 1750 et suiv. , 6 vol. in-4.° , pl.

Diplomatique-Pratique , ou Traité de l'arrangement des archives et trésors des chartes , etc. ; par Lemoine. Metz , 1765 , 1 vol. in-4.° , avec pl.

Dictionnaire raisonné de Diplomatique, contenant les règles principales et essentielles pour servir à déchiffrer les anciens titres , diplômes et monumens , ainsi qu'à justifier de leur date et de leur authenticité, par D. Devaines , bénédictin de St.-Maur. Paris , Lacombe , 1774 , 2 vol. in-8.°

Le parfait Négociant , par Savary. Paris , 1757 , 2 vol. in-4.°

Les Us et Coutumes de la mer , divisés en trois parties , 1.° de la Navigation ; 2.° du Commerce naval et Contrats maritimes ; 3.° de la Jurisdiction de la Marine , etc. Rouen , 1671 , 1 vol. in-4.°

Les Instituts du Droit consulaire , ou la Jurisprudence des Marchands , par Jean Toubeau , 1700. Paris , 1 vol. in-4.°

La Science parfaite des Notaires ; par Cl.-Jos. de Ferrières , 1771 , 2 vol. in-4.°

Traité des délits et des peines, traduit de l'italien , de Becarria ; par A. Morellet , 1 vol. in-12.

Traité de la Justice criminelle de France, où l'on traite de tout ce qui concerne les crimes et peines, tant en général qu'en particulier; par M. Jousse. Paris, 1771, 4 vol. in-4.º

Essai sur l'Histoire générale des Tribunaux de tous les Peuples, tant anciens que modernes. Paris, 1778 et 1784; par Desessarts, 9 vol. in-8.º

Discours de Servan sur l'Administration de la Justice criminelle; sur les Mœurs, sur le Mariage d'une protestante; sur une Accusation d'empoisonnement, et sur une Donation faite à une comédienne, etc.

Mélanges de Jurisprudence, par Lacretelle l'aîné, 1779, 1 vol. in-8.º

Traité de la Police, par Delamarre, et Leclerc du Brillet, qui a fait le dernier volume. Paris, 1722, 4 vol. in-folio, fig.

Dictionnaire universel de Police, par Desessarts, 8 vol. in-4.º On travaille au 9.º volume qui contiendra un Tableau général de la Police de toutes les Nations de l'Europe.

Répertoire universel de Jurisprudence, par Guyot de Merville. Paris, Visse, 1784, 17 vol. in-4.º

Codes des Lois nouvelles des différens Corps législatifs de France, publiés par Garnery, libraire.

On remarque aussi la belle édition des Lois des Assemblées constituante et législative, publiée par Causse de Dijon.

Parmi ceux qui ont travaillé, soit à commenter, soit à débrouiller quelques matières de droit dans l'immense cahos de lois qu'a produites la révolution française, on distingue le cit. Guichard qui a donné:

Code universel et méthodique des nouvelles Lois françaises, etc.

Code des successions.

Code judiciaire , civil et criminel.

Code des juges de paix.

Code de police.

Code des Notaires.

Code des confiscations.

Code des émigrés.

Projet de code civil.

Code pénal.

Code des délits et des peines.

Code hypothécaire.

Code municipal et administratif, etc., etc.

Journal de Législation et de Jurisprudence.

Dictionnaire raisonné des Loix de la République française : ouvrage de plusieurs Jurisconsultes, mis en ordre par Guyot de Merville, 1796. Le premier vol. in-8.º

Une collection précieuse est celle du Bulletin des Lois , imprimé par ordre du Gouvernement , qui a commencé le 22 prairial an II , qui se continue toujours, et pour lequel on peut s'abonner.

DROIT ÉTRANGER.

Le Code de Frédéric , ou Corps de Droit pour les Etats du roi de Prusse , trad. de l'allemand , par A. A. de C..... . Berlin , 1751 , 3 vol. in-8.º

Instruction donnée par Catherine II , impératrice de toutes les Russies pour travailler à la rédaction d'un nouveau Code de lois , traduite en français. Lausanne , François Grasset , 1769 , 1 vol. in-12.

Etc. etc. etc. etc. etc. etc.

PETITE
BIBLIOTHEQUE
MÉDICALE.

HISTOIRE de la Médecine, où l'on voit l'origine et les progrès de cet Art ; les sectes qui s'y sont formées, les noms des Médecins, leurs découvertes, leurs opinions, etc. par Daniel Leclerc. La Haye, 1729, 1 vol. in-4.°

Histoire de la Médecine, de J. Freind, trad. par Étienne Coulet. Leyde, 1727, 3 vol. in-12.

Esquisse d'une Histoire de la Médecine, etc. *V. p.* 107.

Dictionnaire universel de Médecine, de Chirurgie, de Chymie, de Botanique, de Pharmacie et d'Histoire naturelle, avec un Discours historique sur l'origine et les progrès de la Médecine, trad. de l'anglais de James, par MM. Diderot, Eidous et Toussaint ; revu et augmenté par Julien Busson. Paris, Briasson, 1746, 6 vol. in-folio.

Ouvrage de Pénelope, ou Machiavel en Médecine ; par Aletheius Demetrius, (Julien Offray de la Mettrie). Hollande, 1748, 3 vol. in-12.

Hippocratis, Coi, et Claud. Galeni Opera omnia quœ extant, gr.-lat., ex editione et cum notis Renati Charterii. Lutet. Parisiis, 1679, *13 tom., reliés ordin. en* 9 vol. in-fol.

Petri Matthœi Pini in compendium instar indicis in Hippocratis Opera omnia, Venetiis, 1597, 1 *vol. in-fol.*

Artis Medicæ Principes post Hippocratem et Galenum, **ex** *editione Henrici Stephani. Parisiis ,* 1567 , 1 *vol.* *in-folio.*

Cet ouvrage est rare : il est composé de différens Traités. Voici le nom des auteurs dont il renferme les ouvrages. *Aretæus , Rufus Ephesius , Alexander Trallianus et Paulus Egineta,* dans la première partie ; *Oribasius , Sextus Philosophus , Ætius , Philaretus, Theophilus* dans la seconde partie ; *Auctuarius Zacharias , Nicolaus Myrepsus ,* et *Incerti authoris de Podagrâ Tractatus ,* dans la troisième partie ; enfin , dans la quatrième et dernière , *Celsus , Scribonius Marcellus , et Quintus Serenus Samonicus.*

Medici antiqui omnes qui latinis litteris diversorum morborum genera et remedia persecuti sunt , undique consecuti , et uno volumine comprehensi. Venetiis , Aldus , 1547 , 1 *vol. in-fol.*

Serapion , Averroes , Rhases , etc., latinè. Basileæ , 1536 , 1 *vol. in-fol.*

Avicennæ Arabum Medicorum Principis Opera omnia. Venetiis apud Juntas.

Cornelii Celsi , de Medicina libri VIII , ex editione Joannis Antonidæ Vander Linden. Lugd. , Bat. , Elzevir , 1657 , 1 *vol. in-*12.

Dioscorides de Curationibus morborum , gr.-lat., per Jo. Moibanum et Conrad. Gesnerum. Argentor. , 1565, 1 *vol. in-*8.º

Paracelsi Opera medica. Francofurti , 1609 , 12 tom. reliés en 6 vol. in-4.º

Hieron. Fracastoris Opera. Venetiis , 1574, 1 *v. in-*4.º
Gab. Fallopii Opera. Francofurt. , 1584, 1 vol. in-fol.
Jos. Riolani Opera medica , Parisiis , 1610 , 1 vol. in-fol.

Œuvres de Vanhelmont, trad. par J. Lecomte. Lyon , 1670 , 1 vol. in-4.º

Georg. Baglivi Opera , *et J. D. Santorini Opuscula.*
Venetiis , 1721 , 1 *vol. in-4.*o

Jo. Freind Opera Medica. Lond. 1733 , 1 *vol. in-fol.*

Frid. Hoffmanni Opera medica. Genevœ 1740 , 6 tomes en 3 vol. in-fol.

Consultations de Médecine par Fréderic Hoffmann , trad. du latin en français. Paris , 1754, 8 vol. in-12.

Médecine raisonnée, du même, traduite par Bruhier. Paris , 1751 , 9 vol. in-12.

Abrégé de toute la Médecine-Pratique , trad. de Jean Allen , par Boudon. Paris, 1752 , 7 vol. in-12.

Traité des maladies les plus fréquentes et des remèdes propres à les guérir ; par Helvetius. Paris , 1756 , 2 vol. in-12.

Institution de Médecine , de Hermann Boerhaave , avec un Commentaire par de la Mettrie. Paris , 1743, 8 v. in-12.

Aphorismes de Boerhaave sur la cure des maladies , traduits en français , par le même ; 1745 , 1 vol. in-12.

Guill. Harveus , de motu cordis et sanguinis. Lugd. , Batav. , 1630. 1 vol. in-4.º

Médecine statique de Sanctorius. Paris , 1720 , 1 vol. in-16.

Médecine-Pratique de Sydenham , traduite par A. F. Jault. Paris , 1774 , 1 vol. in-8.º

Précis de la Médecine-Pratique, par Lieutaud. Paris , 1776 , 2 vol. in-8.º

Œuvres complètes de Sennert , 4 vol. in-folio.

Œuvres complètes de Fernel , 1 vol. in-folio.

Œuvres de Mead , 4 vol. in-8.º

Œuvres de Stoll , 9 vol. in-8.º

Elémens de Physiologie , par Haller. Paris , 1752 , 1 vol. in-8.o

Philosophie médicale, ou Principes fondamentaux de la science et de l'art de maintenir et de rétablir la santé de l'homme; par Lafond, 1 vol. in-8.º

Observations rares de Médecine, d'Anatomie et de Chirurgie, trad. du latin de Vander-Wiel, par Planque. Paris, 1780, 2 vol. in-12, fig.

Dictionnaire raisonné, universel, de matière médicale, (par Geoffroy). Paris, 1773, 8 vol. in-8.º

On ajoute quelquefois à ce dictionnaire les 730 planches dessinées d'après nature par Garsault.

Bibliothèque choisie de Médecine, par Planqne. Paris, 1748, 7 vol. iu-4.º

Bibliothèque de Médecine et de Chirurgie, par le même, 177...., 10 vol. in-4.º

Œuvres de Tissot. Lausanne, 1775, 7 vol. in-12.

Traité de Médecine théorique et pratique, par Bordeu, 1 vol. in-12.

Elémens de Physiologie, par Blumenbach, et trad. par Pugnet, 1 vol. in-12.

Tableau élémentaire de Sémeiotique, par Broussonnet, 1 vol. in-8.º

Exposition d'un Système plus simple de Médecine, par Brown, trad. de l'italien avec les notes de Franck, et trad. eu français par Leveillé, 1 vol. in-8.º

Elémens de Médecine pratique, trad. de l'anglais de Cullen, par Bosquillon, 1785, 2 vol. iu-8.º

Traité de matière médicale, par le même, 1796, 2 vol. in-8.º

Traité de Physiologie, par le même, 1 vol. in-8.º

Dictionnaire latin et français des termes de chirurgie par Col-de-Villars, 1 vol. in-8.º

Matière médicale, suivie d'un Précis sur l'Art de formuler, par Desbois, 1 vol. in-8.º

Les Lois éclairées par les Sciences physiques , ou
Traité de Médecine légale et d'hygiène publique, par
Fodéré. Paris , an VII , 3 vol. in-8.º

Expériences sur le Galvanisme , trad. de l'allemand
de Humboldt , par Jadelot , 1 vol. in-8.º

Traité de Physiologie en général , et des sens en
particulier , par Lecat , 3 vol. in-8.º , fig.

Introduction à l'Etude de la Nature et de la Médecine , traduit de l'allemand de Selle , par Coray , 1
vol. in-8.º

Médecine clinique , ou Manuel pratique , du même ,
2 vol. in-8.º

Traité de Médecine agissante et expectante , par
Voulonne , 1 vol. in-8.º

Degré de certitude de la Médecine , par Cabanis ,
1 vol. in-8.º

Expériences en Médecine , par Zimmerman , 3 vol.
in-12.

*Joan.-Jac. Mangeti Bibliotheca chirurgica. Genevæ,
1721 , 4 tomes en 2 vol. in-folio.*

*De Chirurgicâ Scriptores optimi quique veteres et
recentiores plerique in Germaniâ ante hac non editis ,
nunc primùm in unum conjuncti volumen ; editore Con-
rardo Gesnero. Tiguri , 1555 , 1 vol in-folio.*

Les Œuvres d'Ambroise Paré , premier chirurgien
d'Henri III. Paris , 1614, 1 vol. in-folio.

Cours d'Opérations de Chirurgie , par Dionis ,
augmenté par Georges de la Faye. Paris, 1765, 2 vol.
in-8.º , fig.

Institutions chirurgicales d'Heister. Avignon, 1770 ,
6 vol. in-8.º L'édition latine est de 1750, 2 vol. in-4.º

Précis de Chirurgie pratique , contenant l'histoire

des maladies chirurgicales , et la manière la plus en usage de les traiter, 2 vol. in-8.o , fig.

Aphorismes de chirurgie , de Boerhaave, commentés par Van-Swieten, trad. en français , 1753 , 5 vol. in-12.

Les mêmes , trad. avec des notes, par Louis , 7 vol. in-12.

Œuvres chirurgicales de Desault , 2 vol. in-8.o , fig.

Traité des Opérations de Chirurgie , par Desault, 2 vol. in-8.o

L'Art des Accouchemens , par Baudelocque , 1781, 2 vol. in-8.o

Traité des Maladies chirurgicales et des opérations qui leur conviennent ; par Petit , 3 vol. in-8.o

Pyrotecnie chirurgicale, ou l'art d'appliquer le feu; par Percy , 1 vol. in-12 , fig.

Traité des Hernies , par Richter , 1 vol. in-4.o

Traité des Bandages et Appareils de Chirurgie ; par Tillaye , 1 vol. in-8.o

Traité des Maladies vénériennes , par Swediaur, nouvelle édition revue et augmentée par l'auteur, 2 vol. in-8.o

Traité des Maladies vénériennes, par Fabre, 1 v. in-8.o

Traité des Maladies vénériennes , par Hunter , 1 vol. in-8.o

Traité des Maladies vénériennes , par Astruc , 4. vol. in-12.

Traité des Maladies des voies urinaires , par Desault. 1 vol. in-8.o

Histoire de l'Inoculation de la Petite-Vérole , par Lacondamine. Avignon, 1773 , 1 vol. in-12.

Traité pratique de l'Inoculation , par Gandoger. Nancy , 1768 , 1 vol. in-8.o

Dictionnaire de Chirurgie. Paris, 1767, 2 vol. in-8.o

Anatomie de toutes les parties du corps humain, représentées en figures, expliquée par André Dulaurent. Paris, 1761, 1 vol. in-folio, fig.

Anatomie de Jacq.-Benigne Winslow. Paris, 1782, 5 vol. in-12, fig.

Anatomie d'Heister. Paris, 1735, 1 vol. in-8.o

Abrégé d'anatomie, par Sue, 1754, 2 vol. in-12.

L'anthropotomie, ou l'art de disséquer, d'embaumer et de conserver les parties du corps humain; par Sue, 1765, 1 vol. in-12.

Traité d'Ostéologie, traduit de l'anglais de Monro, par Sue. Paris, 1759, 2 vol. in-folio, bel. fig.

Traité d'Anatomie comparée, par Alexis Monro, trad. de l'anglais par Sue fils, 1 vol. in-12.

Elémens d'Anatomie à l'usage des peintres, des sculpteurs et des amateurs; première partie, l'Ostéologie. Paris, 1788, 1 vol. in-4.o

Traité complet d'Anatomie, ou Description de toutes les parties du corps humain, par Sabatier. Paris, Didot, 1775, 3 vol. in-8.o

Recherche sur la Sensibilité animale, par Deseze, 1 vol. in-8.o

Système de Nomenclature des muscles du corps humain, par Dumas, 1 vol. in-4.o

Traité d'Ostéologie, par Gavard, 2 vol. in-8.o

Traité de Myologie, par le même, 1 vol. in-8.o

Elémens de Myologie et de Syndesmologie, par Lauth, 2 vol. in-8.o

Traité de Syndesmologie, par Weitbrecht. Pétersbourg, 1742, 1 vol. in-4.o, figures médiocres, mais exactes.

Myographie ou Description des muscles du corps humain, par Tarin, 1753, 1 vol. in-4.º

Mémoire sur la Nature sensible et irritable des parties du corps animal, par Alb. de Haller. Lausanne, 1756, 4 vol. in-12.

Exposition anatomique des organes des sens, Névrologie entière du corps humain, et Conjectures sur l'électricité animale, et le siège de l'ame; par Dagoty. Paris, 1775, 1 vol. in-folio, fig.

Dictionnaire anatomique, et Bibliothèque anatomique et physiologique, par Tarin. Paris, 1753, 1 vol. in-4.º

Pharmacopée universelle, par Lemery. Paris, 1715, 1 vol. in-4.º

Dictionnaire universel des drogues simples, par Lemery, 1759, 1 vol. in-4.º, fig.

Elémens de Pharmacie, par Baumé; nouvelle édition augmentée, 2 vol. in-8.º, fig.

Chymie expérimentale et raisonnée, par Baumé, 3 vol. in-8.º, fig.

etc., etc., etc.

PETITE
BIBLIOTHEQUE
DE BOTANIQUE.

DE Historiâ stirpium Commentarii insignes, *Leon-harto Fuchsio* (allemand), *auct. Basileæ, in officinâ Isengrianâ*, 1542, in-folio, avec 516 figures en bois, bonnes et sans ombre. Prix 15 fr., et enluminées, 50 à 80 fr.

Cet ouvrage a été traduit par Eloi Marignan, et publié en 1547 ou 1549, 1 vol. in-fol. fig. 4 fr. ou 6 fr., et enluminé 35 fr.

Petri Andræ Mathioli (italien), *Commentarii in libros sex Dioscoridis. Venetiis, Valgrisius*, 1565, 1 vol. in-fol. avec planches en bois, bonnes. Prix 25 fr. L'édition de 1583 ne vaut que 8 à 10 fr.; et celle de aspard Bauhin, Bâle, 1674, 1 vol. in-folio avec 1240 ig. en bois, bonnes et médiocres. Prix 18 fr.

Cet ouvrage a été traduit par J. Desmoulins, et publié à Lyon n 1579, 1 vol. in-fol. 15 fr.

Remberti Dodonæi stirpium Historiæ Pemptades VI, ivâ libri xxx. Autverpiæ, Moretus, 1616; 1 vol. n-olio. Prix 7 à 9 fr. L'édition d'Anvers, 1644, 1 vol. n-folio a 1341 fig. en bois, bonnes et médiocres. Prix 8 fr.

Cet ouvrage a été traduit par Charles de l'Ecluse et publié à nvers en 1557, 1 vol. in-fol. Prix 18--24 fr. (*Dodoën, Flamand.*)

Mémoires pour servir à l'Histoire des Plantes,

dressés par Denis Dodart, (Français). Paris, de l'Imprimerie royale, 1676, 1 vol. grand in-folio, fig. Prix 20 à 30 fr.

Icones plantarum et opere Matthiæ Lobelli excerptæ cum septem linguarum indicibus. Antverpiæ Plantin, 1 vol. in-8.º oblong. L'édition d'Anvers, 1680, 1 vol. in-4.º avec 2,192 fig. en bois, bonnes, médiocres et mauvaises, vaut 30 fr. (*Lobel, Flamand*).

Rariorum plantarum Historia, (par Lecluse, Flamand) 1 vol. in-folio, 1611, avec 1385 fig. en bois, bonnes et médiocres. Prix 24 fr.

Epitome Mathioli. Hortus medicus, (Par Camerarius, allemand.) Francfort, avec 1,047 fig. en bois, bonnes. Prix 48 fr.

Historia Plantarum. (Par Tabernæ Montanus, allemand.) Francfort, 2 vol. in-fol. On sépare les seules fig. en un vol. in-4.º oblong. Elles sont en bois, au nombre de 2,256, bonnes et médiocres. Prix 24 fr.

Historia plantarum, (par Jean Bauhin, Suisse.) Yverdun, 1650, 3 vol. in fol. avec 3,428 fig. en bois, bonnes, médiocres et mauvaises. Prix 36 fr.

Casparis Bauhini pinax theatri Botanici, sive index in Theophrasti, Dioscoridis, Plinii et Botanicorum, qui à sæculo scripserunt, Opera, Basileæ, 1671, 1 vol. in-4.º Prix 7 fr.

Theatrum Botanicum, (par le même Gaspard Bauhin, suisse.) Basle, 1 vol. in-fol. avec 400 fig., bonnes et médiocres. Prix, 18 fr.

Joh. Locselii flora prussica, sive plantæ in regno Prussiæ spontè nascentes, nunc edita cum variis addimentis, Kœnisberg, 1703, 1 vol. in-4.º avec 85, fig. en cuivre, bonnes et médiocres. Prix 12 fr.

Historia plantarum , seu herbarum distributio nova , Robert Morison , (écossais.) *Oxonii* , 1672 , 1680 et 1699 , 3 tomes en 2 vol. in-fol. avec 3,000 fig. en cuivre , bonnes et médiocres. Prix 150 fr.

Christiani Mentzelii (prussien) *index nominum plantarum , multis linguis. Berolini* , 1682 , 1 vol. in-fol. avec 55 fig. en cuivre , bonnes et médiocres. Prix 12 fr.

Joannis Raii (Rai , anglais) *Historia plantarum species hactenùs editas aliasque insuper multas noviter inventas et descriptas complectens. Londini* , Faithorne et Clark , 1686 *et seq.* , 3 vol. in-fol. sans fig. Prix 50 fr.

On joint ordinairement à cet ouvrage celui qui a pour titre : *Jacobi Petiver Catalogus herbarii Britanici* , 1 vol. in-fol. à cause des figures qui conviennent au précédent,

Petri Magnol , (français.) *Botanicum Monspeliense Monspelii* , 1686 , 1 vol. in-8.º Prix 4 fr.

Ejusdem Magnol , hortus regius Monspeliensis. Monspelii , 1697 , 1 vol. in-8.º avec 42 fig. en cuivre , bonnes et médiocres , 6 fr.

Leonardi Ptukenetii , (anglais) *Opera omnia botanica in sex tomos divisa. Londini* , 1724 , 4 vol. in-4.º avec 2,700 figures en cuivre , médiocres et mauvaises , 60 fr.

Josephi Pitton de Tournefort , (français) *Institutiones rei herbariæ. Parisiis , ex typographiâ regiâ ,* 1700 , 3 vol. in-4.º avec 700 fig. caractérist. des genres , bonnes. Prix 36 fr.

Histoire des Plantes qui naissent aux environs de Paris , par Pitton de Tournefort. Paris , imprimerie royale , 1698 , 1 vol. in-12. Prix 3 fr.

Johannis Scheuchzeri , (suisse) *Agrostographia , sive*

graminum , *juncorum* , *cyperorum iisque affinium His-*
toria. **Tiguri**, *Bodmer*, 1719 , 1 vol. in-4.° avec 160
fig. en cuivre , bonnes. Prix 10 fr.

Jacob Barrelierrii , (français) *plantæ per Galliam* ,
Hispaniam et Italiam observatæ ; Opus posthumum , *ac-*
curante Antonio de Jussieu : accedit ejusdem authoris
specimen de insectis quibusdam marinis , *mollibus* ,
crustaceis et testaceis. *Parisiis* , 1714 , 1 vol. in-fol.
avec 1392 fig. en cuivre , bonnes et méd. Prix 18 fr.

Sebastiani Vaillant , (français) *Botanicon Pari-*
siense , ou dénombrement alphabétique des plantes des
environs de Paris , avec plusieurs descriptions des
plantes , leurs synonymes , leurs temps de fleurir et de
grainer. **Leyde** , Verbeck , 1727 , 1 vol. in-fol. avec
320 fig. en cuivre , dessinées par Claude Abriet, bonnes
et parfaites. Prix 36 fr.

Joannis Jacobi Dillenii , (allemand) *hortus Eltha-*
mensis , *seu plantarum rariorum* , *quas in horto suo*
Elthami in cantio coluit Jacobus Shérard , *delineatione*
et descriptiones ; quarum Historia , *vel planè non*
vel imperfectè à Botanistis tradita fuit.Londini , 1732
2 vol. in-folio avec mille fig. en étain , bonnes et parfaites. Prix 70 fr.

Historia Muscorum , *in quâ circiter sexcentæ specie*
veteres et novæ ad sua genera relatæ describuntur ,
iconibus geminis illustrantur , *cum appendice et indic*
synonimorum ; Opera Joa. Jac. Dillenii. Oxonii , *e*
theatro Sheldoniano 1741 , 2 vol. in-4.° Prix 80 fr.

J. Ja. Dillenii flora giessensis. **Francfort** , 1719 ,
vol, in-8.°

Tournefortius alsatius , (par Lindern , alsacien

Strasbourg, 1741, 1 vol. in-12, avec 18 fig. en cuivre, médiocres. Prix 6 fr.

Traité des arbres et arbustes qui se cultivent en France en pleine terre, par Duhamel Dumonceau. Paris, 1755, 2 vol. in-4.° avec fig. en cuivre et en bois, bonnes et médiocres. Prix 30 fr.

La Physique des arbres, où il est traité de l'Anatomie des Plantes et de l'Economie végétale, etc., par Duhamel Dumonceau. Paris, 1758, 2 vol. in-4.° avec fig. en cuivre et en bois, bonnes et méd. Prix 18 fr.

Petri, Ant. Michelii, (italien) *nova Plantarum genera, juxta Tournefortii, methodum disposita. Florentiæ, Paparinius,* 1729, 1 vol. in-fol. avec 579 fig. en cuivre, bonnes et parfaites. Prix 25 fr.

Caroli Linnæi, (suédois) *Philosophia botanica, in quâ explicantur fundamenta botanica, etc. Vindobonæ, Detrattner,* 1770, 1 vol. in-8.°, fig. 6 fr.

Caroli Linnæi genera Plantarum, eorumque characteres naturales secundùm numerum, figuram omnium partium. Francofurti, Varrentrapp, 1778, 1 vol. in-8.° 6 fr.

Caroli Linnæi, species plantarum. Vindobonæ, 1764, 2 vol. in-8.° 12 fr.

Caroli à Linne, Systema plantarum secundùm classes, ordines, genera, species, etc. Ex recensione Jo. Jac. Reichard. Francofurti, Varrentrapp, 1779, 4 vol. in-8.o 24 fr.

Caroli Linnæi amœnitates Academicæ, seu dissertationes variæ Phisicæ, Medicæ, Botanicæ, ante hac editæ, nunc collectæ et auctæ. Holmiæ, 1751, 7 vol. in-8.° Prix 42 fr.

Institutiones Vegetabilium ; Definitiones generum

plantarum , (par Ludwig, allemand.) *Lipsiæ* , 1757, 2 vol. in-8.º Prix 10 fr.

Flora Veronensis , *autore Joan.-Franc. Seguiero Nemausensi. Veronæ*, 1757 , 5 vol. in-8.º avec 50 fig. en cuivre , bonnes. Prix 18 fr.

Flora sibirica , *sive Historia Plantarum Sibiriæ* , *auctore Jo. Georg. Gmelin* , (allemand.) *Petropoli*, *ex Typographiâ Academiæ scientiarum* , 1747 , 4 vol. in-4.º avec 500 fig. en cuivre, bonnes. Prix 60 fr.

Bibliotheca botanica , *auctore Alberto Haller* , (suisse.) *Tiguri*, 1772, 2 vol. in-4.º Prix 15 fr.

Alberti Haller enumeratio Methodica stirpium Helvetiæ indigenarum, etc. *Gottingæ* , 1742 , 2 tom. en un vol. in-fol. fig. Prix 18 fr.

Alberti Haller Historia Stirpium indigenarum Helvetiæ Bernæ, Soc-typog. , 1768 , 2 vol. in-fol. , fig. P. 36 fr.

On a encore de Haller : *Opuscula Botanica* , *hortus Goettengensis*, 2 vol. in-8.º , et *Elementa Phisiologiæ corporis humani* , 8 vol. in-4.º

Flora pedemontana , (auctore Allioni italiano.) Turin , 3 vol. in-fol. avec 250 fig. en cuivre , bonnes. Prix 50 fr.

Ant. Battara , (italien ,) *fungorum agri Ariminensis Historia. Faventiæ* , 1755 , 1 vol. in-4.º avec 250 fig. en cuivre , bonnes. Prix 15 fr.

Flora Gallo-Provincialis , (par Gerard, français.) Paris, 1751 , 1 v. in-8.º avec 25 fig. en cuiv. bon. Prix 6 fr.

Hortus , *Flora Monsp.* , 2 vol. in-8.º *Illustrationes botanicæ* , 1 vol in-fol. (par Gouan, français,) avec 40 fig. en cuivre , bonnes. Prix 25 fr.

Jo. Ant. Scopoli , (allemand) *Flora carniolica.* *Viennæ Austriæ* , *Jo. P. Kraus* , 1772, 2 vol. in-8.º avec 10 fig. en cuivre, bonnes et médiocres. Prix 18 fr.

Flore française, par Lamarck. Paris, 1778, 3 vol. in-8.º fig. Prix 30 fr.

La partie botanique de l'Encyclopédie méthodique, 8 vol. de discours et 8 vol de planches, 200 fr.

Histoire des plantes du Dauphiné, par Villars, (*français.*) Grenoble, 1788, 3 vol. in-8.º avec 197 fig. en cuivre, bonnes, 5o fr.

Genera plantarum, (par Ant.-Louis Jussieu, français.) Paris, 1789, 1 vol. in-8.'', 6 fr.

De Fructibus et Seminibus centuriæ; autore Gaertner, (allemand.) *Tubinge*, 1790, 12 vol. in-4.º avec environ 1000 fig. des fruits et semences d'autant de genres, bonnes et parfaites. Cet ouvrage est aussi nécessaire à tous les Botanistes que les Instituts de Tournefort. Prix 120 fr.

Systema Vegetabilium, *autore Joa. Freder. Gmelin*, (allemand.) Leipsick, 1792, 1 vol. in-8.º Prix 18 fr.

Tableau du Règne végétal, selon la méthode de Jussieu, par Ventenat (*français.*) Paris, an VII, 4 vol. in-8.º avec 24 planches en cuivre, excellentes.

Introduction à l'Etude de la Botanique, par Philibert, (*français.*) Paris, an VIII, 5 vol. in-8.º avec 10 planches enluminées. Prix 10 fr.

Histoire des plantes d'Europe, ou Elémens de Botanique pratique. Ouvrage dans lequel on donne le signalement précis, suivant la méthode et les principes de Linné, des plantes indigènes, des étrangères les plus utiles, et une suite d'observations modernes, par Jean Emmanuel Gilibert, (*français.*) Lyon, Leroy, 1798, an VI, 2 vol. in-8.º avec fig. en bois, bonnes. Prix 10 fr.

Démonstrations élémentaires de Botanique, conte-

nant les principes généraux de cette science, les fondemens des Méthodes, et les Elémens de la Physique
des végétaux; la description des plantes les plus communes, les plus curieuses, les plus utiles, rangées
suivant la méthode de Tournefort et celle de Linné;
leurs usages et leurs propriétés dans les Arts, l'Economie rurale, dans la Médecine humaine et vétérinaire, ainsi qu'une Instruction sur la récolte et la
dessication des plantes, par J. E. Gilbert. Lyon,
Bruyset, 1796, 4 vol. in-8.o et 2 vol. in-4.o de planches, médiocres.

Phytologie universelle, ou Histoire naturelle et méthodique des Plantes, de leurs propriétés, de leurs vertus et de leur culture, par Jolyclerc. (*français*.) Paris,
Gueffier, an VII, 5 vol. in-8.o Prix, 25 fr.

On peut ajouter à cet ouvrage un atlas phytologique composé
de 657 planches, qui coûte 72 fr. en noir, et 275 fr. enluminé.
On a encore du citoyen Jolyclerc : Principe de la Philosophie du
Botaniste, 1 vol. in-8.° et Système sexuel des végétaux, 1 vol.
in-8.°

PETITE
BIBLIOTHEQUE
MUSICALE.

A NTIQUÆ Musicæ Authores VII , gr. et lat. Editore et notatore Marco Meibomio. Amst. , Elzevir, 1652, 2 tom. en 1 vol. in-4.°

Traité de la Composition de Musique , par Gabriel Nivers. Paris , 1667 , 1 vol in-8.°

Dialogue sur la Musique des anciens , par l'abbé de Chateauneuf. Paris , 1725 , 1 vol. in-12 , fig.

Histoire de la Musique et de ses effets , depuis son origine jusqu'à présent. Amsterd. , 1726, 4 tom. en 2 vol. in-12.

Dictionnaire de Musique , contenant une explication des termes les plus usités dans la Musique , avec un Catalogue de plus de 900 auteurs qui ont écrit sur la Musique, par Sébastien Brossard. Paris , 1703 , 1 vol. in-folio.

Histoire de la Musique , de Bourdelot. La Haye , 1743 , 4 vol. in-12.

Harmonie universelle , contenant la Théorie et la Pratique de la Musique, par F. Marin Mersenne. Paris , 1636 -- 37 , 2 vol. in-fol. , fig.

Harmonicorum libri XII de sonorum naturâ , causis et effectibus , etc. à Fr. M. Mersenne. Lutetiæ , 1648 , 1 vol. in-folio , fig.

Davidis Euleri tentamen novæ Theoriæ Musicæ , ex

certissimis Harmoniæ principiis dilucidè expositæ,
Petropoli, 1739, 1 vol. in-4.°, fig.

Démonstration du principe de l'Harmonie, servant
de base à tout l'Art musical, par Rameau. Paris,
Durand, 1750, 1 vol. in-8.°

Extrait d'une Réponse de Rameau à Euler sur l'identité des octaves. Paris, Durand, 1753, in-8.°

Nouvelles Réflexions de Rameau, sur sa démonstration du principe de l'Harmonie. Paris, Durand,
1752, in-8.°

Le Code de Musique-Pratique, par Rameau. Paris,
1760, 1 vol. in-4.°

Elémens de Musique théorique et pratique, suivant
les principes de Rameau, par M. d'Alembert. Paris,
David, 1762, 1 vol. in-8.°, fig.

Tartini a présenté un systême contraire à celui de
Rameau sur l'Harmonie.

Mémoires sur la Musique des anciens, par l'abbé
Roussier. Paris, 1770, 1 vol. in-4.°

Nouvelle Manière de chiffrer la basse continue,
publiée par un anonyme et sous un nom emprunté,
dans la seconde partie du sentiment d'un harmoniphile
sur différens ouvrages de Musique, en 1756, par
Roussier.

Traité des Accords et de leur succession, selon le
Systême de la basse fondamentale, par Roussier, 1764,
1 vol. in-8.°

Observations sur différens points d'Harmonie, par
Roussier. Genève, 1765, 1 vol. in-8.°

Harmonie-Pratique, ou Exemples pour le Trait
des Accords, par Roussier, 1776, 1 vol. in-4.°

Exposition de la Théorie et de la Pratique de l

Musique, par Bethizy. Paris, 1754, 1 vol. in-8.o

Observations sur les principes de l'Harmonie, par J. A. Serre. Genève, 1763, 1 vol. in-8.o

L'Art du Chant, par Blanchet. Paris, 1756, 1 vol.

Guide du Compositeur, par Gianotti. Paris, 1759, 1 vol. in-8.o

Réflexions sur la Musique, ou Recherches sur la cause des effets qu'elle produit, par V.... Amsterd., (Paris) 1785, 1 vol. in-8.o

L'Esprit de l'Art musical, par Blainville, 1754, 1 vol. in-12.

Histoire générale, critique et philosophique de la Musique, par Blainville, 1761, 3 vol. in-4.o

Nouvelle Méthode de clarinette, et Raisonnement des instrumens; Principes et Théorie de Musique, par Blasius, 1796 . . . .

Traité d'Harmonie et Règles d'accompagnement servant à la composition, suivant le Systême de Rameau, 1774, 1 vol. in-8.o

Essai sur la Musique ancienne et moderne, par de la Borde, 1780, 4 vol. in-4.o

Mémoire sur les proportions musicales, le genre enharmonique des Grecs et celui des modernes, avec les Observations de M. Vandermonde, et les Remarques de Roussier. Par de la Borde, 1781, 1 vol. in-4.o

Nouvelle Méthode de violon et de musique, par Bornet, 1788, 1 vol. in-fol.

Différens solfèges d'une difficulté graduelle pour l'exercice du phrasé, du style et de l'expression, avec les Remarques nécessaires; par Cambini, 1788.

Méthode de la Harpe, ou Principes courts et clairs pour apprendre à jouer de cet instrument, par Campan, 1783.

De la Musique considérée en elle-même et dans ses rapports avec la parole, les langues , la poésie et le théâtre ; par Chabanon , 1785 , 2 vol. in-8.o

Méthode pour apprendre facilement la Musique soi-même ; par Choquel , 1782 , 1 vol. in-8.o

Essai sur la Propagation de la Musique en France, sa conservation et ses rapports avec le Gouvernement, par Leclerc , 1796 , 1 vol. in-8.o

Le Guide musical ou Théorie et Pratique abrégée de la Musique vocale et instrumentale , par Roussel, 1775 , 1 vol. in-8.o

Méthode ou Recueil des Connaissances élémentaires pour le forte-piano ou clavecin , par Ricci , 1788.

L'Art du violon, par Cartier, 2.e édition, revue et corrigée , par G. N. Paris , an VII.

Système harmonique, développé et traité d'après les principes du célèbre Rameau , ou Grammaire de Musique , sous le titre de Tablature , se rapportant au Dictionnaire de J.-J. Rousseau , pour servir à l'intelligence et à l'enseignement de tout l'ensemble de la Musique, contenant Introduction, Explication, Règles de composition , Définitions , Observations, Principes pour les commençans , etc. avec Théorie pour trouver et s'exercer à diriger toutes les Harmonies et Mélodies ; par le citoyen Rey. Paris , Walter, an VII.

Essai sur la Poésie et sur la Musique considérées dans les affections de l'ame , trad. de l'anglais de James Beattie. Paris , an VII, 1 vol. in-8.o

Théorie Acoustico-musicale , ou de la Doctrine des sons , rapportée aux principes de leur combinaisons, par Suremain-Missery. Paris , 1794--an II, 1 vol. in-8.o

Nouvelle Méthode de guitare, par Philis, an VII.

Méthode de clarinette, par Vander Hagen.

Solfèges d'Italie avec la basse chiffrée, composés par Leo, Durante, Scarlatti, Hasse, Porpora, Mazzoni, Caffaro, David Perez, etc., publiés par Bêche, Lévesque et Cousineau, père et fils, dernière édition. Paris, an VI.

Méthode abrégée pour le violon, précédée des connaissances essentielles de la Musique, par Bedard, an VI.

Dictionnaire de Musique, par J.-J. Rousseau. Paris, 1768., 1 vol. in-8.°

Théorie de la Musique vocale, ou les dix Règles qu'il faut connaître et observer pour bien chanter ou pour apprendre à juger par soi-même du degré de perfection de ceux que l'on entend, par Florino Tomeoni, an VII, 1 vol. in-8.° avec Musique.

Principes élémentaires de Musique, arrêtés par les Membres du Conservatoire, pour servir à l'étude dans cet établissement, suivis de Solfèges, par les citoyens Agus, Catel, Chérubini, Gossec, Langlé, Lesueur, Mehul et Rigel.

Cet ouvrage est divisé en deux parties et en cinq livres. La première partie a trois livres, dont le premier traite des principes élémentaires, le second renferme un abrégé des principes, suivi de gammes et de solfèges faciles ; et le troisième est un recueil de solfège d'une difficulté progressive. Les deux livres de la seconde partie sont composés, l'un de solfèges à deux parties, et le troisième de solfèges à trois, quatre et cinq parties.

On compte encore au nombre de ceux qui ont donné

de bons ouvrages sur la Musique, Fux, Weilmelder, Rodolphe, etc.

Parmi les Musiciens les plus célèbres pour la composition ou pour l'exécution, on distingue :

Haydn, Viotti, Jarnovick, Pleyel, Girowetz, Cambini, Stamitz, Fiorillo, Bréval, Gobert, Neubauer, Grétry, Dalayrac, Devienne, Della Maria, Mozart, Méhul, Clémenti, Boïeldieu, Piccini, Gossec, Michel, Vander Hagen, Bochérini, Stiébel, Ponto, Krammer, Pérault, Hoffmeister, Lambert, Naderman, Martini, Wranizky, Doisi, Rasetti, Solié, Dusseck, Demar, Conti, Eppinger, Guérin, etc., etc.

Nous croyons ne devoir rien ajouter à ces quatre petites Bibliothèques, qui indiquent les principaux ouvrages sur chacune des parties qui en font l'objet : nous les avons données séparément, parce qu'elles ne forment aucune classe distincte dans le second degré d'instruction publique. Et si l'on nous objecte que la botanique, faisant partie de l'histoire naturelle, devait se trouver à cet article dans le corps de l'ouvrage, et ne point former une bibliothèque particulière, nous répondrons que, nous étant bornés à indiquer un petit nombre d'ouvrages sur chaque branche d'instruction ou sur chacune des connaissances humaines les plus essentielles, un article de cette étendue aurait été déplacé au milieu d'autres articles très-circonscrits ; d'ailleurs *quod abundat non vitiat*.

Nous terminons ici le MANUEL BIBLIOGRAPHIQUE dans lequel nous nous sommes bornés à donner

uelques notices abrégées sur la connaissance des
Bibliothèques, des livres et de l'histoire de l'impri-
nerie ; elles sont beaucoup plus détaillées dans LE
MANUEL DU BIBLIOTHÉCAIRE, comme on le
voit dans le plan qui se trouve au discours préliminaire de cet ouvrage.

Nous avons ajouté à ces Notices des Listes et Catalogues raisonnés, propres à familiariser le lecteur
avec la classification et la connaissance des livres les
plus importans, et qui forment ordinairement le fonds
des grandes Bibliothèques, soit publiques, soit particulières. Puissent ces faibles essais ne pas déplaire
aux Bibliophiles, et être utiles aux jeunes Amateurs,
nous ne regretterons point d'en avoir hasardé la publication !

F I N.

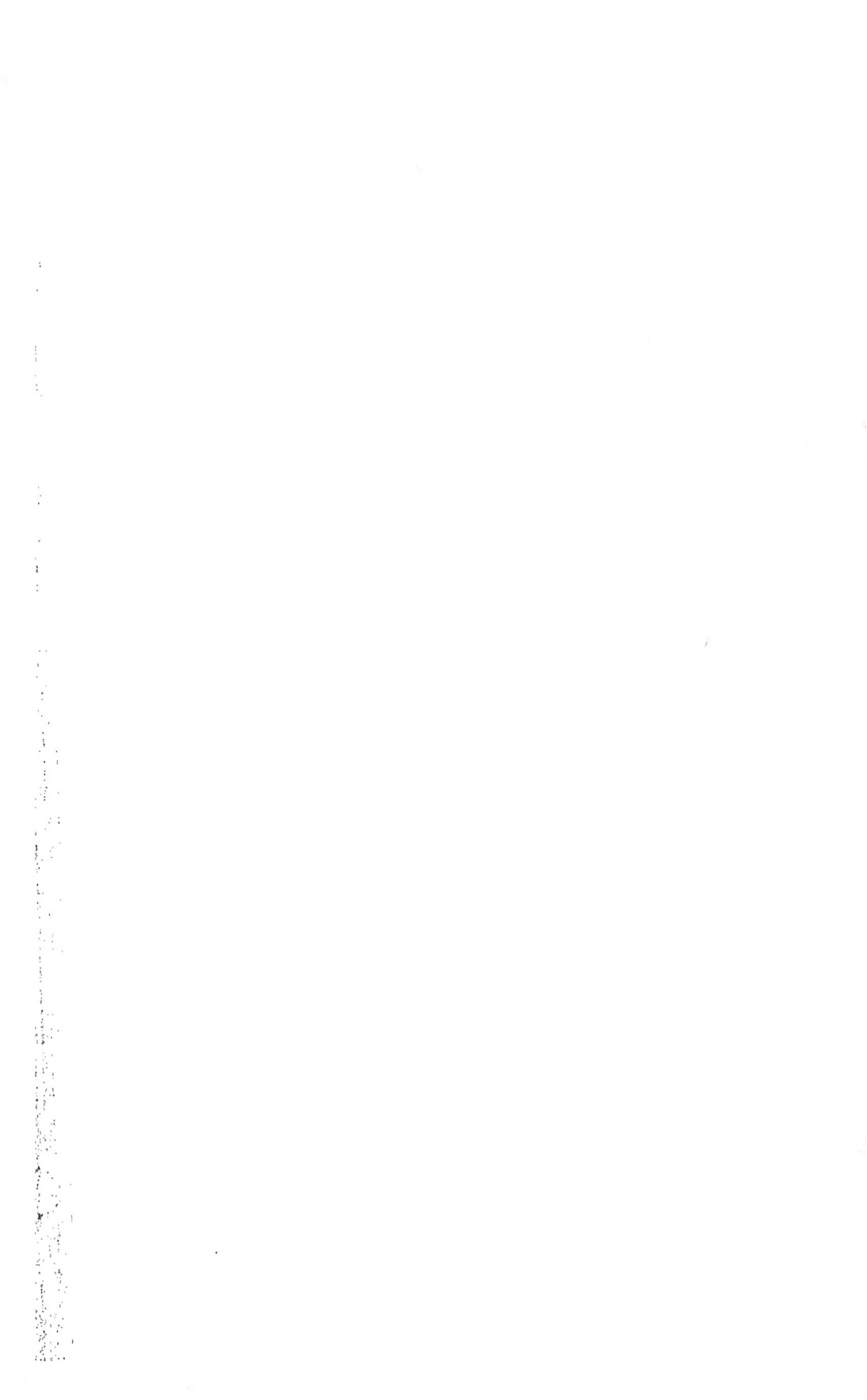

TABLE ALPHABÉTIQUE.

A

B

C

G

H

I

J

M

O

P

S

V

W

X

Y

Z

Fin de la Table alphabétique.

Nota. Cette table ayant été faite à la hâte, plusieurs noms d'auteurs cités dans le corps de l'ouvrage, y ont été omis.

CORRECTIONS ET ADDITIONS.

Pag.	lig.	*mots à corriger.*	*lisez*
v	7	dernier	an VII
10	28	!es	les
id.	33	1964	1664.
12	28	1488	1488, 1re édition, rare.
15	23	1 vol. in-fol.	3 vol. in-fol.
21	27	celle de le Franc de Pompignan et	celle donnée en l'an 7, 7 vol. in-4" ou in-8°, est
30	14	n'y toucheraient	n'y toucheraient pas,
45	3	complutensienne	complutensienne
id.	24	*créatione*	*creatione*
52	10	l'abbé	Labbé
55	21	il ne fut	il fut
63	1	95, 9	95, 96
67	27	P. de l'Eglise	P. de l'Eglise.
71	12	RITURGIQUES.	LITURGIQUES.
72	3	Sectateurs Modernes.	Sectateurs. Modernes.
74	22	*Dictionnaires.* Etrangères. Rhéteurs.	Etrangères. *Dictionnaires.* Rhéteurs.

Pag.	lig.	*mots à corriger,*	*lisez*
89	10	l'esprit	le goût
95	5	trois	quatre
97	5	7 vol. in-12	7 vol. in-12 , 14 fr.
id.	22	23 vol. in-12	23 vol. in-12 , 46 fr.
98	13	4 vol. in-12	4 vol. in-12 , 10 fr.
99	7	4 vol. in-12.	4 vol. in-12 , 8 fr.
102	24	5 vol in-8.°	5 vol. in-4.°
104	28	2 vol.	1 vol.
105	12	1797	an VIII.
114	...	après l'annonce des Jardins, *ajoutez* :	

L'Homme des Champs, ou les Géorgiques françaises, par Jacques Lelille. Strasbourg, de l'imprimerie de Levrault, an VIII, 1800, 1 vol. in-4.°, ou in-8.°, ou in-12, ou in-18, figures.

121	12	1 vol. in-12.	1 vol. in-12 , 1 f. 50 c.
141	9	1661	1561
148	9	1722	1632
149	5	en 17. . . .	en 1713 ,
id.	15	Bouger	Bouguer
150	6	Paris......	Paris en 1670 ,
158	14	2678	1678
159	8	tragédie	trad. du latin
160	18	Bouger	Bouguer
163	1	LAQUENTINIE	LAQUINTINIE
id.	4	DUFRENOY	DU FRESNOY
164	24	cacommade	Cacomonade
174	31	1177	1777
182	7	actes	actes
281	29	atlas	format atlantique
348	14	*livres*	*livre*
349	18	format	formats
352	20	Locroix	La Croix

TABLE
DES CHAPITRES.

iv

Fin de la Table des Chapitres.

www.ingramcontent.com/pod-product-compliance
Lightning Source LLC
Chambersburg PA
CBHW072013270326
41928CB00009B/1641